城市信息化与信息通信规划设计丛书

城镇信息化及其基础设施规划建设

汤铭潭　等编著

中国建筑工业出版社

图书在版编目(CIP)数据

城镇信息化及其基础设施规划建设/汤铭潭等编著. —北京：中国建筑工业出版社，2010.8
(城市信息化与信息通信规划设计丛书)
ISBN 978-7-112-12233-2

Ⅰ.①城… Ⅱ.①汤… Ⅲ.①城镇-信息社会-研究-中国
Ⅳ.①G201②C912.81

中国版本图书馆CIP数据核字(2010)第134370号

本书是城镇信息化及信息基础设施规划建设管理的实用工具书。全书内容涵盖从行政管理到经济建设、从政府部门到企事业单位、从城镇到社区的信息化、信息基础设施、信息安全与信息化规划建设指引，以及主要相关设施建设指标，突出相关规划建设管理的理论与实践的结合，以及不同的理念、方法与选择。

本书可同时作为从事城镇与行业信息化、城镇规划，以及信息网络规划设计的技术、研究人员和建设、管理人员的学习工作用书，也可作为大专院校相关专业的教学参考用书，以及相关专业培训教材。

* * *

责任编辑：胡明安 姚荣华
责任设计：张 虹
责任校对：马 赛 王雪竹

城市信息化与信息通信规划设计丛书
城镇信息化及其基础设施规划建设
汤铭潭 等编著
*
中国建筑工业出版社出版、发行(北京西郊百万庄)
各地新华书店、建筑书店经销
北京天成排版公司制版
世界知识印刷厂印刷
*
开本：787×1092毫米 1/16 印张：14¾ 插页：1 字数：368千字
2010年10月第一版 2010年10月第一次印刷
定价：**40.00**元
ISBN 978-7-112-12233-2
(19505)

编写委员会

前　言

20世纪90年代以来，信息技术不断创新，信息产业持续发展，信息网络广泛普及，信息化成为全球经济社会发展的显著特征，并逐步向全方位的社会变革演进。进入21世纪，信息化对经济社会发展的影响更加深刻。加快信息化发展，已经成为世界各国的共同选择。

城镇信息化是国家信息化的重点，是提升城镇综合竞争力的关键和有效途径，也是城镇现代化的重要标志。

城镇信息化一方面与城镇区域统筹发展密切相关，在城镇及其区域发展战略中占有重要的战略地位；另一方面在城镇管理和城镇经济建设，以及信息城镇、信息社区、信息家庭建设中都起着无可替代的重要作用。

城镇信息化离不开城镇信息基础设施：信息通信网络是信息传输通道，宽带网、信息港则更是信息高速公路，数据、数据库是信息资源系统和信息应用系统的应用源泉。包括信息网络、信息数据及其存储等在内的城镇信息基础设施是城镇信息化的基础。城镇信息基础设施的不断升级，极大地推进城镇信息化建设。

城镇信息化涉及城镇管理、城镇经济建设、城镇社区、单位、家庭的方方面面，无论从事城镇的、企事业的、社区的信息化规划、建设、管理人员，还是相关研究人员，都需要具有信息化及其基础设施开阔的知识面和较深的相应专业知识，需要备有这方面技术详解的工具书。针对上述实际情况，本书作为中国城市经济学会城市信息化建设专委会(筹)策划的城镇信息化及其基础设施规划建设丛书之一的主要工具书，在编写相关内容和深度上既突出跟踪国内外信息化快速进展及相关技术的不断进步的形势，又照顾我国各地经济发展水平不同，城镇信息化进程不一致所产生的不同实际需求；既把握城镇信息化时代的总的发展趋势，又方便不同城镇不同时期信息化建设合理水平的不同选择。

本书共分10章，第1章绪论，内容包括信息化及发展趋势、信息化战略目标，以及城镇信息化与城镇发展、信息化时代的城镇规划管理；第2章城镇信息化规划建设，内容包括城镇信息化规划、城镇管理信息化建设和城镇经济建设信息化，以及信息社区与信息家庭建设，涵盖从行政管理到经济建设，从政府部门到企事业单位，从城镇到社区、家庭信息化建设的方方面面；第3～5章分别为数字传输网与城际干线传输网规划建设、城域骨干传输网与宽带城域网规划建设及接入网规划与建设，内容涵盖了从城际到城域、从城镇到社区信息传输网络的规划与建设，突出网络演进与其最新技术的发展趋势，侧重信息网络基础设施的规划建设理论、方法与实践，提出不同城镇网络设施建设的不同模式与不同标准；第6章信息通信管道网规划建设，内容突出三网融合信息通信网络的统筹规划与联合建设的理论方法与实践探索，包括典型城市相关的规划建设创新理念与方法；第7章城镇其他信息基础设施建设，主要介绍城镇数据及其存储信息基础设施的建设与管理；第8章信息通信设施与信息网络安全，内容包括信息通信工程与设备安全监督、信息安全与安全管理。针对在汶川地震等自然灾害情况下不符规范的建设而造成信息通信中断的严重教训和当今信息安全面临的复杂、严峻形势，从通信设备与信息网络设施两个方面提出强化信息安全保障体系建设，以及信息安全等级与安全评价标准；第9章地方城镇信息化建设指引借鉴，突出第2章～第8章城镇信息化及其基础设施规划建设内容相关的先进地区实践的指引借鉴。最后第10章附录，汇编局所、无线、有线信息通信主要设施规划建设的技术指标，以及编者相关研究提供等的参考资料。

本书编写主要基于汤铭潭、唐叔湛教授等近20年从事信息化与信息通信相关理论研究与规划实践总结，及其在全国城市信息化与城市经济高层论坛讲稿与在苏州、海南的讲课资料，同时参考了许多有关经典参考文献。全书由汤铭潭负责完成编写和统稿，唐叔湛、宋劲松、李吉恩参与部分章节编写。值此，特向合作研究的同仁和相关文献的作者深表谢意！

本书内容多、涉及专业知识面广，限于编者学识，书中纰漏、偏颇之处在所难免，希望广大读者多予赐教，不胜感谢！

编者

目　录

1 绪论

1.1 信息化及其发展趋势

信息化是指在社会各个方面充分利用现代信息技术和通信技术(ICT)，广泛开发利用信息资源，促进经济发展和社会进步，推动经济社会发展转型，加速实现现代化的历史进程。

信息化有信息资源、信息网络、信息技术应用、信息产业、人才培养以及政策、法规、标准等要素。

20 世纪 90 年代以来，信息技术不断创新，信息产业持续发展，信息网络广泛普及，信息化成为全球经济社会发展的显著特征，并逐步向一场全方位的社会变革演进。进入 21 世纪，信息化对经济社会发展的影响更加深刻。广泛应用、高度渗透的信息技术正孕育着新的重大突破。信息资源日益成为重要生产要素、无形资产和社会财富。信息网络更加普及并日趋融合。信息化与经济全球化相互交织，推动着全球产业分工深化和经济结构调整，重塑着全球经济竞争格局。互联网加剧了各种思想文化的相互激荡，成为信息传播和知识扩散的新载体。电子政务在提高行政效率、改善政府效能、扩大民主参与等方面的作用日益显著。信息安全的重要性与日俱增，成为各国面临的共同挑战。信息化使现代战争形态发生重大变化，是世界新军事变革的核心内容。全球数字鸿沟呈现扩大趋势，发展失衡现象日趋严重。发达国家信息化发展目标更加清晰，正在出现向信息社会转型的趋向；越来越多的发展中国家主动迎接信息化发展带来的新机遇，力争跟上时代潮流。全球信息化正在引发当今世界的深刻变革，重塑世界政治、经济、社会、文化和军事发展的新格局。加快信息化发展，已经成为世界各国的共同选择。

城市是区域政治、经济、文化中心，因此，在国家信息化中，采取“城市先行”的战略。城市信息化在实现国家信息化战略中占有重要地位。

1.2 我国信息化发展战略目标和重点

1.2.1 信息化发展的战略目标

根据《2006—2020 年国家信息化发展战略》到 2020 年，我国信息化发展的战略目标是：综合信息基础设施基本普及，信息技术自主创新能力显著增强，信息产业结构全面优化，国家信息安全保障水平大幅提高，国民经济和社会信息化取得明显成效，新型工业化发展模式初步确立，国家信息化发展的制度环境和政策体系基本完善，国民信息技术应用能力显著提高，为迈向信息社会奠定坚实基础。

具体目标包括以下方面：

(1) 促进经济增长方式的根本转变

广泛应用信息技术，改造和提升传统产业，发展信息服务业，推动经济结构战略性调整。深化应用信息技术、努力降低单位产品能耗、物耗、加大对环境污染的监控和治理，服务循环经济发展。充分利用信息技术，促进我国经济增长方式由主要依靠资本和资源投入向主要依靠科技进步和提高劳动者素质转变，提高经济增长的质量和效益。

(2) 实现信息技术自主创新、信息产业发展的跨越

有效利用国际国内两个市场、两种资源，增强对引进技术的消化吸收，突破一批关键技术，掌握一批核心技术，实现信息技术从跟踪、引进到自主创新的跨越，实现信息产业由大变强的跨越。

(3) 提升网络普及水平、信息资源开发利用水平和信息安全保障水平

抓住网络技术转型的机遇，基本建成国际领先、多网融合、安全可靠的综合信息基础设施。确立科学的信息资源观，把信息资源提升到与能源、材料同等重要的地位，为发展知识密集型产业创造条件。信息安全的长效机制基本形成，国家信息安全保障体系较为完善，信息安全保障能力显著增强。

(4) 增强政府公共服务能力、社会主义先进文化传播能力、中国特色的军事变革能力和国民信息技术应用能力

电子政务应用和服务体系日臻完善，社会管理与公共服务密切结合，网络化公共服务能力显著增强。网络成为先进文化传播的重要渠道，社会主义先进文化的感召力和中华民族优秀文化的国际影响力显著增强。国防和军队信息化建设取得重大进展，信息化条件下的防卫作战能力显著增强。人民群众受教育水平和信息技术应用技能显著提高，为建设学习型社会奠定基础。

1.2.2 信息化发展的战略重点

(1) 推进国民经济信息化

推进面向“三农”的信息服务。利用公共网络，采用多种接入手段，以农民普遍能够承受的价格，提高农村网络普及率。整合涉农信息资源，规范和完善公益性信息中介服务，建设城乡统筹的信息服务体系，为农民提供适用的市场、科技、教育、卫生保健等信息服务，支持农村富余劳动力的合理有序流动。

利用信息技术改造和提升传统产业。促进信息技术在能源、交通运输、冶金、机械和化工等行业的普及应用，推进设计研发信息化、生产装备数学化、生产过程智能化和经营管理网络化。充分运用信息技术推动高能耗、高物耗和高污染行业的改造。推动供应链管理和客户关系管理，大力扶持中小企业信息化。

加快服务业信息化。优化政策法规环境，依托信息网络，改造和提升传统服务业。加快发展网络增值服务、电子金融、现代物流、连锁经营、专业信息服务、咨询中介等新型服务业。大力发展电子商务，降低物流成本和交易成本。

鼓励具备条件的地区率先发展知识密集型产业。引导人才密集、信息化基础好的地区率先发展知识密集型产业，推动经济结构战略性调整。充分利用信息技术，加快东部地区知识和技术向中西部地区的扩散，创造区域协调发展的新局面。

(2) 推行电子政务

改善公共服务。逐步建立以公民和企业为对象、以互联网为基础、中央与地方相配合、多种技术手段相结合的电子政务公共服务体系。重视推动电子政务公共服务延伸到街道、社区和乡村。逐步增加服务内容，扩大服务范围，提高服务质量，推动服务型政府

建设。

加强社会管理。整合资源，形成全面覆盖、高效灵敏的社会管理信息网络，增强社会综合治理能力。协同共建，完善社会预警和应对突发事件的网络运行机制，增强对各种突发性事件的监控、决策和应急处置能力，保障国家安全、公共安全，维护社会稳定。

强化综合监管。满足转变政府职能、提高行政效率、规范监管行为的需求，深化相应业务系统建设。围绕财政、金融、税收、工商、海关、国资监管、质检、食品药品安全等关键业务，统筹规划，分类指导，有序推进相关业务系统之间、中央与地方之间的信息共享，促进部门间业务协同，提高监管能力。建设企业、个人征信系统，规范和维护市场秩序。

完善宏观调控。完善财政、金融等经济运行信息系统，提升国民经济预测、预警和监测水平，增强宏观调控决策的有效性和科学性。

(3) 建设先进网络文化

加强社会主义先进文化的网上传播。牢牢把握社会主义先进文化的前进方向，支持健康有益文化，加快推进中华民族优秀文化作品的数学化、网络化、规范网络文化传播秩序，使科学的理论、正确的舆论、高尚的精神、优秀的作品成为网上文化传播的主流。

改善公共文化信息服务。鼓励新闻出版、广播影视、文学艺术等行业加快信息化步伐，提高文化产品质量，增强文化产品供给能力。加快文化信息资源整合，加强公益性文化信息基础设施建设，完善公共文化信息服务体系，将文化产品送到千家万户，丰富基层群众文化生活。

加强互联网对外宣传和文化交流。整合互联网对外宣传资源，完善互联网对外宣传体系建设，不断提高互联网对外宣传工作整体水平，持续提升对外宣传效果，扩大中华民族优秀文化的国际影响力。

建设积极健康的网络文化。倡导网络文明，强化网络道德约束，建立和完善网络行为规范，积极引导广大群众的网络文化创作实践，自觉抵御不良内容的侵蚀，摈弃网络滥用行为和低俗之风，全面建设积极健康的网络文化。

(4) 推进社会信息化

加快教育科研信息化步伐。提升基础教育、高等教育和职业教育信息化水平，持续推进农村现代远程教育，实现优质教育资源共享，促进教育均衡发展。构建终身教育体系，发展多层次、交互式网络教育培训体系，方便公民自主学习。建立并完善全国教育与科研基础条件网络平台，提高教育与科研设备网络化利用水平，推动教育与科研资源的共享。

加强医疗卫生信息化建设。建设并完善覆盖全国、快捷高效的公共卫生信息系统，增强防疫监控、应急处置和救治能力。推进医疗服务信息化，改进医院管理，开展远程医疗。统筹规划电子病历，促进医疗、医药和医保机构的信息共享和业务协同，支持医疗体制改革。

完善就业和社会保障信息服务体系。建设多层次、多功能的就业信息服务体系，加强就业信息统计、分析和发布工作，改善技能培训、就业指导和政策咨询服务。加快全国社会保障信息系统建设，提高工作效率，改善服务质量。

推进社区信息化。整合各类信息系统和资源，构建统一的社区信息平台，加强常住人口和流动人口的信息化管理，改善社区服务。

(5) 完善综合信息基础设施

推动网络融合，实现向下一代网络的转型。优化网络结构，提高网络性能，推进综合基础信息平台的发展。加快改革，从业务、网络和终端等层面推进“三网融合”。发展多种形式的宽带接入，大力推动互联网的应用普及。推动有线、地面和卫星等各类数学广播电视的发展，完成广播电视从模拟向数字的转换。应用光电传感、射频识别等技术扩展网络功能，发展并完善综合信息基础设施，稳步实现向下一代网络的转型。

建立和完善普遍服务制度。加快制度建设，面向老少边穷地区和社会困难群体，建立和完善以普遍服务基金为基础、相关优惠政策配套的补贴机制，逐步将普遍服务从基础电信和广播电视业务扩展到互联网业务。加强宏观管理，拓宽多种渠道，推动普遍服务市场主体的多元化。

(6) 加强信息资源的开发利用

建立和完善信息资源开发利用体系。加快人口、法人单位、地理空间等国家基础信息库的建设，拓展相关应用服务。引导和规范政务信息资源的社会化增值开发利用。鼓励企业、个人和其他社会组织参与信息资源的公益性开发利用。完善知识产权保护制度，大力发展以数字化、网络化为主要特征的现代信息服务业，促进信息资源的开发利用。充分发挥信息资源开发利用对节约资源、能源和提高效益的作用，发挥信息流对人员流、物质流和资金流的引导作用，促进经济增长方式的转变和资源节约型社会的建设。

加强全社会信息资源管理。规范对生产、流通、金融、人口流动以及生态环境等领域的信息采集和标准制定，加强对信息资产的严格管理，促进信息资源的优化配置。实现信息资源的深度开发、及时处理、安全保存、快速流动和有效利用，基本满足经济社会发展优先领域的信息需求。

(7) 提高信息产业竞争力

突破核心技术与关键技术。建立以企业为主体的技术创新体系，强化集成创新，突出自主创新，突破关键技术。选择具有高度技术关联性和产业带动性的产品和项目，促进引进消化吸收再创新，产学研用结合，实现信息技术关键领域的自主创新。积聚力量，攻克难关，逐步由外围向核心逼近，推进原始创新，力争跨越核心技术门槛，推进创新型国家建设。

培育有核心竞争能力的信息产业。加强政府引导，突破集成电路、软件、关键电子元器件、关键工艺装备等基础产业的发展瓶颈，提高在全球产业链中的地位，逐步形成技术领先、基础雄厚、自主发展能力强的信息产业。优化环境，引导企业资产重组、跨国并购，推动产业联盟，加快培育和发展具有核心能力的大公司和拥有技术专长的中小企业，建立竞争优势。加快“走出去”步伐，鼓励运营企业和制造企业联手拓展国际市场。

(8) 建设国家信息安全保障体系

全面加强国家信息安全保障体系建设。坚持积极防御、综合防范，探索和把握信息化与信息安全的内在规律，主动应对信息安全挑战，实现信息化与信息安全协调发展。坚持立足国情，综合平衡安全成本和风险，确保重点，优化信息安全资源配置。建立和完善信息安全等级保护制度，重点保护基础信息网络和关系国家安全、经济命脉、社会稳定的重要信息系统。加强密码技术的开发利用。建设网络信任体系。加强信息安全风险评估工作。建设和完善信息安全监控体系，提高对网络安全事件应对和防范能力，防止有害信息传播。高度重视信息安全应急处置工作，健全完善信息安全应急指挥和安全通报制度，不断完善信息安全应急处置预案。从实际出发，促进资源共享，重视灾难备份建设，增强信息基础设施和重要信息系统的抗毁能力和灾难恢复能力。

大力增强国家信息安全保障能力。积极跟踪、研究和掌握国际信息安全领域的先进理论、前沿技术和发展动态，抓紧开展对信息技术产品漏洞、后门的发现研究，掌握核心安全技术，提高关键设备装备能力，促进我国信息安全技术和产业的自主发展。加快信息安全人才培养，增强国民信息安全意识。不断提高信息安全的法律保障能力、基础支撑能力、网络舆论宣传的驾驭能力和我国在国际信息安全领域的影响力，建立和完善维护国家信息安全的长效机制。

(9) 提高国民信息技术应用能力，造就信息化人才队伍

提高国民信息技术应用能力。强化领导干部的信息化知识培训，普及政府公务人员的信息技术技能培训。配合现代远程教育工程，组织志愿者深入老少边穷地区从事信息化知识和技能服务。普及中小学信息技术教育。开展形式多样的信息化知识和技能普及活动，提高国民受教育水平和信息能力。

培养信息化人才。构建以学校教育为基础，在职培训为重点，基础教育与职业教育相互结合，公益培训与商业培训相互补充的信息化人才培养体系。鼓励各类专业人才掌握信息技术，培养复合型人才。

1.3 城镇信息化与城镇发展

1.3.1 城镇信息化

广义城镇信息化可以理解为是综合运用地理信息系统(Geographical Information System，GIS)遥感、遥测、网络、多媒体及虚拟仿真等信息处理技术和网络通信技术，将城镇的各种数字信息及各种信息资源加以整合并充分利用，实现从智能化、现代化的数字城镇及相应的数字社区和数字家庭到信息城镇及相应的信息社区和信息家庭，即具有现代数字信息通信功能的现代化城镇。

数字城镇侧重城镇地理可视化，多用于城镇规划、城镇土地管理、市政管线、道路、水利、电力等各种与空间分布密切相关的领域；信息城镇则是一个比数字城镇更为广泛的概念，除了各种城镇地理可视化应用以外，还包括地理可视化应用并不突出的其他信息化领域，诸如工商、税务、教育与社会保障等方面。数字城镇以地理信息系统为核心的空间信息技术，而信息城镇的技术基础则包括除空间信息技术以外的现代信息技术和通信技术。可以概括：数字城镇是信息城镇的基础和重要组成部分，信息城镇是数字城镇的升华和发展。

数字城镇就城镇规划建设管理而言，主要侧重于“43 VR”即侧重于“地理数据 4D 化，地图数据 3 维化，规划设计 VR 化”。

1) 地理数据 4D 化，是指城市空间基础地理信息数据库包括数字线划图(DLG)、数字栅格地图(DRG)、数字高程模型(DEM)、数字正射影像地图(DOM)。

2) 地图数据 3 维化，是指地图数据由现在的 2 维结构转换为 3 维结构。

3) 规划设计 VR 化，是指规划设计和规划管理在 4D 数据、3 维地图数据支撑下，将

现有的2维作业对象和手段升级为3维和VR结合作业对象和手段。

1.3.2 信息化时代的城镇发展

1）信息化时代的城镇具有两个显著特征：一是全球化，即城镇走向区域协作和联合发展的方向，城镇间的联系更紧密，分工更明确，将出现更多的区域性城市群或城镇联合体，最终形成全球城市网络。二是专业化，其特点是专业分工越来越细，从而形成功能不同、风格各异的城镇类型。基于精细分工和密切合作的生产与生活方式，是信息化时代城镇与以往传统城镇的根本不同点。

2）信息化时代的城镇，内部分区将非常鲜明。城镇由若干个城镇单元组成，每个城镇单元作为相对独立的生活和工作综合体，将基本具有一个城镇的综合服务功能与设施。城镇的住宅也将日趋多功能化，成为居住、工作、学习、娱乐、交际、健身等很多活动的场所。

3）随着城镇职能的转变，信息化时代的城镇基础设施也由工业化时代主要提供工业生产服务，转变到主要为提高生活质量提供支持。城镇信息基础设施，就是信息时代城镇基础设施的一种扩大化，它包括信息高速公路、邻里办公网络（NONS）以至卫星办公室（Satllite Office）等等。

1.3.3 信息化时代的城镇规划管理

（1）城镇规划管理方法论的转变

信息化时代的城镇规划管理至少应该具备如下特征：

1）将城镇视作全球城镇网络中的一个节点和全球竞争中的参与者，从城镇的经济发达程度、产业专业化程度、城镇的环境水平、城镇的文化氛围等一切方面，以全球性的策略和眼光加强城镇规划和管理。

2）决定一个城镇命运的最重要因素不再是地理、交通、资源的优势，而是城镇本身的策划、设计和经营，人工的、文化的、信息的因素有可能成为城镇兴衰存亡的决定因素。

3）要强化城镇规划管理的动态性、实时性和快速生长能力。城镇一方面必须追求独立性和各自的特色；另一方面也必须抓住每一个发展的机会不断改变自身。

4）从城镇立法开始，就将国土规划、区域规划、城镇总体规划，分区规划、详细规划、城镇设计、建筑方案设计、施工图设计中的建筑、水电、结构以及施工中的修改等所有信息，全部存储于城镇建设与管理实施的信息网络和数据库之内。

（2）城镇规划管理技术的改变

信息化时代城镇规划的工作过程演变成为一种信息的加工过程，信息技术对城镇规划本身影响最大的技术有三个方面：

1）虚拟现实技术，以电脑制作的数字化模型取代了手工绘图和传统图纸。

2）网络与通信技术，使得更多的公众通过同时参加工作、实时讨论等方式，介入工作的每一个环节，参与到城镇规划管理中来。

3）城镇信息资源系统与城镇信息应用系统，为城镇建设、规划、管理提供全新的服务手段，提高政府决策的科学性、前瞻性和民主化，提高城镇规划、建设和管理工作的规范化和效率，进而促进城镇的可持续发展。

2　城镇信息化规划建设

目前，我国正在加速推广数字城市建设。数字城市是数字地球的延伸与扩展，是数字地球的细分和局部。在数字地球基本原理的指导下，将城市高度综合的公共信息数字化，通过信息技术和信息产业，将信息化和城市化完美地结合起来。这种结合就是综合运用遥感、遥测、数据库、地理信息系统、卫星定位系统、宽带网络、多媒体、虚拟仿真技术对城市的基础设施、功能机制进行系统的自动采集、动态的监测管理和辅助服务的技术系统，使它实现城市地理、资源、生态、环境、人口、经济、社会等复杂系统数字化、网络化。并在虚拟仿真、优化决策支持和可视化表现强大功能。具体说来数字城市在城市政府决策的智能化，城市办公的自动化，城市商务的电子化，城市交通管理的自动化，城市规划模拟仿真化，城市治安预警化，城市远程业务联网化，城市社区网络化这八个领域都可以得到体现。

数字城市是城市信息化的重要基础和主要组成。随着信息科技越来越成为现代科技的核心和主流，以互联网为平台，电子商务为主导，相关产业为支撑的信息经济，已日益成为城镇发展的主导型经济。从数字城镇建设到信息城镇建设，城镇信息化已成为城镇提高综合竞争力的必然选择，信息化水平已成为衡量城镇经济发展、综合实力和文明程度的重要标志。

城镇信息化建设可分为城镇经济信息化建设和城镇社会信息化建设。前者有企业信息化、行业信息化建设及电子商务等，后者包括城镇管理信息化、社区信息化及家庭信息化建设。

2.1　城镇信息化规划

2.1.1　城镇区域发展战略中的信息化规划

城镇区域发展战略中的信息化规划以苏州城市次区域发展战略研究为例。

2.1.1.1　信息化与信息网络规划研究背景

（1）信息化建设与城市经济发展的密切关系

1）交通、信息网络是城市经济发展的命脉

交通、信息网络是城市经济发展的命脉。当今信息社会，城市交通与信息网络构成二元并列的城市神经网，由此，建立崭新的城市空间概念。

城市集聚和辐射活动主要通过交通、信息网络进行，城市与城市之间以信息高速公路和交通高速公路等基础设施网络为依托，形成城市连绵带和区域城镇体系。交通信息轴线、走廊与网络也正是城镇体系经济发展的轴线、走廊与网络。

而按交通、信息等基础设施网络线的重要程度划分节点和连线，分析城市间通过网络的集聚与扩散作用的网络法也正是城市地理的经典研究方法。

从世界看，以城市化发展水平很高的美国东部海岸、欧洲北部、英格兰中部、日本的太平洋沿海、韩国的京釜沿线以及美国、加拿大的五大湖区为例，这些地区依托城市区域内的重要综合交通走廊和信息基础设施网络，众多呈带状分布的城市连绵区，已成为区域经济的重心和枢纽地区，以及工业化发展的先导区域。

而在信息化和知识经济时代决定一个城市命运的最重要因素不仅仅是地理、交通、资源的优势，而越发突出的是城市本身的策划、设计和经营，即更是人工的、文化的、信息的因素，信息化因素将成为城市兴衰存亡的决定因素。

2）信息化是提高国家、地区、城市综合竞争力选择的必然

① 信息化与信息网络的内涵

概括地说，信息化是指在社会各个方面应用现代信息技术和通信技术（ICT），广泛利用信息资源，促进经济发展和社会进步，加速实现现代化的进程。

信息网络是以互联网为主要代表的，基于现代 ICT，用于传递交换，并能加工处理信息的各种电子通信网络。

② 信息化已成为国家、地区、城市综合竞争力选择的必然

20 世纪 90 年代中期以来，由于互联网的迅猛发展，在全球范围掀起信息化浪潮，信息科技已成为现代科技的核心和主流，以互联网为平台，电子商务为主导，相关产业为支撑的信息经济，日益成为主导型经济。信息化已成为国家、地区、城市提高综合竞争力的必然选择，信息化水平已成为衡量城市经济发展、综合实力和文明程度的重要标志。信息化带动工业化、城市化、促进现代化，信息化也是推动城市经济社会发展和变革的重要力量。

2.1.1.2 信息化时代城市特征与城市竞争

信息化时代城市有两个显著的特征。其一是全球化，即城镇走向区域协作和联合发展的方向，城镇间的联系越来越紧密，分工越来越明确，城镇连绵发展及更多的区域性城市群或城镇联合体的出现，导致全球城市网络的形成；其二是专业化，不同类型、不同功能的城镇专业分工越来越细。

基于精细分工和密切合作的生产与生活方式是信息社会城市与已往城市的根本不同。

全球经济一体化和区域城市经济个性化相辅相成，并且在不同国家、不同区域或在同一区域的城市与城市之间的竞争更加剧烈，城市个性、特色竞争越发明显。

2.1.1.3 苏州及其西部次区域的发展战略要求

众所周知长江三角洲是我国经济社会发展最快和城市化水平最高的地区之一，也是世界上为数不多的高密集城市连绵区之一。以上海为龙头，杭州、南京为南北两翼的大城市群已初具规模，并正在大跨度面向内陆腹地集聚、辐射，大踏步迈向东亚，迈向世界。

处于我国最活跃的两条经济带——沿海经济带和沿长江经济带的黄金交会点的苏州，近年城市综合经济实力已跻身于国内少数几个特大城市的行列，苏州经济已由“农村推动型”向“城市辐射型”重大转变，前几年美国《新闻周刊》就把苏州列为世界九大新兴科技城市之一。苏州在长江三角洲，乃至全国的战略地位明显提高。在我国下一轮的城市化进程中，苏州将以长江三角洲重要副中心城市和环太湖核心腹地，在长三角区域发展中扮演全新的角色。

苏州西部城市次区域是包括苏州新区——国家级高新技术开发区在内的沿太湖地区，在把苏州建成为我国重要的风景旅游城市、山水城市和长江三角洲重要的中心城市之一的战略目标中，苏州西部城市次区域将发挥越来越重要的作用。

为实现苏州和苏州西部次区域的发展战略目标，在国民经济和社会多个领域全面推进信息化建设，加快城市信息化建设步伐，以信息化带动工业化、城市化是十分必要的。而

发展电子信息产业也正是提升苏州城市综合竞争力的一个十分重要的主攻方向。

正是这样的一个背景，地方政府强调把城市信息化与交通信息网络规划研究列为城市发展战略研究的重要组成部分。

2.1.1.4 城市信息化、网络化规划研究的重点与基点

以本区域经济发展战略研究为基点，以全市经济发展战略为导向，同时考虑区域经济、全球经济和信息化、网络化的特点，拟定信息化、网络化规划研究的重点与基点：

（1）苏州西部城市次区域信息化、网络化规划理念与骨干网络结构。

主要为以下三方面：

1）信息产业；

2）信息基础设施；

3）重点领域信息化建设。

（2）相关的苏州市信息化、网络化规划理念及骨干网络结构。

（3）相关的长三角信息化、网络化规划理念及骨干网络结构。

2.1.1.5 信息化与信息网络化规划目标

（1）信息化总体目标

全市：近期建成跟踪并接近世界先进水平的公众信息通信设施，国民经济信息化程度达国内先进水平，并成为信息产业聚集度较高的地区之一。

远期建成国内一流的信息化城市和数字城市。

西部城市次区域：建成与全市信息化、网络化总体目标相吻合的信息化、数字化城市地区。

（2）信息网络化具体目标

1）建立畅通的地下信息通信管网、地面卫星接收通道、微波通道。

2）近中期实现光纤到路边、光纤到小区、光纤到大楼、光纤到政府、光纤到企业，远期实现光纤到户。

3）建成和完善相关城际干线传输网和信息高速公路、城域骨干传输网、用户接入网，建成全市信息交换中心和高速率大容量信息通信平台，采用高速光通信和宽带多媒体技术，构建融语言、数据、图像为一体的新一代信息通信网络。

2.1.1.6 信息化与信息网络化的主要规划内容与规划建设原则

（1）主要规划内容

1）信息传输网规划

包括以下方面：

① 城际干线传输网规划；

② 城镇用户接入网规划；

③ 卫星地面站规划；

④ 收发信区规划。

2）网络交换平台规划

包括以下方面：

① 交换局所规划；

② 交换中心规划。

3）互联网、宽带网及有线电视网规划

4）城市信息系统规划

包括城市信息应用系统规划和信息资源系统规划(市、区统筹协调规划)。

其中，重点规划建设15个骨干应用系统：

① 政府信息系统；

② 地理信息系统；

③ 公安管理信息系统；

④ 交通管理信息系统；

⑤ 金融信息系统；

⑥ 劳动和社会保障信息系统；

⑦ 教育信息系统；

⑧ 农业信息系统；

⑨ 生态环境信息系统；

⑩ 财税信息管理系统；

⑪ 工商信息管理系统；

⑫ 科技信息系统；

⑬ 社区服务信息系统；

⑭ 旅游信息系统；

⑮ 物流信息系统。

（2）城市信息化的主要规划建设原则

1）按照统一标准、统一管理、统筹规划、协调发展、政府调控、企业主导、联合共建、适度竞争、资源共享、有偿使用的原则进行规划建设。

2）按公用设施适度超前规划建设。

3）充分合理利用现有通信网络设施，以现代通信技术建设、改造、提升现有通信网络，传统电路交换网应逐步过渡到以ATM/IP为主导的分组化网络。

4）同时采用虚拟网络等先进技术构筑专业网、内部网。

5）实现基础电信网、广播电视网、计算机网“三网合一”，避免重复投资、重复建设、交叉采集信息。

6）用户接入网和用户驻地网规划设计应遵循可扩展性、安全性、稳定性、方便性和规范性的原则。

2.1.1.7 信息化与信息网络化概念规划

（1）现状分析

1）信息化基础

① 城市信息化已有一定基础

苏州市及其西部次区域信息化已有一定基础，特别是电子信息产品制造业已成为全市新兴支柱产业，并由生产加工为主逐步向科研与生产相结合转变，同时带动相关配套产品的发展。西部苏州新区是苏州市通信、计算机、消费电子、基础材料和元器件产业的四大基地之一。世界IT企业500强中有24家企业在苏州，苏州已是我国电子信息产品制造业的重要基地。

② 信息基础设施建设初具规模

初步建成高速率、大容量的传输骨干网，基本实现光纤到大厦、路边和小区，并开始提供接入服务，出口带宽达 2.5G，互联网注册用户 36.3 万户，程控交换机总容量达 275.5 万门，全市主线普及率达 27.59 线/百人。有线电视已开通双向传输终端近 2 万户，集图像、数据一体的 2.5G 数字传输网连通市(县)并实现与上海、无锡、常州跨地区联网。

③ 全市已建成 20 个信息化小区。

④ 网络和信息技术应用也得到较快发展

除互联网业务发展很快外，市政府信息系统和新区政府信息系统均已建成使用，社会信息化建设和电子商务等均有稳步发展，信息技术人才培养也得到重视。

2）存在的主要问题：

① 信息化和网络化缺乏统一规划；

② 西部及全市软件产业起步晚，规模小；

③ 信息技术的研究开发能力薄弱；

④ 企业信息化总体滞后；

⑤ 信息资源系统数据库开发建设滞后；

⑥ 信息网络资源综合应用和共享程度不高；

⑦ 高层人才短缺；

⑧ 信息基础设施尚应适度超前；

⑨ 宽带网尚未覆盖全市；

⑩ 主干网容量和速率有待提高；

⑪ SDH 骨干传输网和 ATM 宽带交换网有待完善。

(2) 网络化结构与网络规划要点

城市信息网络在实现信息传输上分为有线网络和无线网络；在网络构成上分传输网和交换网；在网络组织上，采用分层结构。

1）网络交换平台规划

① 规划预测本区远期主线普及率：

开发区、度假区为 68～72 线/百人；

镇区为 60～65 线/百人。

② 规划局所 7 个，新区规划局所 4 个，木渎、浒望新城、太湖组团各 1 个，其中汇接局 2 个(设在新区)，远期局所容量每局在 10～20 万门；规划模块局约 10 个。各镇、风景名胜区、旅游度假区近中期设模块局，远期改设 OLT。

③ 通过汇接局开通直达两个 TS 的中继信道。

④ 全市统筹考虑移动通信规划和移动交换局，西部次区域规划若干基站。

⑤ 全市统筹规划地面卫星站、远期规划收信区与发信区。

⑥ 中心交换局、长途局和交换中心设在中心城区。

⑦ 西部与全市应统一数字城市基础平台和数据库标准，建立完备的，面向政府和公众的公益型数据库体系和面向微观经济活动的商用型数据库体系，形成系统完善的信息收集和发布机制，为政府和公众提供高质量的服务，结合网络互通，拓展信息市场。

⑧ 在全市数字城市规划指导下，协调规划西部数字城市及其与数字城市网络的连接，

同时利用现代信息和现代交通技术的引导作用，提升苏州西部城镇空间网络布局的质量。

⑨ 与全市相关信息系统规划相协调，全面推进苏州西部次区域社会各区域的信息化。

2）信息传输网规划

① 城域骨干传输网

a）规划连接新区交换局和木渎交换局，组成西部次区域城域骨干传输网。

b）西部次区域城域骨干传输网与中心城区城域核心传输网相连。

c）沿西部次区域环城干道及连接其他西部城镇的交通干线，规划2～3个西部次区域城域边缘传输网。

d）西部次区域城域边缘传输网与其城域骨干传输网相连。

e）推动三网融合，并通过建设西部次区域和全市数字化、宽带化、智能化高速信息网络和规划苏州信息网络互联中心提高西部次区域和市区的信息网络交互能力，逐步实现各类应用网络的互联互通，满足西部次区域现代化建设和社会多层次信息需求。

② 城镇用户接入网

a）西部次区域城镇按功能小区（各类工业区、工业小区、居住区、居住小区、商业区、办公区、商住混合区等）规划用户接入网。

b）其网络系统由代理服务器、中心路由、中心交换机、楼宇集线器组成。

c）用户接入网与城域干网的联系可采用中国电信、中国联通等的DNN专线。

d）新区、开发区、度假区等用户驻地网原则上采用综合有线系统。

③ 城际干线传输网

城际干线传输网是采用光纤、卫星和微波连接以市或一个长途区号为单位的地域间通信端口构成的高速宽带信息传输链路。

a）在全省规划的以中心城市为依托沿主要城镇聚合轴建设省内信息化高速公路基础上，规划沿环太湖主要交通干线的苏、锡、常、嘉、湖信息高速公路，西部相关道路应预留城际信息通信管孔，以适应和强化苏州及其西部城市次区域环太湖的核心腹地作用。

b）通过苏州信息港与上海、南京、杭州等国际性、国家信息港建设的规划协调，完善区域信息基础设施，并规划苏州与上海间直达高速信息路由，提升苏州及其西部在区域中的整体竞争力。

2.1.1.8 其他

（1）在产业布局上，加大西部电子信息产业特别是信息技术的研究与开发投入力度。

（2）培养和引进信息技术高层次人才。

2.1.2 城市总体规划中的信息化专题研究

2.1.2.1 城市发展战略目标与信息化在城市发展中的战略地位

徐州地处苏、鲁、豫、皖四省交界处，自古为军事、政治、交通重镇，素有“五省通衢”之称，是我国重要水陆交通枢纽和东西、南北经济联系的重要“十字路口”。

徐州城市发展战略目标是成为淮海地区区域性中心城市、经济科技强市和国家历史文化与现代名城，最适宜发展和居住的城市，并以“环境立市”为基石，创建21世纪可持续发展的国家环境保护模范城市和国家卫生、园林山水城市。

城市信息化是徐州社会经济发展战略目标的重要组成部分，也是提高徐州城市综合实力的主攻方向。

近些年，徐州通信发展很快，信息化建设也取得了初步成效，已具备加快发展的良好基础。如国家广电总局全国光纤网光缆经徐州分支到安徽、河南，徐州是此网上的重点枢纽站之一，徐州市到6县(市)区已建成的光缆线路完善为东(睢宁、新沂、邳州、贾汪)西(丰县、沛县、铜山)两大环路。加强信息网络建设，加快信息化步伐，加快建设宽带信息基础设施，特别是重点领域的信息化建设，在徐州经济发展和发挥徐州作为淮海经济区核心城市的作用中起着十分重要的作用，也是适应全球经济把徐州建成区域中心城市的迫切需要和根本保证。

2.1.2.2 信息化发展战略目标

总体目标：

近中期建成江苏省内先进水平的信息化城市，建成跟踪并接近世界先进水平的公众信息通信设施，国民经济信息化程度达省内先进水平。

远期建成国内先进的信息化城市和数字城市。

具体目标：

1）建立畅通的地下信息通信管网、地面卫星接收通道、微波通道。

2）近中期实现光纤到路边、光纤到小区、光纤到大楼、光纤到政府、光纤到企业，远期实现光纤到户。

3）建成和完善相关城际干线传输网和信息高速公路、城域骨干传输网、用户接入网，建成全市信息交换中心和高速率大容量信息通信平台，采用高速光通信和宽带多媒体技术，构建融语言、数据、图像为一体的新一代信息通信网络。

2.1.2.3 信息化发展战略规划的主要组成与主要规划建设原则

(1) 战略规划组成

徐州城市信息化发展战略规划主要组成包括以下方面：

1）信息传输网规划

① 城际干线传输网规划；

② 城镇用户接入网规划；

③ 卫星地面站规划；

④ 收发信区规划。

2）网络交换平台规划

① 交换局所规划；

② 交换中心规划。

3）互联网、宽带网及有线电视网规划。

4）城市信息系统规划

包括城市信息应用系统规划和信息资源系统规划。

(2) 规划建设原则

规划建设原则主要是：

1）按照统一标准、统一管理、统筹规划、协调发展、政府调控、企业主导、联合共建、适度竞争、资源共享、有偿使用的原则进行规划建设。

2）按公用设施适度超前规划建设。

3）充分合理利用现有通信网络设施，以现代通信技术建设、改造、提升现有通信网络，传统电路交换网应逐步过渡到以 ATM/IP 为主导的分组化网络。

4）同时采用虚拟网络等先进技术构筑专业网、内部网。

5）实现基础电信网、广播电视网、计算机网“三网合一”，避免重复投资、重复建设、交叉采集信息。

6）用户接入网和用户驻地网规划设计应遵循可扩展性、安全性、稳定性、方便性和规范性的原则。

2.1.2.4 信息化发展战略规划及实施的主要构想

城市信息网络在实现信息传输上分为有线网络和无线网络；在网络构成上分传输网和交换网；在网络组织上，采用分层结构。

（1）网络交换平台规划

1）预测远期主线普及率：

徐州中心城 65～70 线/百人，贾汪、利国、大许、航空产业基地四个卫星城 62～64 线/百人，9 个小城镇镇区 55～58 线/百人。

2）在原有局所的基础上，远期规划新中心区局所 2 个，每局容量 30～50 万门，贾汪、利国、大许、航空产业基地四个卫星城，局所各 1 个，局所容量 7～12 万门。各镇近中期设模块局，远期改设 OLT。

3）中心交换局、长途局和交换中心设在中心城区。

4）全市应统一数字城市基础平台和数据库标准，建立完备的，面向政府和公众的公益型数据库体系和面向微观经济活动的商用型数据库体系，形成系统完善的信息收集和发布机制，为政府和公众提供高质量的服务，结合网络互通，拓展信息市场。

（2）城市信息系统规划

重点规划建设全市 16 个骨干应用系统：政府信息系统、地理信息系统、公安管理信息系统、交通管理信息系统、金融信息系统、劳动和社会保障信息系统、教育信息系统、农业信息系统、生态环境信息系统、财税信息管理系统、工商信息管理系统、科技信息系统、社区服务信息系统、旅游信息系统、物流信息系统，以及期货交易信息系统。

（3）信息传输网规划

1）城域骨干传输网

① 新老中心城区规划 2 个城域核心传输网。

② 规划沿交通干线连接卫星城交换局组成城域边缘传输网。

③ 城区边缘相近的镇区与城区边缘一并考虑城域边缘传输网。

2）城镇用户接入网

① 按城市规划区城镇各类功能小区，规划用户接入网。

② 用户接入网网络系统由代理服务器、中心路由、中心交换机、楼宇集成器组成。

3）城际干线传输网

徐州城际干线传输网采用光纤、卫星和微波连接，以徐州长途区号为单位的地域间通信端口构成的高速宽带信息传输链路。

① 在全省及相关规划的以中心城市为依托，沿主要城镇聚合轴建设省内信息化高速公路的基础上，规划建设和完善徐州都市圈和淮海经济区信息高速公路，强化徐州在上述

区域中的核心腹地作用。

② 通过徐州信息港与南京、上海、济南等国际性，国家信息港建设的协调规划，完善区域基础设施，强化徐州重要区域信息中心的作用。

(4) 信息产业及人才培养

1) 在产业布局上，加大徐州电子信息产业，特别是信息技术的研究与开发的投入力度，把徐州规划建设成为黄淮平原上最主要的电子信息技术集散地和科研开发基地，黄淮平原的“硅谷”。

2) 依托高校和研究院所培养并引进信息技术高层次人才。

2.2 城镇管理信息化建设

2.2.1 电子政务与政府信息化建设

(1) 概述

政务是指国家行政有关的公共性事务，广义指分国家政权有关的所有公共性事务。电子政务(e-Government)一般可以理解为各级政府机关或有关政府机构以电子化或信息技术处理各类事务的通称。

电子政务运用信息技术把政府及其职能机构与民众连在一起建立互动系统，不仅实现政府内部办公的自动化、决策的科学化、信息的网络化与资源的共享化，而且为民众提供一个无处不在的政府，为民众随时随地提供方便的信息及服务。

城镇发展依靠政府主导，城镇信息化建设由政府通过电子政务实现政府信息化，引领其他方面的信息化建设，电子政务在城镇信息化中有着重要推动作用。电子政务的重要作用与意义还在于：

1) 降低行政运作成本，提高政府办事效率；

2) 强化政府的行业监管作用，增加财政收入；

3) 提高政府对企业和公众的服务水平，树立良好的政府形象；

4) 便于政府与社会公众的沟通，有利改进政府工作。

政府上网工程是城镇电子政务建设的重要组成部分，包括以下方面：

1) 电子政府(e-Government)

政府可以利用各种信息技术行使政府职能，市民可以利用各种信息技术进行参政、议政。包括发布政府公告、政务会等，便于听取和反映对政务工作的意见和建议，增加政府行政透明度。

2) 网络政府(Web-Government)

通过网络密切政府与市民之间的联系，同时可在网上办理各种可办的事情。

3) 在线政府(Online Government)

实现政府网上办公和在线服务，同时方便市民通过 PC 或 WAP 手机向政府在线反映情况和办理事务。

4) 虚拟政府(VR-Government)

利用虚拟技术开设政府网上值班、网上办公和网上服务的虚拟空间，市民可通过网上虚拟政府机构，办理各种事务。

我国电子政务的发展经历了以下三个发展阶段：

第一阶段：办公自动化。在 20 世纪 80 年代中期，开始了运用信息技术进行文件处理和档案处理等，属于低水平的阶段。

第二阶段：政府上网。1999 年初，由中国电信协同国家经贸委等数十家政府部门共同发起了“政府上网”工程。于是绝大部分部委与地方政府首次正式在互联网上建立了自己的网站。在现有的 63 个国家部委(办、局)信息主管机构已有 40 多个网站正式开通，目前 gov. cn 下的域名已达 1564 个，其中有 720 个政府部门拥有 www 服务器向社会提供服务。

第三阶段：电子政务。2000 年 10 月以来，在国际 e-Government 浪潮冲击下电子政务迅速地发展，主要包括：

1）电子公文：如公文制作、公文处理电子化、稽查管理自动化。

2）电子通告：会议通知、信息传达、政策宣传、法规颁布、意见调查等电子化。

3）电子税务：提供各种税务信息服务、税务查询、网络转账缴税、核查税款。

4）电子工商：提供工商资料和信息、工商登记网上申报等。

5）电子公共事业服务：在网上提供电力、电信、自来水、燃气等自动化服务，提供查询、申报、交费等服务。

6）公众参政：包括知情权、参政权、选举权、监督权和反映意见权的网上实施，以及法律、保障咨询服务。

7）政府服务：养老金发放等。

（2）电子政务系统结构

电子政务除包括政府机关的行政事务以外，还包括立法、司法部门以及其他一些公共管理机构的管理事务，如检察事务、审计事务、社区事务等。同时，要对传统的政府管理事务进行组织结构的重组和业务流程的改编。随着从传统政府向电子政府的转变逐步形成一个复杂的电子政务系统。

图 2-1 所示为电子政务系统结构图。

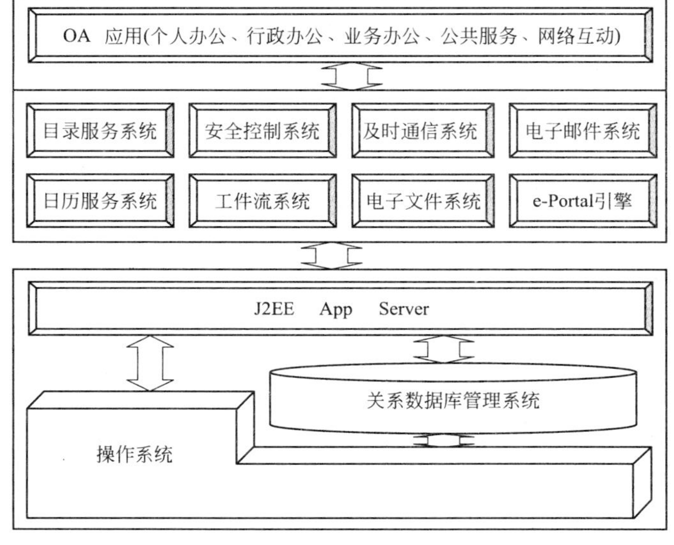

图 2-1　电子政务系统的结构

从图 2-1 可以看出，电子政务的内容非常广泛。从服务对象来看，电子政务主要包括这样几个方面：政府间的电子政务(Government-Government，G2G)、政府对企业的电子政务(Government-Business，G2B)、政府对公民的电子政务(Government-Citizen，G2C)。

(3) 电子政务工程

电子政务工程是以建设电子政务体系为目的实施的工程。经一相关的技术标准和规范，联结城镇各个政府网络和应用系统，实现互联互通，成为一个统一的政务服务平台。

电子政务工程包括网络建设、信息资源建设、应用系统开发、公务员培训、法规法律建设五个方面。其中：网络建设是电子政务项目中的三网合一，包括内网、专网与外网的互联互通。

① 专用网络

专指政府部门之间的网络，因为对于机密信息的交换，需要在与外部网络物理隔离的专用网络上传输，所以要求保证绝对的安全性。

② 内部网

政府内部的办公网络，以局域网为主。政府内部和政府部门间一般的信息交换，其网络要求能够提供具有传统数据网络的性能优点(安全和 QoS)和共享数据网络结构的优点(简单和低成本)，能够提供远程访问、外部网和内部网的连接。

③ 外网

对于为公众提供的信息以及其他可公开的信息，可以利用政府网站等形式发布到互联网上。

资源建设是指信息资源建设。

政府部门的信息内容可以大致分成两类：来自公文系统的文档型信息和来自数据处理系统的结构化数据信息。当前电子政务系统建设经验总结结果是：以元数据管理和 XML 作为数据交换标准为核心的政府信息资源建设方案。

① 以元数据管理为核心。自上而下贯穿各级行业行政部门，从元数据管理的角度，为行业的行政管理和行业信息资源的整合提供技术基础。采用分布式的数据存储形式，通过元数据实现了各级部门之间的信息检索和内容调用。元数据管理采用科学的分类编目管理结构，对电子政务系统中的各类信息进行分类组织，从而达到知识管理和决策支持目标。

② 以 XML 作为数据交换的标准。在数据交换和共享的层面上，基于 XML 和统一信息平台技术，实现不同系统的联合与互联。它覆盖了信息处理的整个流程(从数据采集、处理和传输，到信息管理、分析和共享)，将多年来常见的管理信息系统延伸到数据分析、共享系统中，从信息中挖掘和提炼知识，为决策提供了充足的信息和决策支持。

应用建设是整个电子政务工程的关键。按以下四类客户应用展开：

① 政府和公务员(G2E)。利用互联网建立有效的行政办公体系，为提高政府工作效率服务。内容包括：电子公文、电子邮寄、电子规划管理、电子人事。

② 政府和经济活动(G2B)。利用互联网等网络手段为经济活动提供信息化支持，包括：电子商务、工商、税务、金融、海关、法律等基础设施服务。

③ 政府部门与政府部门(G2G)。政府间的信息交换有助于不同部门间的协同办公，可以解决“信息孤岛”的问题，使目前无法实现的信息共享交换、协同工作等问题得以彻

底解决。

④ 政府和公民服务（G2C）。利用公共网络为公民提供范围广泛的服务，包括卫生、医疗、教育、职业、法律、税务、金融等一系列的服务信息。

（4）电子政务功能框架与发展阶段

一个电子政务服务平台服务的对象有四类：政府机构、公务员、公民、企业单位。

从网络层面上看，电子政务主要包括三个组成部分：政府部门内部的电子化和网络化办公；政府部门之间以及与金融等重要经济部门之间通过计算机网络而进行的信息共享和实时通信；政府部门通过网络与民众之间进行的双向信息交流。

一个完整的电子政务框架，应当是上述这三类系统的有机结合，能够同时为四类用户提供整体服务。

电子政务的发展是按阶段性进行的，大致可以分为四个阶段。

图 2-2 所示为电子政务发展及阶段划分示意图。

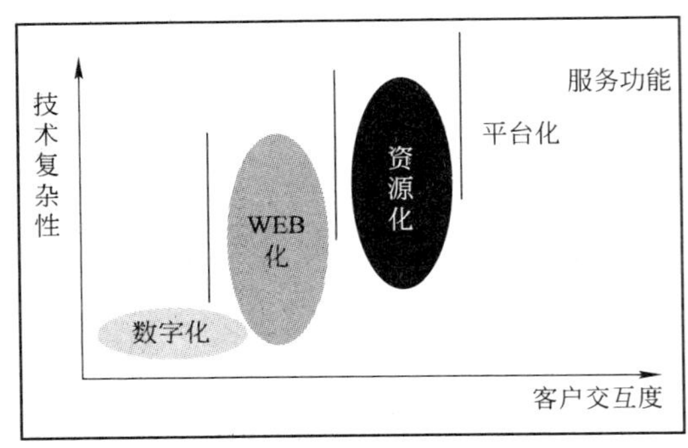

图 2-2　电子政务发展及阶段划分示意图

① 数字化阶段。从电脑打字到 OA 的推广，属于第一阶段。

② Web 化阶段。以政府上网为典型工程，完成政府信息的单向发布，进一步发展到政府少量业务的网上执行为主的双向交流网站。

③ 资源化阶段。行业信息建设地区信息中心建设，以及政府信息门户的建设。

④ 平台化阶段。所有的政务都是在网上处理，横向的和纵向的政府“条块”网络被统一在一个国家电子政务平台上面。

2.2.2　公共安全管理信息化建设

公共安全管理信息化是城镇管理信息化建设的十分重要的组成部分。

2.2.2.1　概述

（1）公共安全内涵

公共安全是由政府及社会提供的预防和控制各种重大事件、事故和灾害的发生或保护人民生命财产安全，减少社会危害和经济损失的基础保障。广义的城镇公共安全是指城镇及其人员、财产、城市生命线等重要系统的安全。它是城镇及其公民、财产的安全和安全需要的满足，是城镇依法进行社会、经济和文化活动以及生产和经营等所必需的良好内部秩序和外部环境的保证，它反映了自然灾害、生态环境、经济状况和资源供给等社会、政治、经济和文化因素对于城镇长治久安和持续发展的影响。城镇公共安全是国家安全的重要组成部分，是社会进步和文明的标志，是人民群众最现实、最关心、最直接的利益所在。

新形势下，城镇公共安全外延发生重要变化，主要体现在以下方面：

1）对城镇公共安全构成威胁的事故（事件）和灾害包括安全事故、社会事件、核事故、生物灾害、食品事故、流行疫病、恐怖主义、地震、火灾爆炸、气象灾害（如风暴潮、海啸、洪水）以及生命线工程灾害事故等。

2）基于事故（事件）和灾害发生及演化机理的城镇事故（事件）和灾害的预防、预警预报、应急处理及技术手段。

3）公共安全基本规律和体系建设。

城市公共安全涉及城市政府序列的诸多部门：主要有公安局（含消防局、交通局）、安全生产监督管理局、人防（民防）办、气象局、卫生局、地震局等主管部门，同时，技术监督管理局、劳动局、城管局、民政局、信息产业局、林业局、科技局、教育局、水利局、建设委员会、财政局、旅游局、海事局、环保局、建管局、保险、外办、文化局、体委等政府和非政府组织也在某种程度上具有城市公共安全保障职能。

图 2-3 所示为城市公共安全体系结构图。

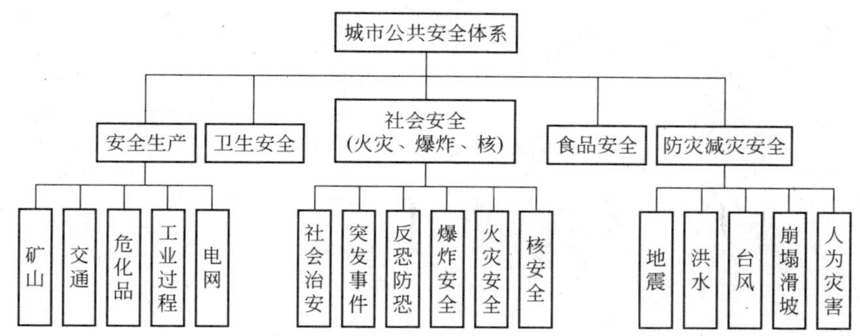

图 2-3 城市公共安全体系结构图

（2）城市公共安全系统

城市公共安全系统包括公共安全管理体系、公共安全运行机制和公共安全技术平台三个部分，并由预防预警、应急救援和善后处置四个环节组成。

根据系统科学原理与方法，在危机及灾害管理中的应用，依法建立行政、专业、社会三类危机及灾害管理系统。

图 2-4 所示为城市公共安全管理体系图。

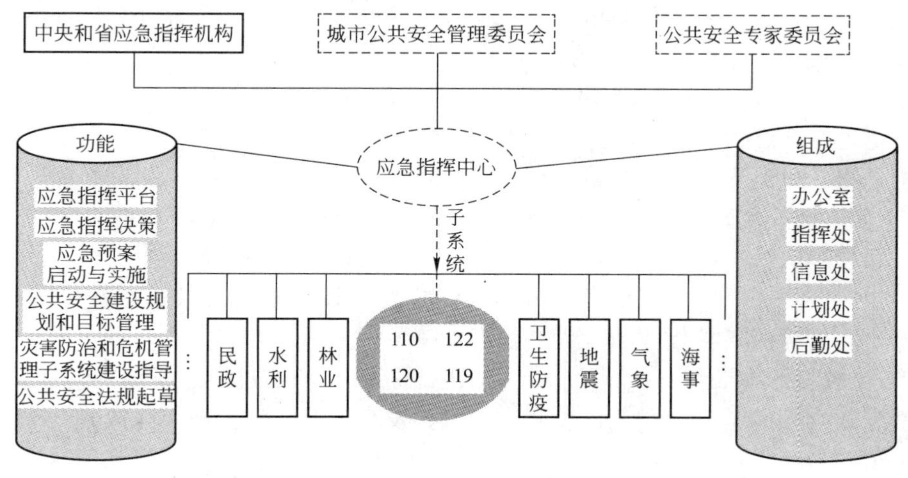

图 2-4 城市公共安全管理体系图

公共安全运行机制为日常及应急条件下的操作提供具体模式。我国大多数城市采用一般等级危机管理与突发重大等级危机管理相结合的机制，在安全日常管理和应急状态下的工作程序及两种任务状态的任务切换，值得规定体制条件下的安全保障顺利运行和整个体制的高效可靠运转。

图 2-5 所示为城市公共安全运行体系图。

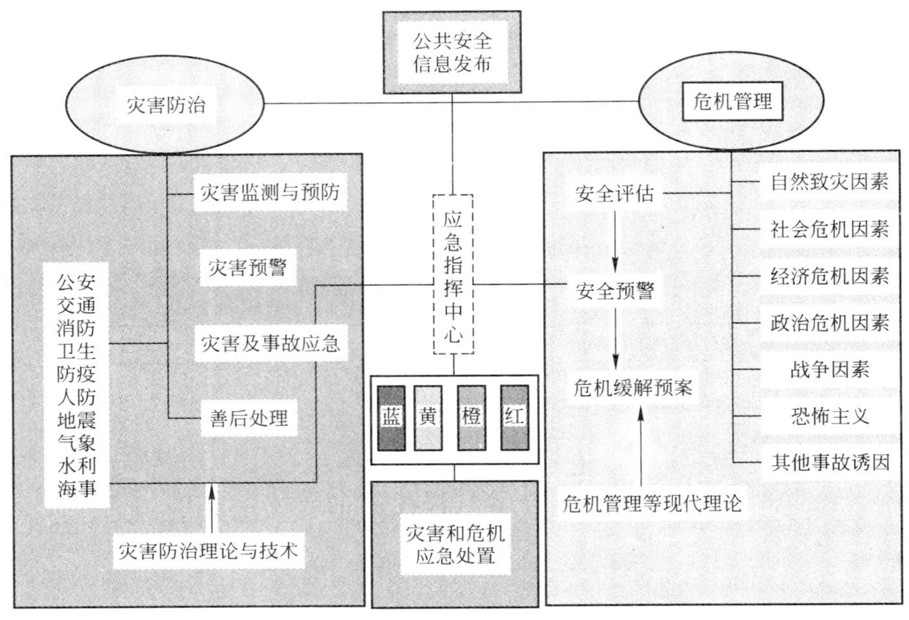

图 2-5　城市公共安全运行体系图

城市公共安全技术平台是以实现城市安全保障功能为目的的统一整体。在结构上它既包括预防系统、预警预报系统、警报系统、安全评估系统、应急指挥系统，也包括应付不同类型事故、事件和灾害的专业子系统，如气象灾害监测系统、重大危险源动态管理系统、重大疾病控制预报系统、城市防震减灾系统等。由于城市公共安全保障对信息的需求和依赖，技术平台还应包括与城市公共安全有关联的基础数据库和专业数据库等。

从技术构成上，城市公共安全技术平台应包括以下部分：

1）监测预防系统。通过各专业子系统，建立重点目标、主要灾害及事故预测预防系统。建设空地结合、人机结合的立体监测及信息处理与传递系统，以确保政府及时准确地发布危机预报，进而采取有效对策。

2）综合信息平台。在城市公共安全应急指挥中心建立基于 GIS 的综合信息平台，将各专业子系统纳入统一的公共安全指挥系统，对各类信息资源进行整合、统计、分析、整理，按照规定级别和层次实现信息资源共享。主要建设综合信息共享数据库和 GIS 综合信息系统，为后续的各种指挥功能提供技术支持。

3）综合通信指挥平台。在城市公共安全应急指挥中心通过可靠畅通的指挥通信系统，在综合信息数据库的基础上对危机预测、预警、发布进行信息传递，完成各种灾害及事故数据的采集、传输，调度指挥命令发布，实现目标监控、定位。主要建立信息网络传输系统，指挥调度系统，现场移动指挥系统，无线微波数字通信系统，光纤有线通信系统，并实现互为备份，保障系统安全性和可靠性。通过现场实时图像监控，以视频会议等方式，指挥各个职能部门和综合救援队伍，作出有序、快速、高效的反应，实现快速高效救援。

4）专家辅助决策支持系统。根据历史数据和实时采集灾害数据进行灾害评估和专家决策分析，提供合理的救援预案，为领导的科学指挥提供依据和参考。在救援行动完成后，系统可以进行综合分析，给出灾害评估，为灾后重建提供科学依据。

5）专业子系统。各行业主管部门建立基于GIS的公共安全管理、预警、评估、预案、处理所需要的基础数据库，建立完善指挥通信系统，并与城市公共安全应急指挥中心实现有效连接，实现数据的共享和及时维护更新。

图2-6所示为城市公共安全技术平台的基本构成图。

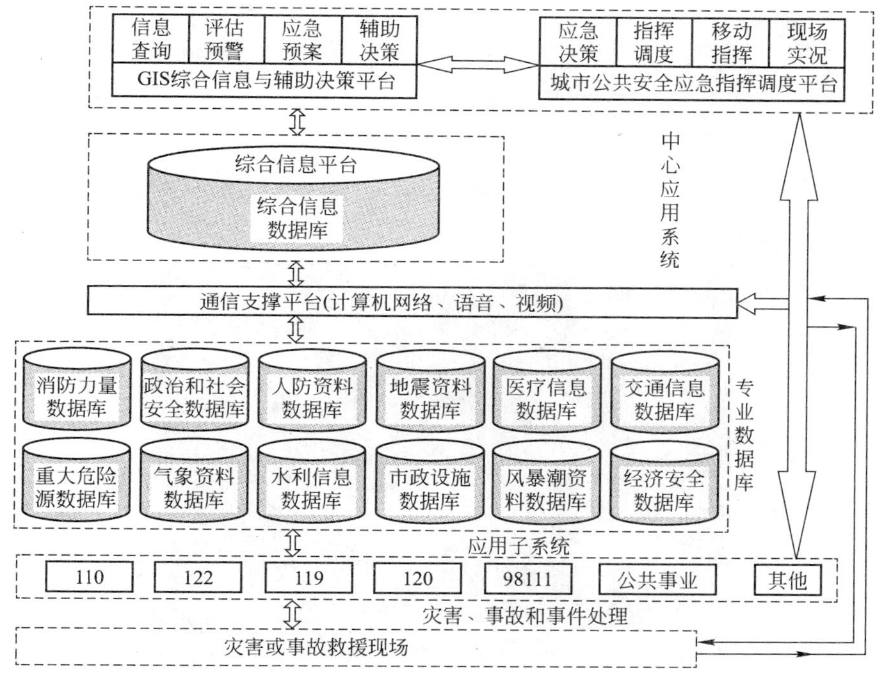

图2-6 城市公共安全技术平台的基本构成图

2.2.2.2 基于GIS的公共安全信息技术平台的应用

（1）应急联动系统

基于地理信息系统的城市应急救援联动系统（Urban Ernergency Response System，UERS）是城市现代应急反应体系中的重要组成部分，也是国内外解决城市公共安全和紧急救援难题的主要措施之一。应急联动响应系统是以GIS为信息技术平台，融合互联网和现代通信技术、全球定位/卫星导航（GPS/GNSS）技术，通过集语音、数据、图像为一体的信息网络和通信系统，将公安、交通、通信、急救、电力、水利、地震、人民防空和市政管理等政府部门纳入一个统一的指挥调度系统，处理城市特殊、突发、紧急事件和向公众提供社会紧急救助服务的信息系统，实现跨地区、跨部门、跨警种之间的统一指挥，快速反应，统一应急，联合行动，为城市的公共安全提供强有力的保障。

图2-7、图2-8所示分别为城市应急指挥系统平台和N市城市应急指挥中心。

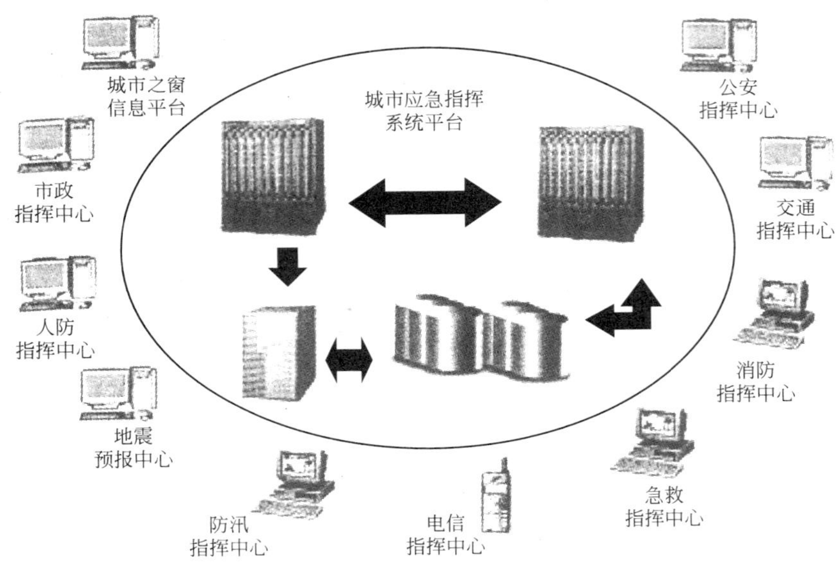

图 2-7 某城市应急指挥系统平台

图 2-8 N 市城市应急指挥中心

以地理信息系统为基础平台，在基础地理信息底图上添加了包括公安警力分布、市政(水、电、气管网)、医疗救援、重要交通线路和关隘、GPS 台站网分布以及报警电话自动显示报警方位、机主信息等多个专题图层。采用先进的 GIS 二次开发软件，可以实现救援路径优化。地理信息和其他数据格式的信息融合技术能更好地实现数据查询和资源共享。

依靠 GIS，相关部门能够分享设在某地的计算机生成的地图上的数据库里的信息。GIS 可以提供紧急事件中的可视化信息，为计算机辅助派遣系统提供支持。在不同区域同时发生多种紧急事件时，GIS 能够显示当前应急力量所处位置并分派其职责以维护整个局势状况。当紧急事件变成灾难并且本区域外的应急响应单位进入灾区时，相关情形也可实时显示。

图 2-9 所示为应急联动的应急救援力量配置图。

警车 消防车 救护车 视频监视器 事发现场

图 2-9 应急联动的应急救援力量配置图

(2) 地质灾害预警系统

地质灾害会造成大量人员伤亡和巨额经济、财产损失，严重制约城市建设与经济发展。以地质灾害严重地区 A 市为例，A 市境内的低山丘陵区，泥石流灾害发生频繁，尤其是近 30 年来，有过 3 次集中发生，并造成了大量人员伤亡和巨额财产损失；抽取地下水和大型工程建设等人类活动诱发的岩溶地面塌陷对城市建筑的安全构成了巨大的威胁；A 市郊区大型铁矿的露天开采使地壳应力场和地下水流场发生改变，露天边坡失稳和尾矿石污染等地质灾害使 A 市的生态和地质环境质量日益恶化。由北京大学信息地质研究实验室、辽宁省冶金地质勘查局地质勘查研究院完成的 A 市地质灾害评价与预警系统研究也是 GIS 公共安全信息技术平台应用实例之一。本项目全面开展对 A 市地质灾害形成机制、危害方式和分布规律研究，科学管理地质灾害信息，合理进行地质灾害危险性区划，建立地质灾害评价与预警系统，制定地质灾害防治与生态环境重建保护规划。

依据山区泥石流的分布特点以及城区岩溶塌陷的形成机理，制定了 A 市地质灾害区域评价和预警区划的指标体系。采用群组决策法、层次分析法、信息量法和神经网络法，建立了 A 市地质灾害区域危险性评价预警的数学模型，创建了地质灾害区域评价预警的统计量方法；岩溶塌陷区域评价中还实现了基于模糊数学与灰色聚类的区域评价方法，用户可根据需要选择数值分级或百分比分级；实现了网络评价单元的自动追踪分区边界和区化的功能，提高了区划成果图的效果。提出了泥石流灾害气象预警的概率预报方法，即以大气降雨为诱发因子，通过对大气降雨与泥石流的相关分析，给出了触发泥石流的临界降雨量，并通过基于 Logistic 回归模型的模型模拟结果，对泥石流灾害进行气象预警。

图 2-10、图 2-11 所示分别为 A 市泥石流危险区划图和城区岩溶塌陷危险性区划图。

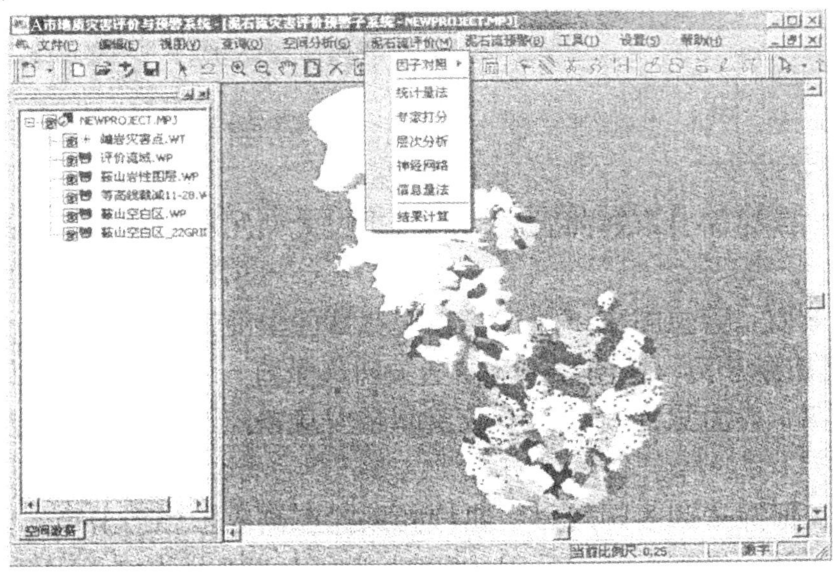

图 2-10　A 市泥石流危险性区划图

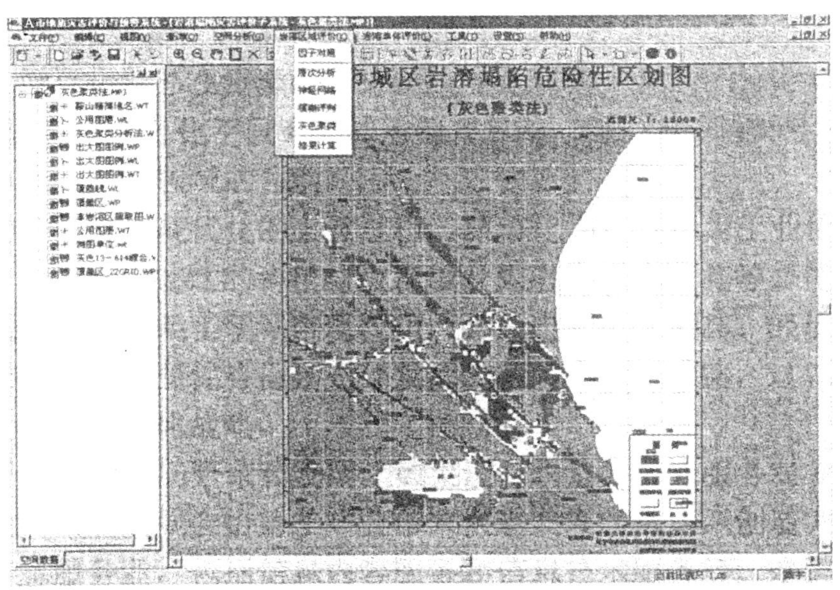

图 2-11　A 市城区岩溶塌陷危险性区划图

(3) 危险源动态管理系统

危险源特别是重大危险源动态管理系统包括一个总控中心和多个分控中心组成。总控中心通过电话专线等形式和在电信部门的托管服务器进行联动。各分控中心通过互联网与托管服务器进行连接，进行信息传送。相关企业通过权限设置可访问相应企业信息。总控中心服务器应用平台基于 GIS 技术开发，包括 B/S 和 C/S 两种结构形式。主要功能包括基础信息查询、基础数据管理与维护、数据通信、评价与分级、数据汇总与报表、事故后果综合分析、各种地理信息地图查询与分析、安全规划分析，监督检查等，为城市公共安全部门提供了城市所有重大危险源的实时监控服务。各危险源的性质、规模、装备、周围环境以及附近应急反应单位的分布和配备情况都可以从基于GIS的系统平台中获得。设在重大危险源区域的监控设备随时将监测情况在公共安全的信息网上发布。一旦发生紧急事故，监控报警系统将即时启动应急反应系统，公共安全部门和应急指挥中心将依据监控系统显示情况和平台提供的其他信息，制定应急反应方案，及时做出响应。

图2-12所示为某市重大危险源监控应急系统

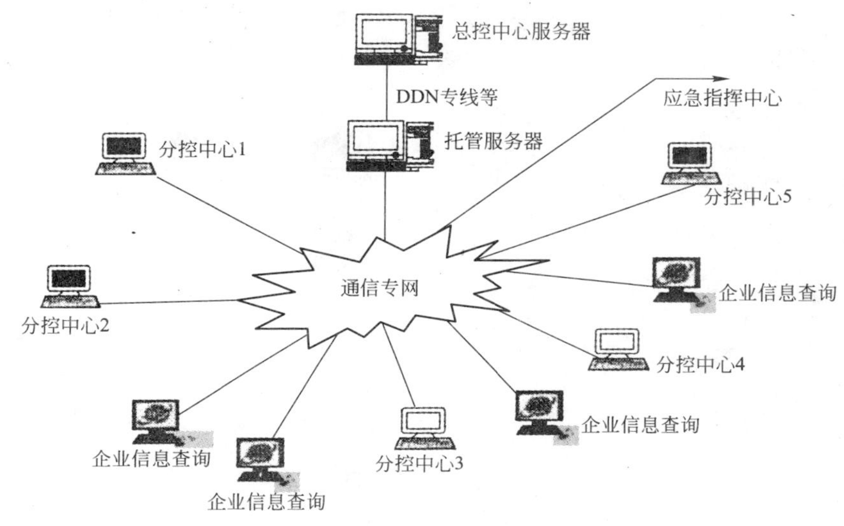

图2-12 某市重大危险源监控应急系统

(4) 环境与其他综合管理信息系统

基于GIS的环境综合管理信息系统通过分析空间信息的分布，监测信息的时序变化，比较不同的空间数据集，实现对空间信息及其他各类信息的标准化管理与信息交换，使大量抽象、枯燥的数据变得生动、直观和易于理解，并根据应用目的进行各种形式的专题表图输出。GIS在数字环境综合管理信息系统的具体功能主要包括环境规划、环境监测、环保投诉、突发污染事故的处理、环保专题制作、环境影响评价等。

作为公共安全信息管理系统的基础性技术支撑之一的GIS在其他子系统中的作用同样重要。无论在应对社会突发事件、公共卫生管理与疾病控制，或是风暴潮预警减灾等，GIS都将发挥基础性的作用，大大提高应急反应效率。

(5) 安全生产管理信息系统

安全生产信息化工作对于确保安全生产至关重要。

随着我国经济建设的高速发展和生产经营单位产权和经营管理模式的多样化，安全生产情况日益复杂，安全生产数据信息急剧增加，监督管理工作任务日益繁重，传统的安全生产监督管理工作手段已经难以满足新的安全生产监督管理工作的发展需要。运用现代电子信息网络技术指导、服务于安全生产工作，创新安全生产监督管理方式和手段，提高安全生产监督管理自动化水平和工作效率，全面推进安全生产信息化建设工作势在必行，并具有十分重要意义。

以山东省日照市率先在全省建立的安全生产信息管理系统为例，该系统具备数据分析、数据上报、数据导入和数据备份等功能，包括单位基本情况、安全管理机构、特种作业人员管理、伤亡事故管理及危险源和事故隐患档案等方面的内容。通过该系统可建立起全市重大危险源数据库和安全生产管理电子台账，特别适用于从事危险品生产以及建筑和矿山开发等单位。

图 2-13 所示为 F 市安全生产管理信息系统

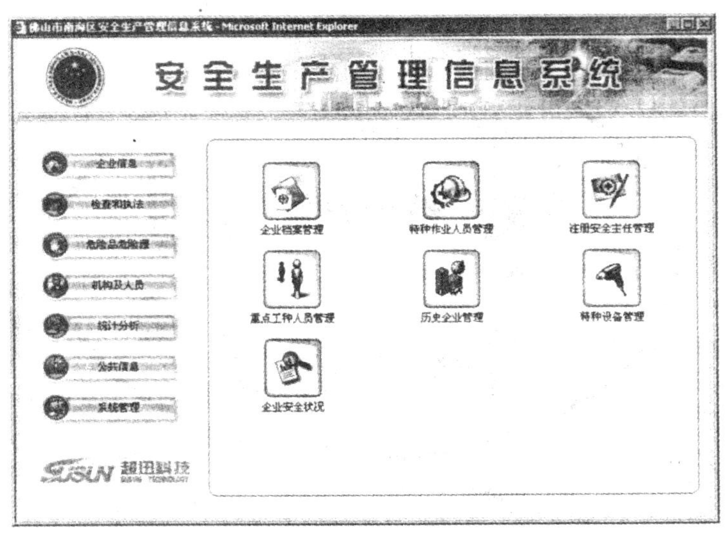

图 2-13　F 市安全生产管理信息系统

2.2.3　城镇规划管理信息化建设

2.2.3.1　概述

城镇规划管理是城镇管理的重要组成之一。传统的城镇规划图纸和资料管理不能满足现代城镇发展对规划管理的要求。传统手工作业管理方法，易造成资料丢失，查询、检索、更新困难，由于资料不准确，工作容易造成失误；更难综合信息开展多层次、全方位分析研究因而难以为政府重要决策提供有效技术支撑。因此，城镇规划管理信息化有其十分重要意义，是现代城镇发展的必然。

2.2.3.2　城镇规划管理信息系统

城镇规划管理信息系统是利用计算机技术对城市规划信息进行获取、处理、存储、管理、分析及辅助决策支持的系统，其中城镇规划信息可分为支持城镇规划的信息（如城镇基础地形、地质和社会经济统计信息等）及城镇规划产生的信息（如城乡规划法规、规章、规范和图则等）两大类。

城镇规划管理信息系统按照统一的信息分类标准和空间参考系统，对城镇规划管理过程中所参照和产生的文本和图形信息进行综合管理。实现业务流程自动化和图文传递一体化，报批和查询窗口化。根据对现行业务运作过程的分析，得到的现行系统业务流程图。通过对现行系统业务过程和作业程序对数据的使用、加工与处理过程分析，获得现行系统的数据流程图。

城镇规划管理信息系统的数据库包括空间数据库、属性数据库及业务管理文档数据库。

空间数据库是用“层”来存储不同的图形信息，即每一层存放一种专题信息，并有一组对应的数据文件，处理的是各类图形信息(基础地形图、管理红线图、规划成果图和工程管线图等)。属性数据库系统采用关系数据库，每张属性表格由若干数据项描述，借以说明相关联的各类图形信息的属性项和属性值，处理的是各种表格的信息。对于那些难以将其作为 GIS 的属性，需要用关系数据库管理系统来管理的文件文本数据(如办理情况和法律法规等)，建立相应的业务管理文本数据库。

城镇规划管理信息系统功能主要有表格与流程管理、红线图绘制、空间查询与分析、业务流程辅助制作等。

图 2-14 所示为某市规划管理信息系统“一书两证”软件用户界面。

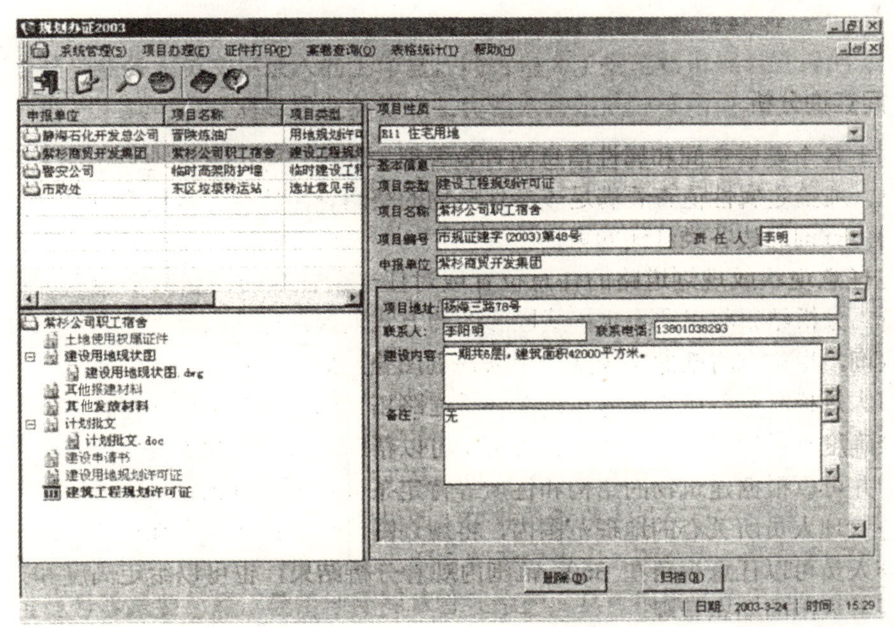

图 2-14 某市规划管理信息系统“一书两证”软件用户界面

2.2.3.3 城镇市政管网信息管理系统

城镇市政管网是城镇重要基础设施和生命线工程，城镇市政管网的安全运行和突发事故灾害的应急处置对城市运行、社会经济发展和城市安全都十分重要。

“十一五”国家科技支撑计划“城市市政管网规划建设与运营管理关键技术研究与示范”重点项目中的预警、决策与系统控制研究、检测与安全评价技术研究、信息管理系统及可视化动态管理系统研究是城市市政管网管理系统信息化研究的主要组成部分。目的是从城市市政管网的检测、预警、安全评价、告警、应急预案、决策、应急处置、运行恢复，最终实现全过程的信息化动态管理与应急处置。

图 2-15、图 2-16 所示分别为基于 GIS 城市市政管网信息系统及系统动态图形查询与双向更新。

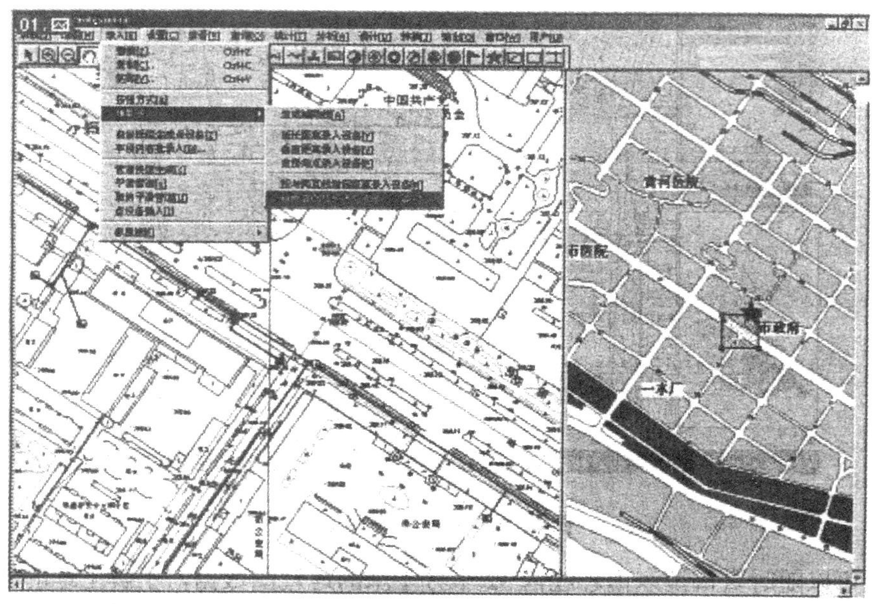

图 2-15　基于 GIS 城市市政管网信息系统

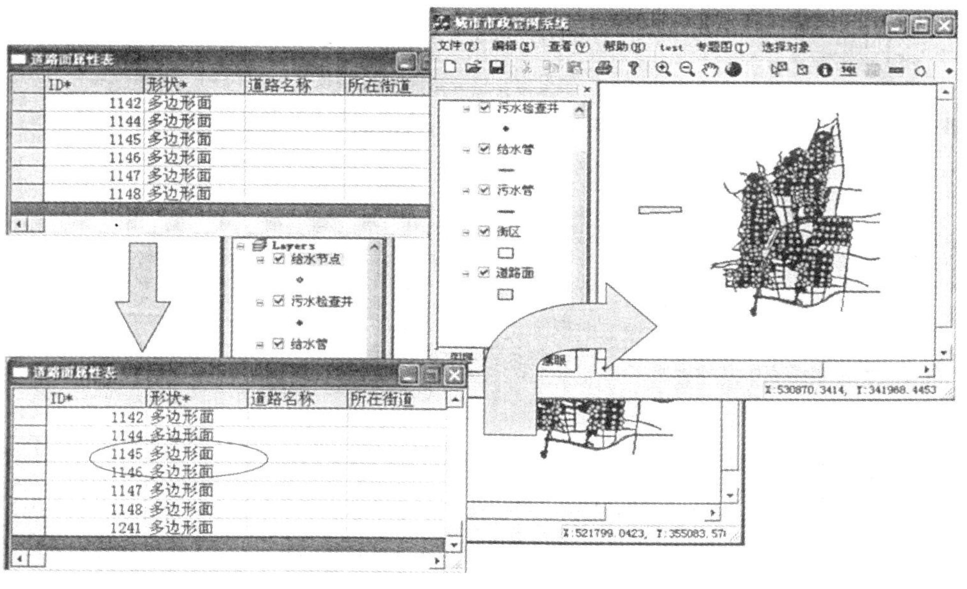

图 2-16　城市市政管网系统动态图形查询与双向更新

2.2.4　城镇土地利用管理系统建设

城镇土地利用管理系统能高效地管理海量的多时态土地利用数据，实现对土地资源的科学管理，及时提供科学、翔实、直观的数据，为土地利用规划、基本农田保护，以及决策层的决策提供科学依据，实现耕地总量动态平衡和区域可持续发展。

城镇土地利用管理系统所提供的对业务过程的办理、监督、查询、统计和输出等管理功能，为土地部门的政务公开和社会服务承诺提供了切实可行的实施手段和高效率的办公环境，促使土地管理工作迈上新台阶。

城市土地利用管理系统由地籍信息管理子系统、土地详查管理子系统、局长办公管理子系统、建设用地子系统、监察管理子系统、土地规划子系统、窗口办文综合查询子系统和综合维护子系统 8 个子系统组成。

图 2-17 所示为地籍信息管理子系统用户界面示意。

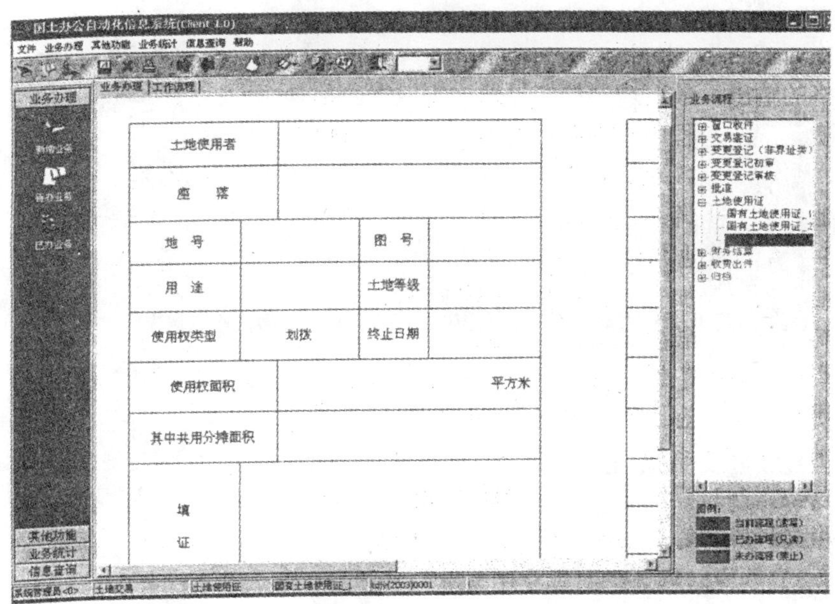

图 2-17 地籍信息管理子系统用户界面示意

2.2.5 城镇人口管理信息系统建设

城镇人口管理信息系统包含对常住人口、暂住人口、重点对象、租赁房屋、户口特定人员、人户分离人员、境外人员及旅店住宿登记人员等流动人口的动态信息进行全面管理。

人口基础信息库建设以公安人口信息为基础，逐步融合计划生育、统计、民政、社会保障、税务和教育等部门的相关信息资源，实现全国人口基础信息资源共享和综合利用，为国家信息化建设提供人口基础数据平台，提高政府监管能力、工作效率和公共服务水平。

城镇人口管理信息系统采取人口信息与地理信息相结合，这样不仅能进一步提高人口信息管理水平，而且能开拓人口信息应用的新途径，更好地为研究人口规律、制定人口政策以及经济与社会可持续发展战略等服务。城市人口地理信息系统建立在城市地理信息系统平台基础上，是为了满足城市人口空间分析而设计的，可进行常规人口统计、人口时间序列预测，人口地理空间分析、空间查询与人口动态空间预测，以及人口地理分布与流动模型建立等。

图 2-18 所示为宁波市人口地理信息系统。

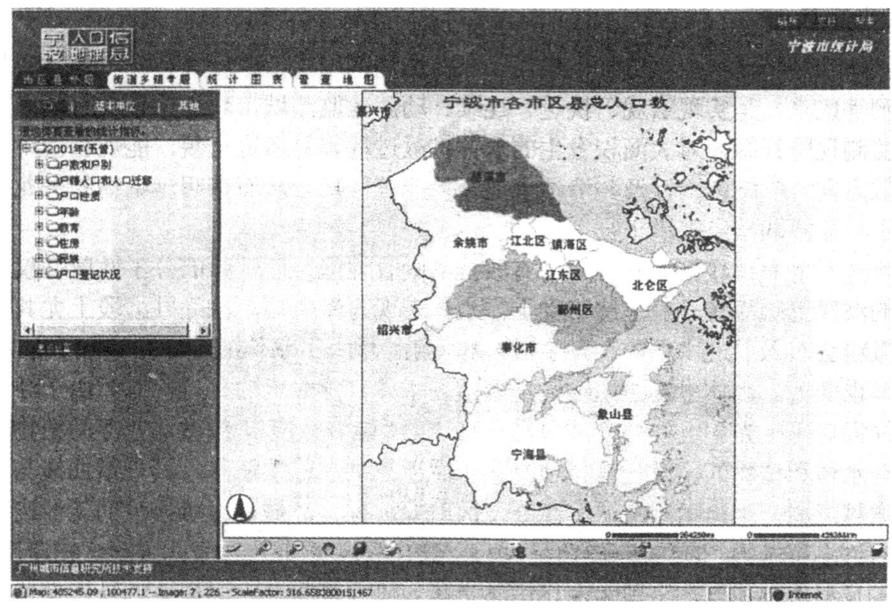

图 2-18　宁波市人口地理信息系统

2.3　城镇经济建设信息化

2.3.1　概述

信息化改变了世界经济运行的时空状态，使信息流、人流、物流、资金流得以在全球范围内迅速流动，信息技术手段构成了经济全球化的网络基础。

随着信息技术和网络技术的发展，世界经济竞争格局正在发生变化。信息化导致国际市场竞争日趋激烈，信息技术和信息产业则成为竞争的焦点，信息化成为衡量一个国家和一个地区经济实力的重要标志。城镇经济发展与城镇信息化，特别是与城镇经济建设信息化有密切关系，城镇经济信息化是城镇经济发展的强大推动力。信息化带动工业化是推进城镇化发展的根本动力。

城镇经济建设信息化涉及产业信息化与信息产业化。产业信息化中的“产业”包括传统产业：工业、农业、交通运输业、金融业、服务业等；信息产业化包括发展信息设备制造业、软件业和信息服务业等。

2.3.2　主导产业信息化

行业信息化是城镇信息化的主要组成和热点内容。行业信息化也即前述的产业信息化，包括制造业、交通运输业、科技教育业、旅游业、金融商贸业、农业等方面信息化。由于主导产业是在城镇经济发展中起主导作用的支柱产业，城镇的行业信息化更应侧重主导产业的信息化，以推动城镇经济跨越式发展，同时也促进其他行业的信息化。

表 2-1 所示为不同主导产业的小城镇分类。

不同主导产业的小城镇分类 表 2-1

分类	主导产业特征
工业型小城镇	产业结构以工业为主，在农村社会总产值中，工业产值占的比重大，从事工业生产的劳动力占劳动力总数的比重大。工农关系密切，镇乡关系密切。乡镇工业有一定规模，生产设备和生产技术有一定水平，产品质量、品种能够占领市场。工厂设备、仓储库房、交通设施比较完善
农业型小城镇	产业结构以第一产业为基础，多数是我国商品粮、经济作物、禽畜等生产基地，并有为其服务的产前、产中、产后的社会服务体系
渔业型小城镇	沿江河、湖海的小城镇，以捕捞、养殖和水产品加工、储藏等为主导产业
牧业型小城镇	以保护野生动物、饲养、放牧、畜产品加工为主导产业，主要分布在我国的草原地带和部分山区、同时又是牧区的生产生活、交通服务中心
林业型小城镇	分布在江河中上游的山区林带，由森林开发、木材加工基地转化为育林和生态保护区，以森林保护、培育、木材综合利用为主导产业，同时也是林区生产生活、流通服务中心
工矿型小城镇	随着矿产资源的开采与加工逐渐形成，基础设施建设比较完善，商业、运输业、建筑业、服务业等也随之发展
旅游观光型小城镇	具有名胜古迹或自然风景及人文资源，以发展旅游业及为其服务的第三产业或无污染的第二产业为主。交通方便，游乐服务、饮食业等都比较发达
交通型小城镇	具有位置优势，多位于公路、铁路、水运、海运的交通中心，能形成一定区域内的客流、物流中心
商贸流通型小城镇	以商品流通为主，运输业和服务业比较发达，多由传统的农副产品集散地发展而来，服务半径一般在15～20km，设有贸易市场或专业市场、转运站、客栈、仓库等
口岸型小城镇	位于沿海、沿江河的港口口岸，以发展对外商品流通为主，也包括那些与邻国有互贸资源和互贸条件的边境口岸的小城镇，这些小城镇多以陆路或界河的水上交通为主

就小城镇而言，不同主导产业的小城镇的行业信息化应侧重不同主导产业的信息化。就城市来说，可以制造业信息化为例：

制造业是大多数城市的主导产业。制造业信息化能提供最大的应用舞台和发展空间，从根本上推动城市信息化发展。国家信息化发展战略是以信息化带动工业化，以工业化促进信息化，走新型工业化道路，推进经济结构调整和经济增长方式转变，推动经济社会全面协调可持续发展。

制造业信息化是新型工业化的核心内容。制造业信息化把现代信息技术、现代管理技术和现代制造技术相结合，把信息技术应用到企业产品生产全过程和企业运行管理的各个环节，从而提高企业市场竞争力。

同时，用信息技术改造传统制造业，有利带动城市工业化向纵深发展。

1）国际上发达国家在抓信息技术产业化的同时，大力推进传统产业的信息化。20世纪90年代以来，发达国家一方面高速发展以信息产业为核心的高新技术产业；另一方面，加速利用信息技术对传统产业进行改造，使产业结构进一步高级化。美国通过信息技术对传统产业进行改造，重新夺回了在半导体、汽车等领域的竞争优势。在近年来美国出现的“新经济”中，高新技术对经济增长的贡献率占33%，传统产业的增长对经济增长的贡献率占2/3。

2）我国城市传统产业面大量广，应用前景广阔。传统产业与人民生活息息相关。目前我国非农产值比重超过80%，工业经济得到了较充分的发展，形成了一个门类较为齐全，上、中、下游产业衔接的比较完整的产业结构。信息技术具有扩张性、渗透性等特征，信息技术与传统产业的融合可以使我国具有传统国际竞争优势的产业焕发生机，为我国具有雄厚基础和国际竞争优势的传统产业实现跨越式发展提供了技术支持。

3）信息化与工业化是一种互动、互补关系，不是替代关系。信息化产生于工业化，信息化的发展又需借助于工业化的手段，两者相互作用，共同发展。信息化主导着新时期工业化的方向，使工业朝着高附加值化发展；工业化是信息化的基础，为信息化的发展提供物资、能源、资金、人才以及市场。信息产业是知识密集型产业，把信息化与工业化结合起来，有利于搞好劳动密集型产业、资本密集型产业、技术密集型产业和知识密集型产业的合理搭配，优化我国产业结构。

4）从发展看，信息技术赋予工业化以新的内涵。信息同其他两大资源——材料和能源一样，自身具有增值的作用。此外，信息还能使非资源转化为资源。例如，石英是生产玻璃的原料，在加入大量的信息后，变成信息装置——硅片，成为电子计算机的“大脑”，点石成金。信息革命的伟大成果使信息收集、信息处理、信息存储、信息传递、信息分析、信息使用以及交互式网络化的信息交换实现了便捷、大容量、高速度和低成本，这就赋予工业化以新的内涵。由于我国的工业化远未走完，如果抛弃工业化来实现信息化是不可能的。只有用信息化武装起来的自主和完整的工业体系，才能为信息化提供坚实的物质基础。信息技术会使工业化产生倍增效应。一项最新的调查表明，信息技术在改造传统产业方面的投入产出比一般都在 1∶4 以上，有些领域甚至达到 1∶20 以上，能否用信息化推动工业化已经成为带动城市工业化向纵深发展和实现城镇现代化的关键。

2.3.3 教育信息化

2.3.3.1 概述

有专家指出：决定 21 世纪的两种主要力量一是互联网，二是教育。而这两种力量的融合形成教育信息化，教育信息化是指在教育过程中比较全面地运用以计算机多媒体和网络通信为基础的现代化信息技术，促进教育的全面改革，使之适应于正在到来的信息化社会对于教育发展的新要求。教育信息化是在教育与教学的各个方面，以先进的教育思想为指导，以现代信息技术为手段，以深入开发与广泛利用信息资源为重点，以培养适应信息社会要求的创新型人才为目的，加速实现教育现代化的系统工程。教育信息化的发展是构建现代国民教育体系、形成学习型社会的内在需求。

推进城镇信息化以教育为本，主要基于以下方面

1）现代化电子信息技术是自印刷术发明以来对教育最具革命性影响的技术。

2）教育具有基础性，教育信息化会带动城镇经济信息化和社会信息化。

3）信息技术和信息产业源于教育。在美国，信息产业的基石是 5000 家软件企业，而这 5000 家软件企业都同大学相联系。

4）教育群体是接受信息化最快的群体。

5）信息技术在教育领域最容易推广。

国家“教育信息化建设工程”从教育信息化基础设施建设、公共服务平台建设、应用支撑平台建设、资源服务体系建设和信息化人才培养等各个方面，从高等教育和职业/成人教育等领域，推动我国教育信息化建设，普及信息技术在各类学校教学过程中的应用。

图 2-19 所示为同步多媒体教学课件示例。

图 2-19 同步多媒体教学课件示例

2.3.3.2 现代远程教育

现代远程教育是实现教育信息化的重要组成部分，是教育信息化的发展方向与终极目标的体现。它集中反映了教育信息化的特征和成果，包括教学信息数字化，信息存储海量化、表现形式多媒体化、传输网络化、信息组织智能化和教学管理现代化等各个方面。

现代远程教育优势和特点主要在于以下几个方面：

1）突破时间和空间的限制；

2）教育资源具有多样性、丰富性与共享性；

3）实施以学为中心的个性化自主式学习；

4）交互手段多样化。

一个完整的现代远程教育系统能利用网络、多媒体等先进技术，完成各种教学活动和教学管理，并提供与之配套的安全保障措施、控制管理系统以及工具软件。

图 2-20 所示为基于互联网的现代远程教育系统组成结构。

从师生、资源、系统管理员的不同视角，系统可划分为三大块：教学支撑系统、管理系统和教学资源库，其底层为互联网及其上的基本服务平台。从现代教育要素划分，可分为教育资源、教学平台、教学管理、交流平台、考试系统和评估系统等几个主要部分，其中教育资源是基础，教学平台是核心，教学管理是保障，交流平台和考试系统是辅助工具，而评估系统是质量监督。

2.3.4 电子金融

电子金融和电子商务是金融业、商业信息化的主要内容，也是互联网上最大的两个领域。

随着信息化和全球化的飞速发展，电子金融已经成为数字城市的主要组成部分，而且它也成为电子商务的必要保证或基础。电子金融主要包括网络电子商业银行和网络电子金融机构。它们和传统的银行和金融机构相比，网络银行和网络金融机构是银行业务的虚拟化和金融业务的虚拟化。目前已有的电子金融机构有：互联网银行、虚拟网络银行、家庭

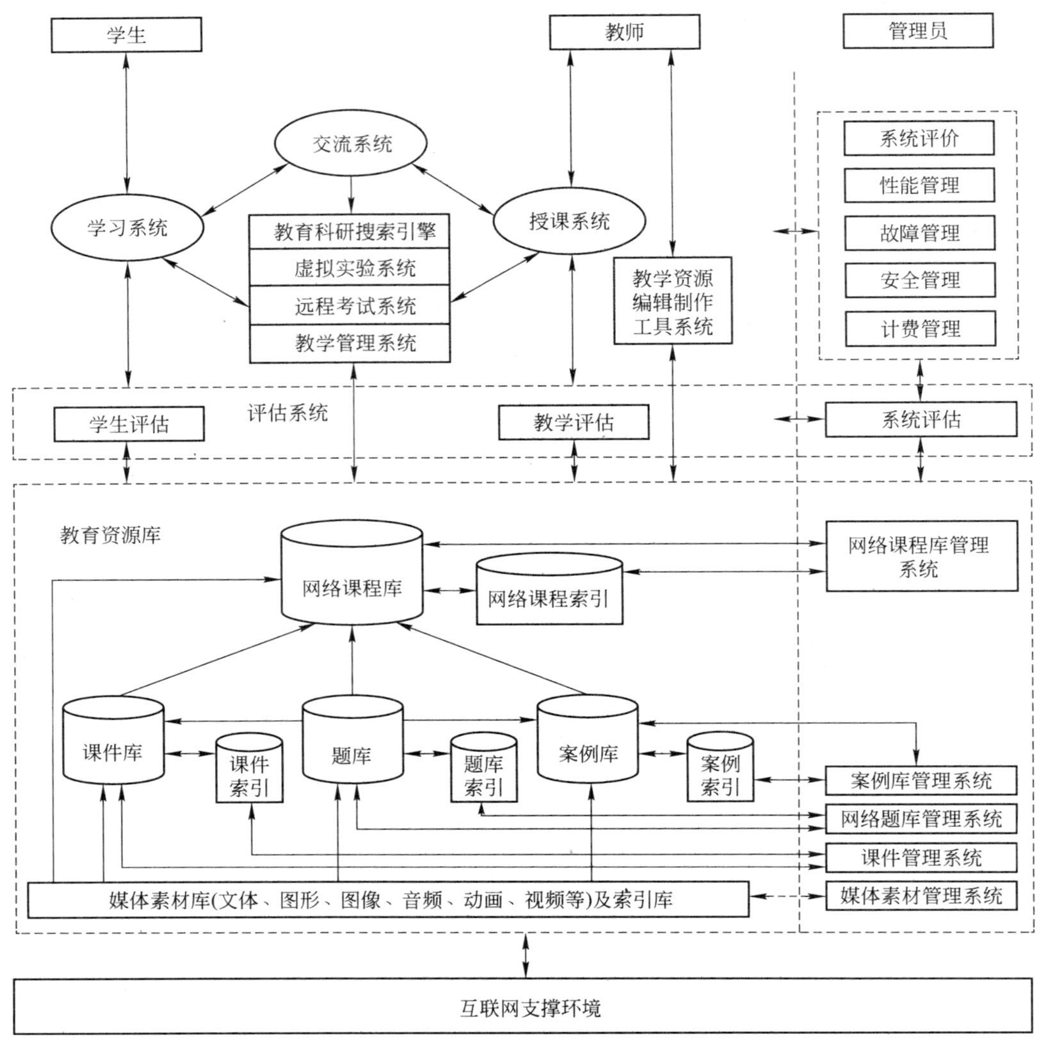

图 2-20　基于互联网的现代远程教育系统组成结构

虚拟银行、虚拟联机银行及虚拟金融机构等形式。

(1) 网络银行

网络银行包括互联网银行、在线银行及新网络银行。服务项目有电子货币、电子支票、电子储蓄、电子货币支付、电子结算和网络投资等。网络银行客户可以利用联网的计算机或其他通信设备得到银行的各种金融服务，客户还可在网络银行里浏览和漫游，进行查询、结账和其他服务，如资金转账、现金存取等，即可自动地获得网络银行的高质、快速、准确和方便的服务。

(2) 电话银行

电话银行是充分运用计算机技术、网络通信技术、电话信号数字化技术、Internet 技术等先进的技术手段，为客户提供丰富、快捷、方便的金融服务。

电话银行主要功能包括转账、证券服务、代收代付、金融信息查询、个人账户资料查询、个人支票保付、存折临时挂失、密码修改、个人实盘外汇买卖以及公共信息查询、咨询业务、投诉业务、代理业务等等。

（3）移动银行

移动银行是使用手机等移动信息终端，依照屏幕提示信息，随时随地获取银行手机银行服务提供的个人理财服务，实现账户信息查询、存款账户间转账、银行转账、证券买卖、个人实盘外汇买卖、代缴费、金融信息查询等的金融服务。

（4）家庭虚拟银行

家庭虚拟银行是指通过计算机网络、电话等工具进入网上电子化银行，进行的提取存款和信息查询、在线支付账单和个人理财活动，包括跟踪分析花费情况、制定家庭用费开支、进行金融咨询等的金融服务。

随着虚拟技术的发展，银行和金融机构可以创建三维的电子化银行和金融机构。采用计算机和数据通信传递，可以用电子数据交换进行结算，大幅度降低服务成本，提高服务质量，基本上实现“零距离”、“零时间”操作。

（5）电子金融服务方式

1）电子支付

电子支付是发展电子金融的基础。没有电子支付，网上交易无法成交。网上购物或网上消费也要靠电子支付。

2）电子货币

电子货币是以电子化工具和各类交易卡为媒介，以计算机技术和通信技术为手段，以电子数据形式存储在银行的计算机系统中，并通过计算机网络系统以电子信息传输方式实现流通和支付功能的货币。电子货币管理系统包括：电子支票系统、银行卡系统和电子现金系统。

3）电子证券

电子证券是应用现代高科技和信息技术在网上进行股票交易、外汇买卖、期货交易、资金调拨、黄金买卖的证券交易金融服务。

4）金融卡服务

金融卡按发行区分可分为银行卡（金融卡）和非金融卡两类，后者主要由商业企业和旅游公司发行；接发行对象划分，可分为公司卡和个人卡两类。按流通范围划分，可分为国际卡和地区卡两类；按清偿方式划分，可分为贷记卡、准贷记卡和借记卡两类。

2.3.5 电子商务

2.3.5.1 概述

电子商务（Electronic Commerce，EC and Electronic Business，EB）是指贸易双方或多方通过计算机网络进行商务活动的过程，即电子交易过程。

电子商务是信息流、资金流和物流三位一体的经济活动。电子商务通过信息流引导资金流、物流，实现价值交换。信息流是电子商务交易的核心，充斥着整个交易过程。电子商务交易的过程就是信息流动的过程。

图 2-21、图 2-22 所示分别为电子商务交易信息流程和电子支付流程。

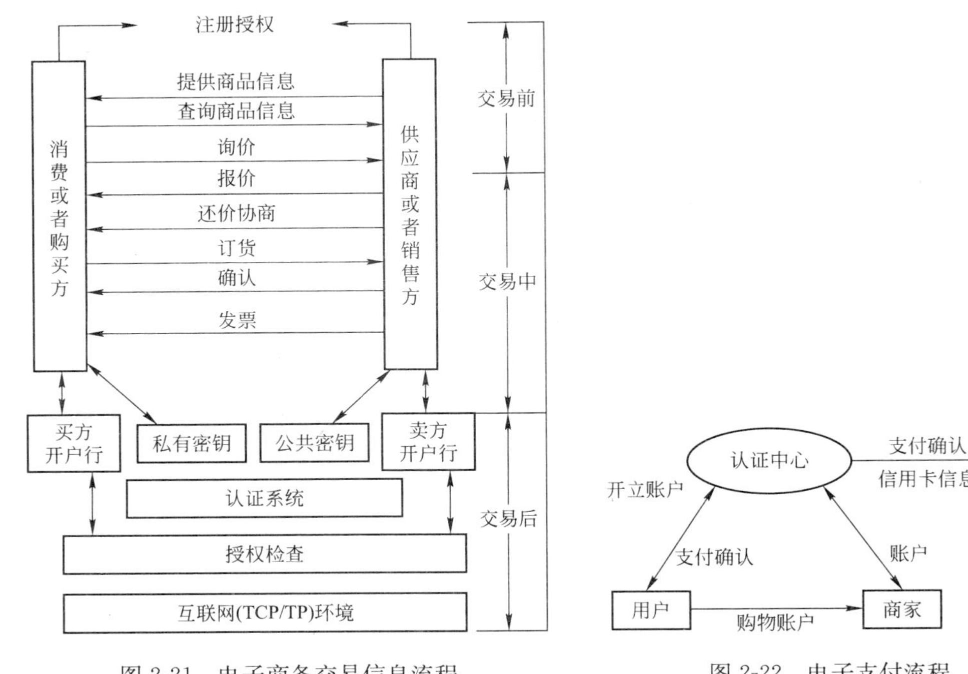

图 2-21　电子商务交易信息流程　　　图 2-22　电子支付流程

2.3.5.2　电子商务模式与系统构成

(1) 电子商务模式

电子商务从其交易双方和实质内容上，可以划分为以下几种方式：企业对企业(BtoB或B2B)，企业对消费者(B to C，或B2C)和个人对个人(C-to-C或C2C)的电子商务方式。此外还有企业对政府(B to G，或B2G)和消费者对政府(C to G，或C2G)的电子商务活动。

企业对企业(B to B)的电子商务是指企业之间使用Web或各种网络间供应商订货，接收票证和付款的过程。它的发展速度最快，特别是采用电子数据交换(EDI)技术，使BtoB商务得到了推广。企业对消费者(B to C)的电子商务基础上与商业电子化的零售商务相同。现在Web上已经建立了很多电子商场，与传统的超市运作相仿，但必须通过配送体系，送货公司将鲜花送到客户手中。个人对个人(C to C)的电子商务，一般来说都是手工物品或软件之类，其方式就同虚拟世界的“跳蚤市场”。

电子商务是数字企业的主要内容，它与电子政务、电子金融、数字社区关系密切。政府部门从企业那里进行政府采购，政府采购业务的电子化是数字政府的工作内容之一，即电子政务的组成部分。此外还有政府对企业收税，社区居民的财产申报、福利发放、民意调查、交纳个人所得税等也是电子政务的内容。企业之间的采购、销售是B2B的重要内容。数字社区居民的网上购物是B2C的重要内容。数字社区居民之间的跳蚤市场是C2C的重要内容。不管是B2B、B2C、B2G还是C2C，网上支付绝大部分情况涉及银行业务，即在线支付是数字银行的重要工作内容。

图 2-23 所示为电子商务模式图。

电子商务的发展得益于全球信息基础的实现。随着全球经济一体化，资金流动越来越快，市场变化也越来越快，传统的商务活动方式已不能满足全球经济发展的要求。电子商

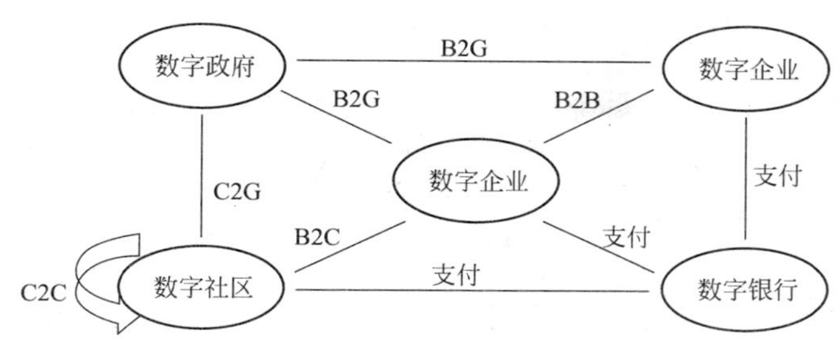

图 2-23 电子商务模式

务的突出表现在它能够增加贸易机会、降低贸易成本、简化贸易流程、提高贸易效率。电子商务可以降低成本 40%左右。

(2) 电子商务系统构成

电子商务系统可分为以下组成部分

1) 安全保障环境。安全保障环境对计算机系统、网络和应用系统提供安全保障，以抵抗攻击，防止和避免非法入侵。它是电子商务系统得以正常运转的重要环境之一。

2) 基础设施。基础设施是电子商务系统的基本运行环境。它包括计算机系统、计算机网络等硬件环境和操作系统、数据库管理系统等软件环境，还包括各种网络协议。

3) 基础支持平台。它的作用是使应用系统的性能、效率和数据得到充分保证。它对电子商务的应用提供四种基本支持；系统开发与维护环境、系统性能优化、系统可管理性及可靠性、具体应用的互操作性等。

4) 商务支持平台。它的作用是提高应用效率，为电子商务系统的应用软件提供辅助功能，简化应用程序的开发。

5) 商务服务平台。它直接为应用系统提供服务，优化应用层的功能，是商务应用层的必要补充。

6) 商务应用层。它是电子商务系统中的核心部分，实现系统的核心商务应用，通过开发各种应用程序来实现其功能。

7) 商务表达层。它的作用是为商务应用层提供客户端支持，将商务应用层的各种商务逻辑处理结果以不同的形式提交给客户端，并负责完成电子商务系统与其服务客户之间的交互往来。

8) 客户端。它由各种客户端构成，包括浏览器、支持 WHL 的移动终端、Java 客户和传统的客户机。

9) 外部系统。这一部分主要是与电子商务系统发生数据交换的其他信息系统。它主要包括 3 个方面：银行的支付网关、客户中心及企业其他合作伙伴的信息系统。主要负责完成两方面任务，即与电子商务系统配合完成联机交易的支付过程和通过信息交换完成企业间的协同工作，进而在企业间形成的网络为基础的广泛市场环境。

10) 内部信息资源。负责完成企业内部的电子商务，它与企业电子商务系统之间形成共享关系，主要包括企业资源计划(ERP)系统、企业内部数据库和其他的企业信息资源。

图 2-24 所示为电子商务系统构成。

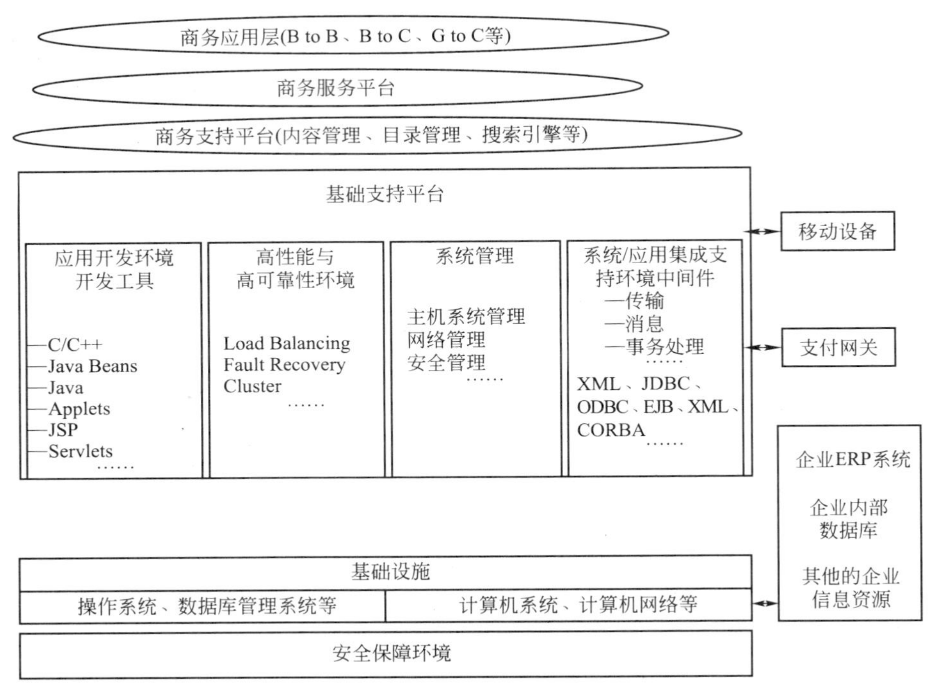

图 2-24　电子商务系统构成

2.3.5.3　移动电子商务

移动互联网技术发展、3G 能提供极高的网络容量，满足未来数以亿计的用户使用各种移动服务的需要，也为高速率的各种互联网业务广泛应用提供一个理想的平台。

移动互联网技术实现移动电子商务随时随地获得多样化、个性化电子商务服务，推动移动电子商务的发展。

移动电子商务的关键技术包括以下方面：

(1) 无线应用协议(WAP 协议)

无线应用协议使用户能够通过移动设备访问和获取以统一的内容格式表示的网络信息。WAP 支持当前最流行的嵌入式操作系统和绝大多数移动设备，如移动电话、FLEX 寻呼机、双向无线电通信设备等。WAP 也支持各种移动网络，如 GSM、CDMA、PHS、3G 等。目前许多电信公司已经推出多种 WAP 产品，如 WAP 网关、WAP 应用开发工具和 WAP 手机，为用户提供资讯、订票、支付、游戏、购物等服务。

(2) 移动 IP 技术

移动 IP 通过在网络层改变原来的 IP 协议，实现移动设备在 Internet 中的无缝漫游。移动 IP 技术使得节点在从一条链路切换到另一条链路上时无需改变它的 IP 地址，也不必中断正在进行的通信。移动 IP 技术在一定程度上能够很好地支持移动电子商务的应用，但是目前还存在三角形路径、移动主机的安全性和功耗等问题。

(3)"蓝牙"技术

"蓝牙"技术是一种低成本、低功率、小范围的短程无线连接标准，实现数字设备间的无线互联。可以使移动电话、PC、PDA、笔记本电脑和其他计算机设备在短距离内进行无线通信。例如无线电子钱包就是使用移动电话在自动售货机处进行支付。“蓝牙”技术支持64kbit/s实时语音传输和数据传输，传输距离一般为10～100m，采用主从网络结构。

（4）通用分组无线业务(GPRS)技术

在传统的GSM网中，用户除通话以外最高只能以9.6kbit/s的传输速率进行数据通信，如Fax、E-mail、FTP等，这种速率只能用于传送文本和静态图像，无法满足传送视频。GPRS通过把分组交换模式引入到GSM网络中以提高资源利用率。GPRS技术适用于频繁传送小数据量业务或非频繁传送大数据量业务，并且用户可以保持永远在线。

（5）移动定位技术

移动电子商务的主要应用领域之一就是基于位置的业务，如它能够向旅游者和外出办公的公司员工提供当地新闻、天气及旅馆等信息。这项技术将会为本地旅游业、零售业和餐馆业的发展带来巨大商机。

（6）3G移动通信系统

3G无线通信产品将为人们提供速率高达2Mbit/s的宽带多媒体业务，支持高质量的语音、分组数据、多媒体业务和多用户速率通信，这将彻底改变人们的通信和生活方式。3G作为宽带移动通信，将手机变为集语音、图像、数据传输等诸多应用于一体的未来通信终端。这将进一步促进全方位的移动电子商务得以实现和广泛地开展，如实时视频播放。

2.3.5.4 物流配送对接

开展电子商务活动需要与物流配送对接。电子商务企业与物流企业的对接有以下几种模式：

1）从电子商务企业向物流企业延伸。信息查询和交易在网上进行，物流业务由物流公司来做。各种要素的整合由电子商务企业完成。如代为选择物流企业、物流方式和运输手段，代付运费及保管费、保险费，代为生产提单和送达提单，代为结算货款、提供信息查询功能等，而物流企业只从事保管、分拣、加工、配送、运输工作。

2）从物流企业向电子商务企业延伸。信息查询、交易和货物送达都由物流企业完成。以仓库和物流中心为基地，卖者将货物存入仓库并在网上发布销售信息。一旦与卖者在网上达成购销合同，仓库将锁定卖者的库存货物，买方款到发货，并由仓库将货款支付给卖方。

3）现货仓单交易。电子商务公司指定商品交割仓库，卖方将货物存入交割库，仓库开出仓单，卖方凭仓单在电子商务交易系统交易。交易成功，卖方转让仓单给买方，买方依据仓单提货。

电子商务企业与物流企业的技术对接和业务对接主要涉及交易软件与物流软件的对接、买卖合同与运输保管合同的对接、结算系统的对接等问题。还有对接的标准化、规范化和业务术语统一性问题。

2.3.6 电子物流

2.3.6.1 概述

物流是指原材料和产成品及相关信息从起点至终点有效流动的全过程。物流将运输、仓储、装卸、加工、整理、配送和信息等方面有机结合，形成完整的供应链，为用户提供多功能、一体化的综合服务。现代物流广泛使用现代信息技术，以提高物流效率与管理水平。

电子物流是指信息化的物流，也即数字化、网络化、智能化的物流。在整个物流过程中，信息技术与信息起主导作用。

城镇是商流、物流、信息流、资金流和人流的聚集中心，物流信息化、电子物流是信息城镇的主要组成之一。

2.3.6.2 配套设施与管理信息平台

（1）电子物流硬件基础设施

电子物流的硬件配套设施包括以下方面：

1）信息基础设施：包括通信技术设施和必要的数据或信息。通信技术包括有线光缆和无线移动基站和卫星通信及其附属设施，要求四通八达，尤其是移动通信设施可以达到要求。信息基础设施包括公用和专用的两种。有线通信光缆一般是公用的。无线移动通信设施有公用和专用两者并重。信息基础设施是物流的神经系统，必须保持畅通和全地区、全市无缝覆盖。

2）交通基础设施：包括公路、铁路、航运、水运等是物流的必不可少的基础设施。要求物流的畅通，必须要求交通的四通八达和畅通。物流的交通设施虽然不能全面覆盖，但要求有很高的通达度。物流专用交通工具，也是普遍现象，物流专用交通工具，惟一的要求是在运行过程中，来回必须是满载的，尽可能不“放空”。

3）仓贮设施：主要是指存储货物的仓库，包括库房建筑及其附属设施，在信息社会中，物流企业发达的时候，应该做到“零库存”，但不是说不要仓库，仓库是需要的，仓贮更需要。仓贮是物流的中转站。

（2）电子物流管理信息平台

在已有的管理信息平台如 ERP、CRM、SCM 和 LBS 大型管理软件平台的基础上，针对物流管理的特点，开发专用的物流管理信息平台，包括：

1）物流管理信息平台：包括物流通信管理软件及物流信息资源的开发与应用。专用物流通信管理软件，包括电子数据交换标准(EDI 等)及专用文件，有关物流数据或信息的搜集、开发及应用，包括数据库建设及其管理系统的开发等。

2）智能化物流交通信息平台：是物流配送的专门运输软件或物流配送指挥软件，以及返回物流交通工具的状况信息等，尤其是对于交通状况，如道路、航道状况信息及交通工具状况信息(车辆、船舶等)等管理软件的开发，与数据库及其管理软件的开发等。

3）仓贮管理信息平台：包括仓库管理(如仓库的利用：库、区、排、位的空间布局)、库存管理(如收、发、存的数量和日期等)专用软件开发。

4）客户管理平台(CRM)：物流顾客是物流企业的“上帝”。要重视常客或长期客户，往来客户/来回客户，同时也不疏忽临时客户、短期客户，要建立客户管理数据库及其管理系统，要和客户保持紧密的联系和关系。已有的客户管理软件(CRM)需进行二次开发，成为适用于物流的客户管理平台。

5）运输管理平台：包括运输管理资源管理，如运输工具、人力资源管理平台和运输任务管理，如计划运输任务和运行中的运输任务管理平台。这是物流管理平台中的最重要的平台之一。

6）调度管理平台：它是物流管理的调检中心，包括接受客户的物流任务，提供客户查询，及跟踪货物运行过程和到达地点、停留地点，并检查任务完成情况及时解决存储问题，一切都通过移动通信技术完成。

7）物流管理标准与规范：物流管理（Logistics Management）是指在社会经济活动过程中应用管理的基本原理和科学方法，对物流活动进行规划、组织、调控和监督，使其实现最佳运动方案以降低物流成本，提高物流效率和经济效益。

2.3.6.3 配送中心

物流配送中心有以下几种类型：

（1）专业配送中心

以配送为专业的服务型配送中心。综合某一专业的多种物资进行配送，如制造业的销售配送中心。

（2）柔性配送中心

适应用户需求变化，不固定供需关系，不断向发展配送用户和改变配送用户的方向发展。

（3）供应配送中心

专为某些用户组织供应的配送中心。如为大型超市组织供应的配送中心，以及代替零件加工厂送货的零件配送中心。

（4）销售配送中心

以销售经营为目的，以配送为手段的配送中心。并可分为以下三种类型：

1）生产企业为本身产品直销消费者的配送中心；

2）流通企业为本身经营扩大销售的配送中心；

3）流通企业与生产企业联合的协作性配送中心。

（5）城市配送中心

以城市范围为配送范围的配送中心。可直接配送到最终用户，常与零售经营结合，从事多品种、少批量、多用户配送。

（6）区域配送中心

以较强的辐射能力和库存准备，向省际、全国乃至国际用户配送的配送中心。一般配送规模较大，用户和配送批量都较大。

（7）储存型配送中心

需要有较大库存集中库存的配送中心，如企业原材料、零部件供应及大范围配送的配送中心。

（8）流通型配送中心

仅以暂存或随进随出方式进行配货、送货的配送中心。典型方式是大量货物整进，一定批量零出。

（9）加工配送中心

如联建的船板处理配送中心。一般此种类型较少。

上述配送中心主要功能包括进货、整理分拣、加工、储存保管、配送、信息处理等。

2.3.7 旅游业信息化

2.3.7.1 概述

旅游业信息化是旅游资源丰富、旅游业为主要产业之一的城市信息化的重要组成部分，对于旅游型小城镇来说，则更是主导产业信息化。

信息技术的发展对传统的旅游管理、旅游服务和旅游营销手段产生了巨大的冲击，同时旅游业对于信息和信息技术有着极强的依赖性。信息可以帮助经营者对旅游市场分析和预测，并在此基础上采取应对措施；信息技术支持政府部门对旅游业的有效宏观管理和开发旅游资源的规划，旅游者可以借助现代信息技术选择旅游线路。

旅游目的地营销系统(Destination Marketing System，DMS)是旅游行业信息化的核心系统。旅游目的地营销系统以互联网为基础平台，应用数据库技术，多媒体技术和网络营销技术，把基于互联网的高效旅游营销和咨询服务有机结合在一起，为游客提供全程服务，大大提升目的地城市形象和旅游业的整体服务水平。

2.3.7.2 数字旅游体系

数字旅游以国家、省、城市的基础信息建设为依托，同时与其他领域的数字化建设相互独立又紧密联系，内容包括旅游信息基础设施建设与旅游应用信息系统工程建设。

图 2-25 所示为数字旅游体系总体框架。

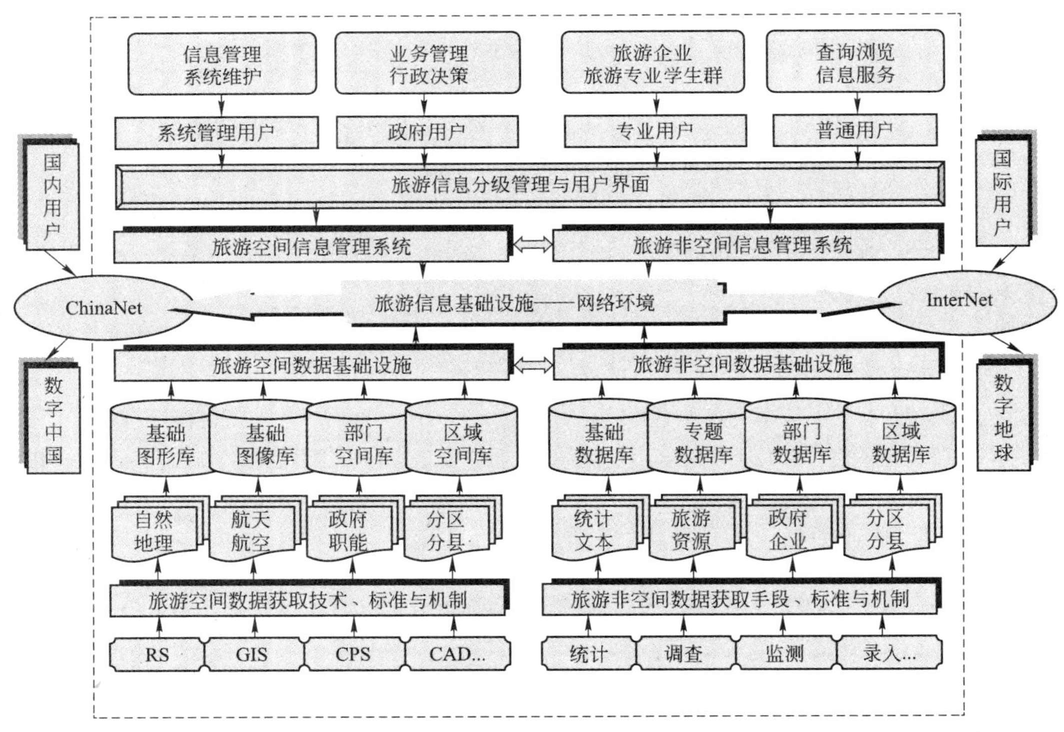

图 2-25 数字旅游体系的总体框架

旅游应用信息系统工程建设是数字旅游体系建设的核心，包括旅游非空间信息管理系统与旅游空间信息管理系统建设。并由系统管理模块、旅游信息管理系统、旅游信息网络发布系统、旅游目的地信息咨询系统、三维虚拟旅游系统、旅游管理与规划信息系统、旅游灾难预警系统等子系统组成。

数字旅游体系提供主要旅游信息服务：为政府主管部门提供决策依据，提高政府的工作效率，由传统政府向电子政府过渡；为旅游企业提供及时的旅游信息，为企业的市场营销、线路设计提供技术上的支持；为旅游者个人提供旅游地的与旅游有关的各种旅游信息和预订服务，并可根据旅游者的喜好为旅游者制订特色路线，同时虚拟现实技术可让旅游者提前进行体验；为旅游专业的学生提供虚拟的实习环境，为旅游教学服务。

2.3.7.3 旅游应用信息系统工程

图 2-26 所示为旅游应用信息系统工程构建框图。

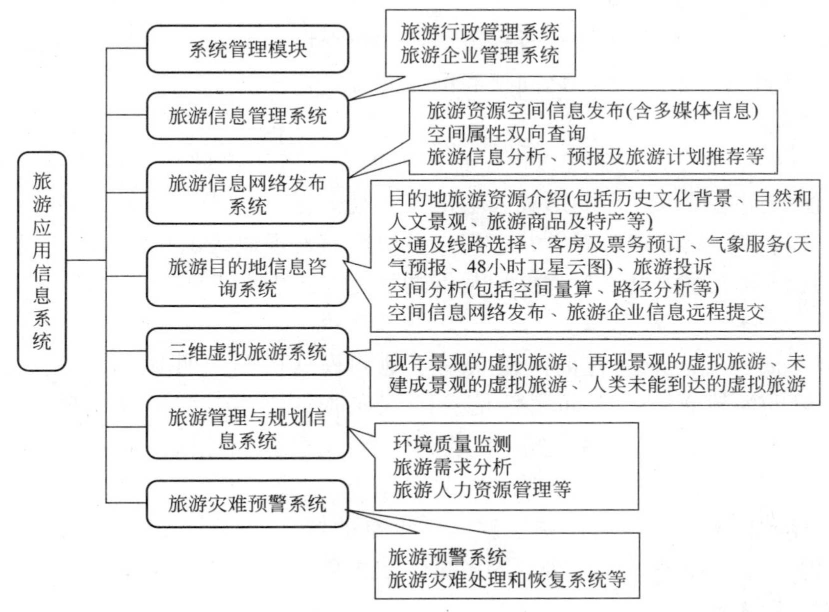

图 2-26　旅游应用信息系统工程构建框图

(1) 系统管理模块

1) 项目资源管理。主要用来管理系统中各项目所用到的各种资源表的数据及系统的各种运行参数。

2) 项目数据管理。如定义或选择系统中所用到的各种数据及数据结构。项目数据管理使系统更加灵活实用，可以生成系统中所用到的各种属性数据初始表。

3)系统项目管理。包括新建、打开、删除项目。系统可以新建项目，并同时管理若干个项目，这样可以管理复杂的数据，也可以使数据的维护工作变得简单方便。

4) 系统用户管理。如新建、删除、修改不同级别的用户等。

5) 系统安全管理。如增加或改变数据库用户的密码、用户对系统使用权限认证等。

6) 数据更新、维护与系统定制功能。为系统管理员提供系统数据的更新维护与系统定制功能。系统管理员通过身份与权限认证登陆管理系统，依据权限的不同可以编辑、维护系统数据，定制发布信息的内容与风格样式。

(2) 旅游信息管理系统

1）旅游行政管理系统。政府主管部门应当加强计算机的软硬件建设，实现本部门管理的电子化和办公自动化，建立网络办公管理系统。贯彻政府“上网”工程，实行网上办公，实现电子政府；建立本地旅游主管部门的专业网站或开通政府网站上的旅游主管部门频道，主要处理日常公务和政务，以此作为政府部门的一个“窗口”对外进行本地旅游的宣传促销。

2）旅游企业管理系统。旅游企业管理系统的功能主要包括对外经营和对内管理两个方面。对外经营主要是面向游客的企业业务流程的信息化管理；对内管理是对企业内部职工、财务和物资方面的管理信息化。

该系统的用户为政府主管部门、旅游企业。

（3）旅游信息网络发布系统

建立该系统，为旅游信息管理者提供信息发布平台，为游客提供及时获取旅游信息的渠道，在旅游信息管理者与游客之间架起沟通的桥梁。该系统的用户为政府主管部门、旅游企业、普通用户。

1）旅游空间信息发布。系统以电子地图的形式，基于广域网发布各级、各类的空间信息。将旅游空间信息以图形的形式表达出来，使旅游信息表达得更准确、直观、生动、具体，有利于游客及旅游资源开发、管理人员快速而宏观地认识和把握旅游地的信息。系统在客户端提供电子地图显示与调控的基本功能(如分图层显示、地图显示控制、地图漫游等)。

2）空间—属性信息双向查询。建立基于地图模式的信息搜索引擎。按上述检索策略，以空间数据为核心进行空间属性信息的双向查询。主要包括从空间信息到属性信息的查询、从属性信息到空间信息的查询、从属性信息到属性信息的查询(保留的传统搜索模式)。

3）多媒体数据的网络发布。系统存储了丰富的城市、景区或景点介绍信息，并以音频、视频、全景图、静态图片、文本等多媒体方式全方位地展示给用户，使游客轻松愉悦地感受旅游艺术的魅力。

4）旅游专业服务功能。对已有的旅游数据进行统计分析，对近期的旅游形势作出科学的预测，供游客参考，合理安排旅游计划，同时对旅游市场起到指导性作用。主要包括：旅游信息分析、旅游信息预报、旅游计划推荐等。

（4）旅游目的地信息咨询系统

系统主要功能包括：

1）旅游空间信息集成与管理。旅游数据管理部门需要收集、编辑、管理旅游空间信息，从而辅助各类旅游业课题研究、产品设计与规划以及旅游信息发布。主要包括交通状况(区内以及到附近主要城市的交通状况)、主要景点旅游线路和报价、气象报告(天气预报、48小时卫星云图)、旅游投诉、各种预定系统(包括客房预定系统和票务预定系统)。

2）旅游空间信息网络发布。完全移植上述的旅游信息网络发布系统。

3）空间分析。包括空间量算(距离、面积、角度等)、缓冲区分析、路径分析等。

4）旅游企业信息远程提交。企业用户通过网络在线提交企业的旅游资源信息。

（5）三维虚拟旅游系统

系统基于高分辨率遥感图像采集旅游三维空间信息，建立三维虚拟旅游系统，提供三维旅游信息管理、多种方式的三维景观浏览、辅助景区规划与规划效果显示以及多种三维空间分析功能。将三维虚拟技术应用到旅游规划与旅游服务中，在室内直观再现旅游景区与旅游景点空间分布，实现旅游规划的数字化。

系统功能设计包括：地形重建、景观建筑创建与编辑、三维物体空间信息与表面纹理快速融合、实体渲染、视图操作、模型导入功能、属性操作、三维对象属性和图形数据双向查询功能、数据导出功能、平面图形编辑系统。

（6）旅游管理与规划信息系统

主要提供专业分析工具，如环境质量监测、游客需求分析、旅游人力资源管理等，为旅游行政管理、咨询和规划、培养旅游从业人员提供网上决策依据。其中包括旅游公务数字化子系统，它是核心层的普密级公务网，是旅游管理部门之间信息互相对接的安全保密网络系统。

（7）旅游灾难预警系统

主要包括旅游预警系统、旅游灾难处理和恢复系统等。旅游预警系统指对旅游区自然灾害的预报系统和根据市场、社会情况对于旅游市场的变化作出反应的系统。旅游灾难处理和恢复系统是针对各种情况建立的预案以及实施保障体系、旅游市场启动的计划及实施等方面。

2.4 信息社区与信息家庭建设

信息社区与信息家庭都是实现城镇社会信息化目标之一。社会信息化除前述城镇管理信息化外，还主要包括社区信息化和家庭信息化。

2.4.1 智能化小区与数字社区

2.4.1.1 智能化小区

20 世纪 80 年代，随着信息通信技术的飞速发展，智能化技术逐渐渗透到现代大楼的各种设备控制和管理(如空调、给水排水、变配电、防火、防盗、停车场等)，使得现代大楼的管理系统成为智能化的综合管理系统，从而降低了大楼的运行成本，提高了工作效率和安全性。上述系统也即智能建筑物业管理系统，是采用分布式信息与控制理论而设计的分布式集散型控制系统。国际上智能建筑物定义为：通过对建筑物的 4 个基本要素即结构、系统、服务和管理以及它们之间的内在联系，进行最优化的设计，提供一个投资合理、效率高、优雅舒适、便利快捷和高度安全的环境空间。也即“智能化大厦”。在任何一座智能大厦中，人们均可通过程控电话网络、计算机网络迅速而又全面地获得所需的国内外有关信息及多种信息服务。通过会议电视与电子商务系统，不论位于何处，都可以方便地完成远程教学、医疗与电子商务活动。管理信息系统和辅助决策支持系统，可以帮助人们思考，提高人们的工作效率。

随着社会发展、技术进步和人民生活水平的不断提高，人们不满足传统的居住方式和一般的住宅功能，对生活空间要求越来越高，住宅小区除住宅建筑外，还有与住宅物业管理密切相关的配套设施，如车库、文化娱乐与体育设施、安全监控、消防报警、照明、给水排水和信息服务设施等。随着智能化技术从大厦走向住宅小区，迈进千家万户，住宅小区将成为智能化小区，家庭将成为智能化家庭。

住宅小区智能化是利用4C(计算机、通信与网络、自动控制、IC卡)技术，通过有效的传输和网络，将多元信息服务与管理、物业管理与安防、住宅智能化系统集成，为住宅设计的服务与管理提供高技术的智能化手段，以实现快捷高速的超值服务与管理，提供安全舒适的家居环境。

为适应不同层次不同要求的居民的需要，智能化小区通常分成以下3个等级：理想标准、普及标准、最低标准等级。

(1) 理想标准

这类小区的特点是不但强调住宅功能，更要强调它与信息化社会的"融合"，将小区融合到全球的新经济社会中，成为全球信息高速公路最末端的一个单元。这类小区特别强调通信功能和网络功能。

就住宅功能来说，它具有完整的物业管理和高度安全可靠的保安和防灾措施及医疗保健设施，具有成套的家庭设备自动化系统和信息服务系统；就其融合功能来说，它具有宽带甚至高速的网络通信连接，要能保证家庭中的任何人员在任何时候与对方进行以语音、数据和图像的方式进行交流，使他们能充分享受信息社会的种种乐趣。

对于这类住户，房屋的建设成本要求已经下降到次要位置，而对小区的物业管理质量、提供的信息服务和通信服务能力已上升到主要位置。在投资方面，这类住宅的智能化系统投资占住宅投资总额的1%～2%以上。住宅对象为经济上有实力和对信息化要求较高的人士。

(2) 普及标准

这类住宅小区的特点是以住宅功能为主适当兼顾"融合"功能。它与理想标准的区别主要在于网络通信功能。家庭网络不一定具有理想标准家庭的档次，对外通信功能不一定具有多媒体通信功能。这类用户希望下班后在家能有一个舒适、安宁的环境，并能通过网络与外部世界取得联系，获取所必要的信息。并且希望智能化建设成本不要太高，约在6000～8000元/户。这类住户为收入中等偏高的那些人士。

(3) 最低标准

这类小区主要特点是更强调家庭的智能化，强调家庭保安和音频视频设备的自动控制，而对物业管理、小区安防和网络通信功能可以放宽。对外的通信功能可根据自己的需要，利用传统的窄带拨号等方式访问互联网。设计这一类住宅时，要特别注意使用成熟的技术，降低智能化系统成本，大约控制在3000～5000元/户。这类小区的居住对象一般为收入中等偏下的居民群体。从目前的国情看，这类住宅有可能成为今后几年智能化小区的开发重点和主体。以后，随着信息化的普及，再加上人民生活质量的不断提高，这类小区会逐渐成为潮流，受多数人的青睐。

表2-2所示为住宅小区智能化分级功能设置。

住宅小区智能化分级功能设置 **表2-2**

	功能		最低标准	普及标准	较高标准
物业管理及安防	小区管理中心		*	*	*
	小区公共安全防范	闭路电视监控		*	*
		电子巡更系统		*	*

续表

	功能		最低标准	普及标准	较高标准
物业管理及安防	小区公共安全防范	防灾及应急联动		*	*
		小区停车场管理		*	*
	三表计量(IC卡或远传)		*	*	*
	小区机电设备监控	给水排水、变配电集中监控		*	*
		电梯、供暖监控			*
		区域照明自动控制		*	*
	小区电子广告牌			*	*
信息通信服务与管理	小区信息服务平台			*	*
	小区综合信息管理			*	*
	综合通信网络				*
住宅智能化	家庭保安报警		*	*	*
	防火、防燃气泄漏报警		*	*	*
	紧急求助报警		*	*	*
	家庭电器自动化控制	声频	*	*	*
		视频	*	*	*
		数据		*	*
	家庭通信总线接口				*

2.4.1.2 数字社区

随着信息技术的渗透，在智能化小区之后又催生了数字社区，数字社区则更是一个信息化社区，它通过物理网的结构，基于IP传输技术，以原来局域网技术结合广域网和互联网发展，是控制技术和信息技术的融合。数字社区是数字城镇的基本组成单元，也是城镇电子商务、电子金融和电子政务的基础。

社区实现数字化后，数字信息的交互直接了，管理中心对所要进行管理的住户状况可以快速、准确地反映出来，住户有问题也可以直接通过管理中心提出；管理中心可以直接监控各种设施设备的运行状况，从而及时发出处理指令；对于小区经常性的事务处理，包括内部办公自动化和面向住户服务指南、投诉、维修、查询、缴费和建议等，将会更加方便。

数字社区服务功能有很多内容，例如，住户可以在网上全面了解社区发展商和物业管理机构的背景资料；网上获取住户入伙和装修申请等流程，并在网上进行交互式操作；查询与自身相关的每月应交的水电和管理费等费用清单并进行网上支付；住户还可以进行网上投诉、咨询和报修等，并从网上获取回复和上门维修约定和报价等；发展商和物业管理机构可以在网上向全体，或某些特定的住户发布通告；物业发展商和管理机构，或者是某一些住户可以在网上发起有关小区建设与社区活动和社会问题的讨论议题，大家可以共同在网上进行交流和沟通。

图2-27所示为数字社区及信息网连接。

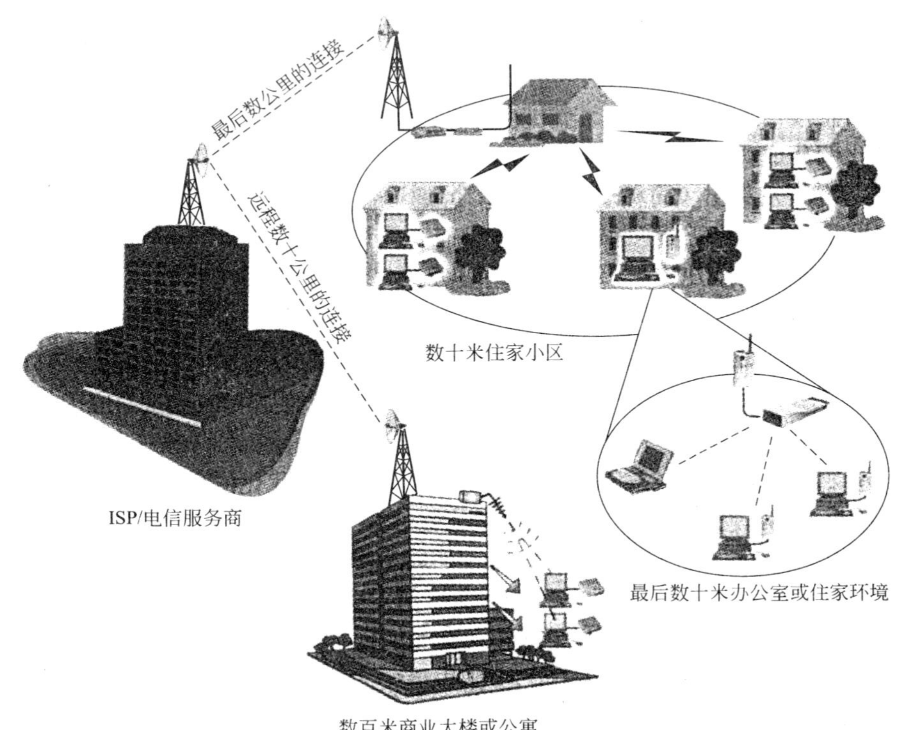

图 2-27　数字社区及信息网连接

2.4.2　小区智能化系统

小区智能化系统可以分为公共物业管理与保安系统、小区局域网系统与信息服务及家庭智能化 3 个组成部分。

图 2-28 所示为小区智能化系统组成。

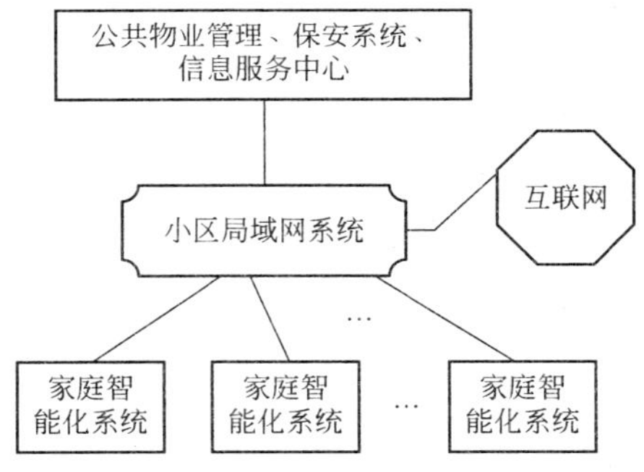

图 2-28　小区智能化系统组成

2.4.2.1　公共物业区管理与保安系统

现代智能化小区的建设是建立在小区的公共物业管理和保安基础上的。这也是小区智能化系统建设的一项重要内容。主要包括以下几个方面：

1）对小区内公共的机电设备实施集中的监控和管理，例如对给水排水系统、电梯、供暖系统的自动监控和对照明设备的自动控制等。

2）对小区内房产和承租户的管理。

3）对小区内三表(电表、水表、燃气表)的远程计量与统计，并自动将抄录的数据存放在管理数据库中。

4）在小区边界和要害位置进行电视监控，通过多媒体电脑和电子地图进行显示。小区的安全防盗系统与当地的自动报警中心实现联网。

对住户的各类报警和求助信号进行集中管理和显示，并做出及时的响应。对于消防报警和医疗求助，及时通过计算机网络与当地的消防和医疗急救中心或就近医院取得联系。

2.4.2.2 小区局域网系统与信息服务

在国家信息化基础设施中，家庭信息化是其中的重要组成部分。住宅是人们进行信息交流和从互联网获取信息的重要场所。所以智能化小区应对住宅用户提供上网支持与服务，以及提供信息服务。

小区局域网向社区居民提供综合信息咨询服务，主要有以下几种：

1）娱乐服务。包括 VOD、虚拟旅行、参观虚拟博物馆、虚拟音乐剧场和多人（多个家庭）游戏。

2）商业服务。包括购物指南、网上购物、预订机船票和金融服务等。

3）网上教育。包括家教、函授教育、网上补课等。

4）医疗保健。包括保健咨询，网上健康顾问等。

5）信息查询。包括社区新闻、财经股市商情、交通指南、政府政策法规查询和会议通知等。

2.4.2.3 家庭智能化系统

家庭智能化是小区智能化的基础，也是小区智能化建设的最终目标。家庭智能化是要通过家庭智能化设施和社区服务来实现家庭安全、舒适和信息的交互能力。

家庭智能化系统由家庭安全（HS）、家庭设备自动化（HA）和家庭通信（HC）三大部分组成。

（1）HS

HS 主要包括家庭防盗报警、火灾、燃气泄漏报警、楼宇可视对讲、紧急呼救与遥控护理等。

家庭防盗报警与楼宇可视对讲系统结合使用。在大楼进出大门和一、二楼层居民的四周门窗上安装门磁开关报警探头，可采用有人在家和无人在家两种模式。要求系统在恶劣环境下仍能稳定地工作。火灾、燃气泄漏报警系统要求能将火灾或燃气泄漏的地点迅速传送到小区监控中心，监控中心马上发出联动声光控报警并打开气窗，遇火灾时打开喷淋，遇燃气泄漏时切断气源，并将状态反馈到监控中心。紧急呼救报警主要是针对家内有老人感到身体不适时，按动紧急报警键，触发通信系统通知家人或小区护理中心或附近医院。楼宇可视对讲系统可实现来访人员与住户双方可视通话，防止无关人员进入小区及家庭。

（2）HA

家庭设备的自动化是采用家庭控制总线（将在下节家庭网络中叙述）将家庭设备联网后，对它们的运行状态进行监视、控制和调节。自动控制方式有：通过电话实现远程遥控；通过事件或时间程序自动化控制；通过红外线实现遥控调节，如对家电的音响、电视机、窗帘、灯光等用红外线实现遥控，对三表（水表、电表和燃气表）数据的自动采集传输，送到物业管理中心进行处理等。

（3）HC

家庭智能化的基础就是实现 HC 网络化。

2.4.3 家庭信息化

家庭信息化建设包括家庭上网、智能家庭和市民卡系统 3 个方面。家庭上网是家庭连接外界的信息通道；智能家居是通过信息家电实现家居数字化和智能化环境；市民卡系统是市民在数字城市中工作和生活的必备工具。

家庭上网工程的推进实施按照有关“一线两点三步走”的策略，即形成一条由用户、电信运营商和网络内容提供商以及商家、银行和物流企业组成的网络增值应用服务链，通过建设网络基础设施、建立“网上家园”和享受“网络生活”三层服务，提高网上应用水平，扩大网络用户规模。其中，网络基础设施建设要积极创造各种便利的用户接入条件，包括提供社区信息服务连锁站等公共上网服务，采取多种方式降低用户接入的上网门槛，迅速扩大上网用户规模。建设网上家园，就是通过建设综合性社区信息平台，迅速形成用户、电信运营商和网络内容提供商以及商家、银行和物流企业组成的网络增值应用服务价值链，将快捷的网络接入服务、丰富的信息应用服务和便利的商业服务整合，建立有利于促进互联网各项应用发展的良性生态圈。

智能家居是计算机技术、网络通信技术和自动控制技术等高新技术在人们的生活领域中的应用，包括家庭内部的数字化平台、社区的智能化平台以及城市公众信息平台，并将衍生出信息社会的一切要素。家庭内部的数字化平台（集中控制盒）是将业主家中的温度/湿度、电器、照明、安全防范及对外通信等进行集中控制，使整个住宅运作在最佳状态。集中控制盒连接家庭中的水、电、气 3 表和各个家电以及电话，同时安装入侵监测探头、可视对讲和紧急呼叫系统。集中控制盒的通信采用直接连接楼中的综合布线然后进入小区通信主干的方式，其通信协议采用标准的 TCP/IP 协议，这种方式保证了集中控制盒通信的开放、高速和信息量，也保证了集中控制盒的功能实现。通过集中控制盒，就在业主家庭中形成了一套智能化的管理。

图 2-29 所示为智能家居智能控制示意。

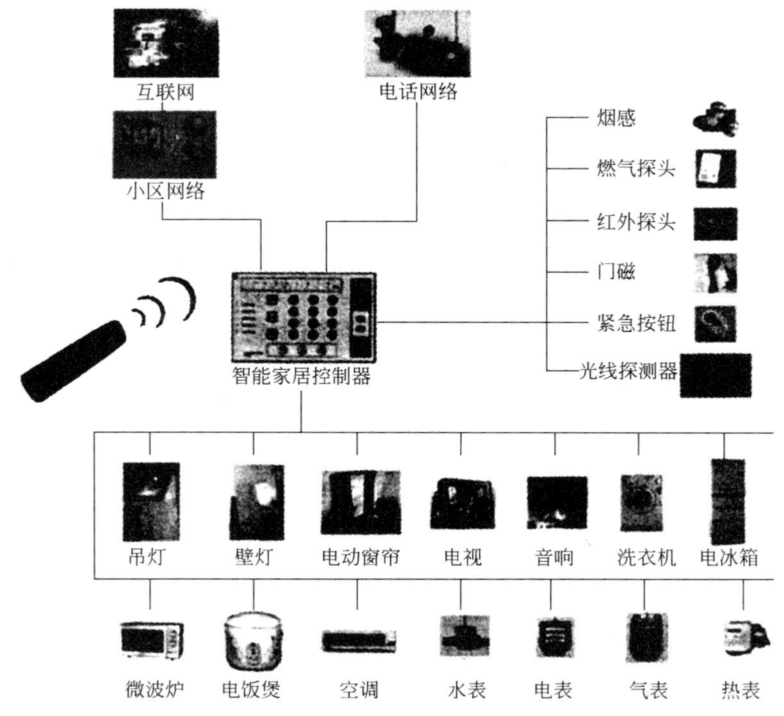

图 2-29　智能家居智能控制示意

业主可以通过集中控制盒对家中的空调等主要家用电器设置进行控制：业主在外时可通过双音频电话机或手机拨打专用电话号码，若家中无人应答时，集中控制机自动接听电话，并给业主提供语音信息，业主在语音提示下进行相应的操作，遥控启动家中空调等电器，使其在业主到家之前提前开始工作，以提供一个舒适的环境。业主通过集中控制盒可以了解自己家庭运作的各种参数，如房间温度、湿度、三表读数及被控家电状态等，同时可通过网络进行各种交费的简单查询。并可通过集中控制盒上自带的IC卡接口进行费用的结算。物业管理部门可通过小区网络及集中控制盒向业主发出交费通知及其他有关物业管理方面的通知等。

当业主需要维修、搬运和送货等社区服务时，通过集中控制盒提供的直通语音功能可直接同小区的社区服务中心联系。业主只要拿起集中控制机上的听筒并按下社区服务按键，就可以与社区服务人员建立直接的语音联系，说清自己的要求。而社区服务中心的工作站会自动显示出要求服务业主的楼号和房号并记录。集中控制盒连接门磁开关和双鉴探头等防入侵探测器，当有入侵发生时及时发出报警信息至物业管理部门和小区保安部门。集中控制盒具有紧急呼救功能，有紧急情况发生时，业主按动紧急呼救按键通知物业和保安部门采取紧急措施。集中控制盒的可视对讲显示屏除显示图像外还可用于文字显示，以汉字方式与用户进行交流并配以简单的语音提示。集中控制盒的操作分三级密码进行控制，不同级别的操作权限各不相同。

市民卡系统智能卡(IC卡)应用范围越来越广，以“城市一卡通”为例，“城市一卡通”实现城市公交、水、电、燃气等公用事业的统一发卡、统一管理和一卡多用，以最大限度共享信息资源。

“城市一卡通”系统可以方便市民的日常生活，减轻市民办理和携带多种卡的负担。可以杜绝假币，促进资金良性循环，改善企业成本，加大对市政设施运营的监控，促进城市的数字化，为电子商务和电子政务的发展打下了良好的基础。

“城市一卡通”系统采用公共网络平台、联机交易平台、账目清算平台和基础信息共享平台，是建立在多个应用基础上的IC卡支付系统，可实现公交、地铁和城铁的费用支付及自来水、供电和燃气消费的结算一卡化，为城市居民提供各种方便的服务。例如“城市交通一卡通”将公共汽车的售票方式以IC卡电子收费作为支付手段，通过车载电子收费设备，实现公共交通运营管理中的预收费、消费、清算、统计和管理等业务的全过程无现金自动化。“城市水电一卡通”先充值后使用，因此，要建立水、电、气预收费管理系统。通过该系统，市民可以进行预购和消费，水、电、燃气公司则对预收费进行管理，并为公司的经营决策提供科学依据。由于“城市一卡通”在一张卡上实现了多个应用，每张IC卡都记录对应的用户账户内的所有交易信息，因此，要建立IC卡管理中心，对卡和信息进行统一管理，并对运营中产生的各种资金进行统一清算，以协调和保证各方利益。

图2-30所示为“城市一卡通”系统运行示意图。

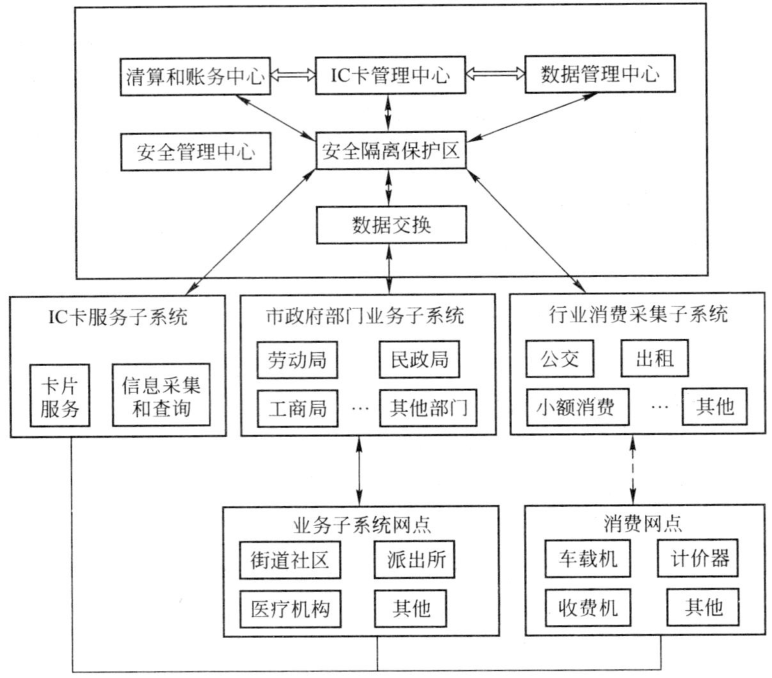

图 2-30 “城市一卡通”系统运行示意图

3 数字传输网与城际干线传输网规划建设

3.1 数字传输网概述

3.1.1 传输网络演进

数字传输网(以下简称传输网)从点到点通信的准同步数字传输体制(Plesiochronous Digital Hierarchy, PDH)向以光纤为主要传输媒质的同步数字传输网(SDH/SONET 网)体制转变, CCITT 于 1988 年接受了 SONET 概念,并重新命名为同步数字体系(Synchronous Digital Hierarchy, SDH),使之不仅适合于光纤也适合于微波和卫星传输的通用技术体制。SONET 和 SDH 的规范略有差别,但基本原理完全相同,标准互相兼容,可统称为光同步数字传输网(SDH)。它是由一些 SDH 网络单元(NE)组成的,在光纤上进行同步信息传输、复用与交叉连接的网络。SDH 网络是在计算机软件控制下,具有自律、自愈等能力,而成为真正一类智能化的传输网络。它从根本上克服了 PDH 点到点的传输概念,组成了点线相结合、具有生命力和智能化的真正网络。

伴随 SDH 而提出的传送网概念,可统一实现传输、复用和交叉连接的功能,能渗入到交换网,并部分完成交换的功能。从而使传输网已不再需要依附于或捆绑在某个专业网上,而能成为一个独立的、公用的网络平台,并可进一步分层、每层可独立建网、独立规划、独立采用新技术、独立网络优化。

近几年来又出现了以密波分复用 DWDM 技术为起点发展而形成的光网络。它也像 SDH 网络一样,具有光分插复用器 OADM、光交叉连接 OXC 等节点,能够在光层面上统一实现传输、复接和交叉连接等智能化的传送功能,从而在传送功能层上形成一个新的、可以独立运作的光层网络,扩充了现有传送网的概念,不仅有重大的理论意义,更重要的是它的实际性。首先它能把传输带宽轻易地、廉价地提高到 Tbit/s 量级,可以从根本上满足信息社会的需求。其次,光层网络可以作为 C/S(客户/服务者)关系中的服务者,在它的基础上构建其他客户网络,能够直接支持现有的或未来的业务网,从而可以减少或简化现有传送网的层次,实现网络的"扁平化",这样使得整个传输网的成本有可能降低几十甚至百倍,具有重大的经济意义和实用意义。

3.1.2 传输网的应用方向

20 世纪 90 年代传输系统开始向超大容量应用的方向发展。

增加纤芯和传输系统扩充传输系统容量,由于纤芯与管道紧张,新敷光缆成本高、而增加容量有限。波分复用 WDM 是解决骨干网光纤超大容量的最佳方法。DWDM 技术主要基于 2.5Gbit/s 和 10Gbit/s 的波分, G.655 光纤提供的窗口很大,足够容纳 2.5Gbit/s 和 10Gbit/s 的几十个甚至几百个波长的密集波分复用。

OADM 和 OXC 节点能消除节点电瓶颈,而与 WDM 的链路相匹配,解决最终网络宽带化手段,实现一个高透明、高可靠、节点和容量都可不断增长、能混合不同体制、格式和速率的信号，互联现有和未来新系统的超宽带传送网是未来的主要方向。

3.1.3 传输网相关三网融合与下一代传送网技术

（1）数字汇聚与三网融合

电信网的固有特性是双向性，发展方向是数字化与宽带化；广播电视网本身具有宽带特征，发展方向是数字化与双向化；计算机/互联网必然是数字化，发展方向是宽带化和多媒体化。三网发展基本趋势是上述三个基本信息传输网络在数字化下逐步趋同，出现“数字汇聚现象”，也导致了三网融合。

图 3-1 所示为数字汇聚与三网融合。

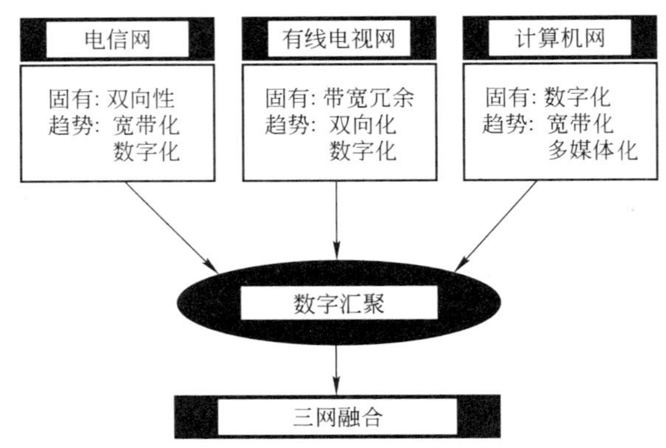

图 3-1　数字汇聚与三网融合

三网融合表现为技术上趋向一致，网络层上可以互联互通，业务层上互相渗透与交叉，应用层上使用统一的通信协议。

三网融合从传输网和从信息高速公路及信息基础设施建设的角度来看，需要通过信息业务来统一原先分散建设的各种网络，建成面向用户的自由、透明而无缝的信息网络，实现信息传输上的完全自由。

三网融合要求城市信息通信网具备高速、宽带、大容量的主干网和接入网。

（2）三网融合的骨干网

三网融合的骨干网关键是骨干平台的技术支撑和骨干平台的带宽/容量。ATM 交换技术和吉比特 IP 技术成为信息通信骨干网络的主流技术，尤其是吉比特 IP 技术和密集波分复用技术已成为三网融合的信息基础设施核心。

三网融合骨干网应满足以下基本要求：

1）必须具有足够快的传输速度和足够大的交换容量。由于骨干网需要支持语音、数据、图形和图像的交换和传输，其中语音和动态图像要求实时传输每一动态图像的用户要有1～8Mbit/s 的带宽，若能同时并发 10000 个动态图像，则要求有近 100Gbit/s 的传输/交换能力。

2）必须具有多种业务/服务的接入能力。即三网融合骨干网应是多业务综合交换平台，能保证 DDN、N-ISDN、PSTN、IP、HFC、GSM、CDMA 等主要现有数据业务的无缝隙互联互通。

适合上述要求的主要技术是 ATM over SDH 和 IP over DWDM，支持的主要设备为 ATM 多业务交换机（可达 100Gbit/s 背板交换容量、622Mbit/s/2.5Gbit/s 传输速率）和 IP 多业务交换路由器（可达 100Gbit/s，甚至高达 Tbit/s 的背板交换容量、100Mbit/s/1Gbit/s、2.5Gbit/s/10Gbit/s 传输速率），以及上述综合的多业务综合交换平台，SDH、WDM、CWDM 和 DWDM 设备。

（3）下一代传送网技术与网络特点

1）下一代传送网技术

① 光组网＋SDH 传输速率超过 10Gbit/s。

② 第三代移动通信技术。

③ 三网融合于 IP 技术、分组交换、光纤到户（即 IP 全光宽带网），自三网并行到三网合一。

2）下一代网络特点

① 采用开放的网络构架。

② 把交换机的功能模块分离成独立的网络部件，各自独立发展。

③ 部件间的协议接口基于相应的标准；接口的标准化实现各种导构网的互通。

④ 由业务驱动网络实现业务与呼叫控制分离，呼叫与承载分离。

目的是使业务真正独立于网络、用户可以自行配置和定义自己的业务特征，使业务和应用提供有较大灵活性——通常称为虚电路。

⑤ 基干分组的网络 IP/ATM，使电话、数据、广播电视均打包交换与传送。

⑥ 分层结构：接入和传输层、媒体层（传递的信息格式）、控制层（呼叫控制）、网络服务层。

⑦ 新网络与原网络实现 TDM 传输网、SS7 信令网互通；现有业务与智能网互通；与 PSTN 融合。

3.2 传输网规划基础

3.2.1 传输网电路需求测算

电信业务网、支撑网所需的业务流量，需要用传输电路实现在局间中继传输网上节点间的流动。在实际传输信息时，如每一条电路都用一条物理线路来实现，则传输线路设备将变得非常庞大和不经济，为此常采用组成电路群之后再进行物理传输，这是通过传送网的复用功能来实现的。我国数字电路的组群同欧洲标准。

（1）长途电路需求测算

我国长话业务电路的测算可参照原邮电部部颁《关于“自动长途局间电路群设置标准和路由选择规则”的暂行规定》的要求进行测算。对长途电路的配置标准为：

1）基于电路按呼损率≤1％标准，同时综合考虑传输情况及冗余度进行配置。

2）低呼损电路按呼损率≤1％标准，同时综合考虑传输情况及冗余度进行配置。

3）高效电路基本按呼损率≤7％标准配置，视传输条件可进行调整。

长途传输电路的测算是根据传输网路的组织，汇总各交换点的业务电路数，和相应的非话务电路数之和，即

$$C_{ij}=C_{2ij}(1+M_{m})$$

式中，C_{ij} 为 i，j 两局点之间，考虑到非话务系数后所需的电路总数；C_{2ij} 为纯电话自动电路总数；M_{m} 为非话务系数。

长途电路群计算不同于上述公式，应按上述暂行规定专门规定测算。

最后是长途传输电路群落实到实体网的各线路段上：采用多路由汇总分配方案，把点间传输电路汇总到实体网的各传输线路段上，得到各传输段的传输电路容量，然后配置相应的传输设备。

（2）固定本地网中继电路需求测算

固定本地网中继电路包括长市中继、局间中继和特服中继电路。

根据原邮电部对局间、长市、特服中继电路的有关规定：

1）局间中继电路的配置原则：

① 局间中继电路业务量为 0.8erl/t；

② 市市中继的配置按 1.0%的呼损率计算，也可根据实际传输设备的情况做调整。

2）长市中继电路的配置原则：

① 低呼损路由的中继电路配置标准为呼损率≤0.5%；

② 高效路由的中继电路数应根据传输的实际情况，经济合理地配置，约为 1%；

③ 特服中继电路呼损率取 1.0%。

上述若还包括 ISDN，则应区分 ISDN 采用叠加网还是混合网，分别测算，求出 ISDN 的电路或电路群矩阵。

在缺乏相关基础数据情况下可把 ISDN 叠加网和混合网之和粗略取电话电路的 5%～10%，作为 ISDN 电路需求测算。

（3）移动电话网业务电路需求测算

移动电话网对公共传输网的电路需求包括移动网的固定网部分局间中继传输电路和移动局到基站的电路需求两部分。

1）移动网的固定网部分局间中继传输电路需求

① 单个移动本地网情况

包括移动局（MSC）与固定长途局（TS）间和 MSC 与固定网本地汇接局（TM）以及本地端局（LS）间的中继电路。按相关要求分别测算（详见相关资料）。

② 多个移动本地网组成的移动区域网情况

移动网的固定网部分由移动汇接局和移动端局组成二级网络。因此，移动网的固定部分对电路的需求除上述移动局到长途局、移动局到固定网汇接局、端局的电路外，还包括移动汇接局与移动端局之间的中继电路。按相关要求分别测算。

2）MSC 与 BS 之间的电路需求

MSC 与 BS 之间的中继电路数取决于基站话音信道数和控制信道数，可按两者的实际总和配置。

此外，还有因特网及其他数据网业务电路需求、支撑网、增值网、智能网及其他部门的电路需求测算，可查阅相关资料。

（4）传输网总业务电路需求测算

对于传输网电路层网的业务量，就是各个节点之间的电路或电路群数量。原则上总业务量是上述各种业务网需求测算得到的电路矩阵进行叠加，求总和矩阵，并留出足够余量。

由于上述测算一方面许多难以做到；另一方面与宽带需求相比，窄带的数量要小得多，上述窄带过分精确分析计算意义不大，因此，通常采用粗略的方法，即把固定网以外的所有窄带业务电路(含移动网、数据与信息网、叠加网与智能网，支撑网及包括出租、CATV 传送和备用等其他电路)合在一起对电路的需求，取与固定电话网预测业务电路的一个合适比例作为总的估测。一般近期可取 0.8～1.3 估测，地区经济越发达上述比例越大。

3.2.2 传输网综合规划

传输网综合规划侧重于以下方面：

(1) 传输网的组织结构与规模

传输网使一切业务网络可以共享它的通道，是由固定电话网、ISDN、移动通信网、数据网等各种业务网，电信支撑业务网，补充业务网、增值业务网，直至未来各种宽带业务网所共用的，是一切业务网的基础，因而传输网的统筹规划是现代城市信息通信网统筹规划的基础。必须彻底改变过去仅将传输网与单一的固定电话网捆绑，仅仅把传输网作为固定电话网的配套网络的传统观念，在规划和确定传输网的结构、组织与规模时，必须将整个网络作为一个整体规划设计和优化。特别是三网融合整体规划优化的考虑。并在统筹规划中对网络进行适当的分解。

(2) 不同传输手段的传输网综合规划

SDH 以光纤为主、微波为辅。毋庸置疑，只有靠光纤的巨大廉价带宽资源，才能充分发挥和挖掘 SDH 的巨大潜力，然而，现有的大量微波设施需要继续发挥作用，而且微波和卫星具有传输距离长，无需建设通信线路，具有实现无缝覆盖等优势，那些不宜敷设光缆的多山岩石和沼泽地区仍要靠微波或卫星通信，而且对于业务需求不需要 STM-1 等级的地区，采用卫星和中小容量微波来传送低于 STM-1 等级的信号，具有较好的经济效益。

微波系统应用场合主要是：

1) 作为光纤同步传输网的备用系统，改善网络生存性。

2) 用来传送 SDH 帧结构中的高阶虚容器。

3) 用来最后沟通并完成光纤环形网。

4) 作为点到多点的应用系统

综上所述，光纤、微波和卫星通信纳入到一个统一的 SDH 网中统筹规划是十分必要的，在城市重要微波通道协调保护中，上述综合传输网规划作为基础依据更有必要。

3.3 城际干线传输网与规划建设优化

3.3.1 城际干线传输网

传输网在物理上可划分为长途传输网(全国长途一级传输网和省内长途二级传输网)、本地网内局间传输网和接入网。

我国长途电话网已逐步实现ISDN与PSTN的混合网，即包含ISDN和PSTN功能的固定长途网。它是一个含DCI(由原来长途网结构中的C_1，C_2二级合并而成)和DC2(由原来的C_3、C_4二级合并而成)的两级长途网。实现了本地网平面(低平面)上的无级网，为“固定无级”选路和全国长途网实现无级网过渡打下基础。图3-2所示为固定长途网的等级结构。

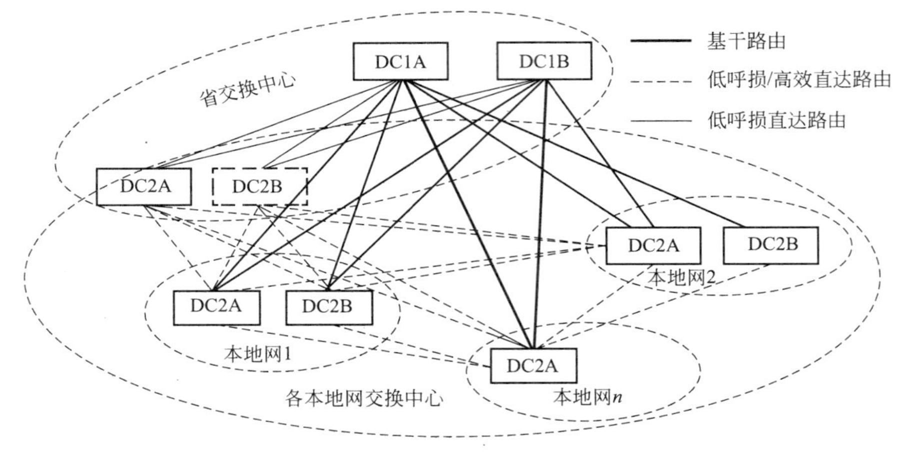

图3-2 固定长途网的等级结构

从三网融合角度看，传输网可划分城际干线传输网(对应广域网、长途网)、城域骨干传输网(对应城域网、本地网及有线电视网)和接入网。图3-3所示为三网融合的传输网组成。

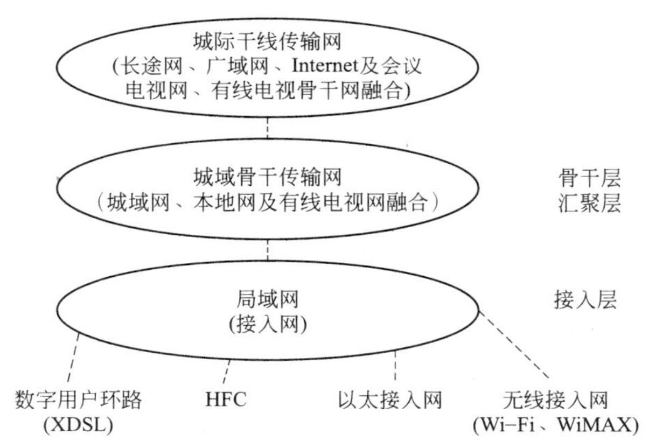

图3-3 三网融合的传输网组成

城际干线传输网是采用光纤、卫星和微波等技术与设施，连接以市或一个长途区号为单位的地域间通信端口而构成的高速宽带信息传输链路。

城际干线传输网主要应是电信网的全国长途一级传输网、省内长途二级传输网和计算机网的广域网、互联网的融合，以及网络间的互联互通。

3.3.2 城际干线传输网的规划内容

城际干线传输网规划内容应包括：

1）现状分析；
2）网络组织与拓扑结构；
3）网络容量计算；
4）传输手段与传输系统。
专项规划还包括：
1）网络保护及通道调度方式；
2）SDH 网的光缆线路和网络设备；
3）波分复用设备应用；
4）光传输网的冗余度及生存性计算；
5）传输网建设规模及实施步骤；
6）传输监控系统；
7）传输网的网同步规划；
8）经济分析。

3.3.3 城际干线传输网规划建设及优化基本要求

1）考虑传输网的发展趋势，将整个网络作为一个整体规划及优化。

2）光缆规划对于业务量不是很大的线路段仍适合应用 SDH 组网、应用二纤双向复用段自愈环为主技术，可为网络提供 100%的保护。同时，应考虑本身业务网的需要和其他电信运营商的需求及非电信部门对光纤的需求，新建光纤芯数应至少在 72 芯以上，尽可能采用管道或直埋方式敷设。新建的光缆原则上采用 G.655 光纤，以适应未来以 10Gbit/s 为基础的 DWDM 的应用需求。

3）DWDM 技术因其节省大量的光缆，是大容量系统扩容的有效手段，也是向透明全光网络发展的基础，应逐渐推广应用。全国城际干线网可首先采用 N・2.5Gbit/s 或 N・10Gbit/s 的干线，省级城际干线传输网可采用一个或多个 N・2.5Gbit/s 光环路。

4）广域长途骨干网规划建设应适当超前，采用光传送网(Optical Transmission Network，OTN)和光互联网(Optical Internet，OI)技术作为主流地位。IP 骨干网规划可考虑 DWDM 技术与 IP 技术结合的光互联网(OI)，在 DWDM 上支持 IP 新业务。

5）城际干线传输网规划分层组织一般侧重三个层面，第一层面由不多的几个衔接点，包含 1～2 个省的出口点，由超大容量通路贯穿起来组成网状网或网孔网的拓扑结构；第二层面一般应由若干个地区性城际环网组成，每一个地区环网原则上应穿过两个衔接点，以作为沟通第一、第二层面和该地区向全省城际乃至省际的出口点。就省内长途传输网而言，在上述两个层面的基础上尚包括第三层面，即为长途网规划划分地区内的长途局之间传输线路、各本地网的长长中继、长市中继、本地网市到县传输网间中继等组成的网络。

3.3.4 H 省城际干线传输网规划

（1）现状分析

H 省现状共有四个长途局即 S 局、E 局、H 局与 HT 局(容量略)。三个长途局交换机点点相连，省际出口只有 H 局。H 局覆盖 H 市本地网所有端局外还覆盖 S 市与 Z 市本地网所有端局。

传输网现状分析详略。

（2）规划方案

在基本业务与宽带业务预测及 3 个规划方案经济技术比较基础上，采用下述第 3 规划方案：

1）城际干线传输网网络基本结构

① 全网采用同步 SDH、ADM 自愈环。

② 采用最低传输速率为 2.5Gbit/s。如电路需要多个 2.5Gbit/s 时，经过经济技术比较，可采用传输速率为 10Gbit/s 或波分复用设备。

③ 在干线网平台上除满足电话需求外，同时满足数据与宽带传输。

2）骨干网规划

省城、S 市、Z 市各有两个局进入城际干线网(骨干网)，以在任意一个局发生故障情况下，防止造成全网阻断。其中省城为 HF 局与 JB 枢纽局，S 市现为 XF 局与 JJL 局(当 YC 枢纽局建成时，JJL 局改到 YC 局)，Z 市为 ZX 局与 RM 路局。此外，还考虑省城地区的 BP 局也进入骨干网内。

3）相应子网规划

规划以地级市为中心，连接地辖县(市)组成光缆子环，子环与主环(骨干网)相接。与骨干网连接分别为省城地区的 2.5Gbit/s SDH 环 I 与 SDH 环 Z，北部、东部、西部各 1 个 2.5Gbit/s SDH 子环，南部为改造的 622Mbit/s 子环。

表 3-1 所示为 H 省 IP 业务的家庭账号数预测。

H 省 IP 业务的家庭账号数预测 **表 3-1**

分　项	预测年份			备注
	基础年份	近期	中期	
全省人口数(万人)	782	833	887.27	
人均 GDP(元)	6672	8776	10048	
家庭年人均收入门限值(元)	14500	14500	14500	
收入高于门限的人口比例(%)	9.4	25.5	35.3	
影响因素分析：				
一次性费用(元)	6100	2050	1000	
月租用费(元)	250	150	100	
文化程度(大专以上)比例(%)	7.8	18.1	32.8	
信息源(万个)	9.3	159	854	
城市人口普及率(%)	0.9	7	20.1	
多媒体(VOD)家庭数(万户)	1.92	14.04	42.25	

近些年 ISDN、IP 业务，以及 VOD 宽带网的发展，逐步取代常规的 DDN、分组交换器和帧中继等数据通信。其 IP 电话用于国内与国际长途，价格低廉、发展很快，而 Internet网、信息网不仅丰富生活，并带来很大经济效益。数据多媒体业务对电信传输也产生较大影响，H 省在本地网总传输容量规划中，考虑近期按计算交换电路的两倍计算，中期按三倍计算。

图 3-4 所示为 H 省城际干线传输网与 4 个 SDH 支环规划优化示意图。

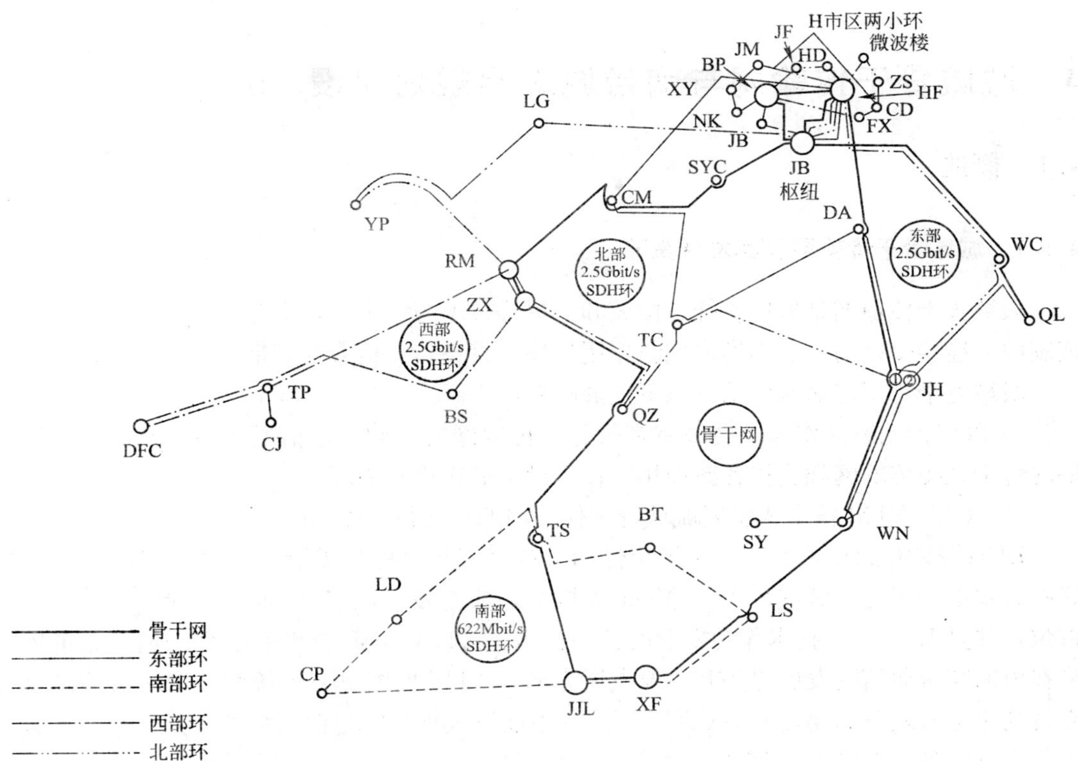

图 3-4 H 省城际干线传输网与支环优化

4 城域骨干传输网与宽带城域网规划建设

4.1 概述

4.1.1 城域骨干传输网及其发展策略

城域骨干传输网是采用光纤、微波和卫星等技术与设施，在市域或一个长途区号地域范围内，连接交换局、远端模块或新型用户接入设备，而构成的宽带信息传输通道。

城域宽带骨干传输网应采取以下发展战略：

1）以完善光缆网作为发展城域宽带骨干传输网的基础。包括连接各交换局、远端模块的骨干光缆传输网和连接各新型用户接入设备的用户光缆环。

2）以 IP/ATM 技术为发展城域骨干传输网的核心技术。

IP 网络具有的技术上的巨大优越性和互联网多年爆炸性发展，未来三网融合将以互联网为基础。因此，城域骨干传输网的发展策略应把发展以 IP 技术为基础的互联网放在首位，并以 IP/ATM 技术作为发展的核心技术，ATM 与 IP 技术的融合是包括宽带传输网在内的宽带通信网发展趋势和主要发展方向。ATM 网络具有传统电信网络所不具有的支持高速综合业务的功能。但 ATM 网络并不能取代现有的电信网络和计算机网络。这是因为现有的各种网络的投资非常巨大，并承载着大量的应用，ATM 网络必须通过与 IP（包括 IP 协议与 IP 网络）相结合，发挥 IP 与现有网络相结合优势，支持现有各种网络应用，并利用 ATM 技术在宽带骨干传输网上承载 IP 数据包。

3）IP 数据包的轻载化，减少承载层次，走 IP over WDM 的道路，而 DWDM 是城域宽带骨干传输网的未来。

4）解决宽带接入层、接入网问题是发展宽带城域网的关键。

就互联网而言，其会聚层/边缘层建设的主要形式是建设城域网，这是 IP 网络的建设重点。

就城域骨干传输网和接入网而言，本地的会聚层/边缘层和大用户接入可采用 IP over SDH 或 IP over ATM；网络边缘和接入部分可采用 ATM CPE-LAN、XDSL（X Diqital Subscriber Loop）、PSTN、ISDN、LMDS（Local Multipoint Diseribution system）、DDN 和 FR 等多种方式。

4.1.2 城域骨干传输网对应的宽带城域网

城域骨干传输网对应的宽带城域网是指覆盖城市及其郊区范围或一个长途区号地域即本地网范围，可提供宽带综合业务服务，支持多种通信协议的公用网络，宽带城域网将逐步地融合现有的电话网、数据网、视频网、最终演变为一个三网合一的宽带综合业务网络。

宽带城域网有以下两方面特点：

1）在城市及其郊区范围内能提供高速数据及宽带多媒体业务。

2）具有承上启下的作用。上有各种骨干网，如长话网、计算机广域网、Internet、会议电视网、有线电视骨干网等，下有各种接入网，如数字用户环路(XDSL)、HFC、以太接入网、无线接入网(Wi-Fi、WiMAX)等。除承担各种骨干网业务落地外，还承担管理、计费、业务提供等功能。

4.1.3　城域网骨干传输平台

IP城域网作为一个稳定、高速的基础物理网分为PSTN、PSPDN(Packet Switched Public Data Network)、DDN/FR、ATM、XDSL等提供接入或作为一个承载平台。城域网上主要有两类节点：光传输节点和汇接点PoP(Point of Presence)，前者主要把用户接入到城域网上，后者主要完成业务和网络的互通。

特大城市的大型城域网以高速路由器为核心，中等城市的城域网以高速LAN交换机为核心，小城市的小型IP城域网以ATM交换机为核心。

城域网骨干传输平台规划方案

1）吉比特以太网(Gbit/s Eithernet，GE)方案，即以吉比特以太网技术在城域构建IP网络平台。它具有组网简单、成本低的特点，是目前的主要应用方式。但单链路的最高传输带宽仅相当于PoS和DPT方案的一半，而CWDM和10Gbit/s以太网技术才是解决问题，并提高吉比特以太网带宽扩充能力的有效方法。

2）基于SDH上的包(Packet over SDH，PoS)方案，其优点是传输速度和效率都很高，基本保证了QoS，使得SDH系统有能力直接支持基于IP的数据、语音和视频传输。但IP over SDH中，SDH是以链路方式支持IP网的，并没有从本质上提高IP网的性能。它适用于经营IP业务的ISP，以IP业务量为主的电信网或在电信骨干网上疏导高速数据流。

3）DPT方案，是结合FDDI和GE的特色，硬件厂商积极推出城域网弹性分组环(RPR)概念，即通过GE帧格式实现对保护环网带宽的合理利用和高效的网管。Cisco提出DPT另一个RPR方案，作为包优化的光传输解决方案，优势在网络建设与应用的经济性上。

4.2　宽带城域网及其骨干传输网规划

4.2.1　基于ATM的B-ISDN城域网及其骨干传输网

B-ISDN城域网一般情况下也即ATM本地网。

B-ISDN城域网或ATM本地网由ATM骨干交换机组网。

图4-1所示为B-ISDN城域网网络结构。

图4-1 B-ISDN城域网网络结构中采用了ATM over SDH(同步数字系列Synchronous Digital Hierarchy)技术，即由SDH自愈环组成城域骨干传输网，业务节点设备为虚通路VC(Virtaal Channel)交换机，接入接点采用ATM接入交换机。

目前，ATM到桌面的问题尚未解决，故ATM的业务接入均由ATM接入交换机来完成。ATM接入交换机通过ATM适配层提供IP、FR、电路仿真E1/E3、Ethernet、X.25等业务接口，可提供Internet的高速接入、局域网互联、广域网互联、语音、高清

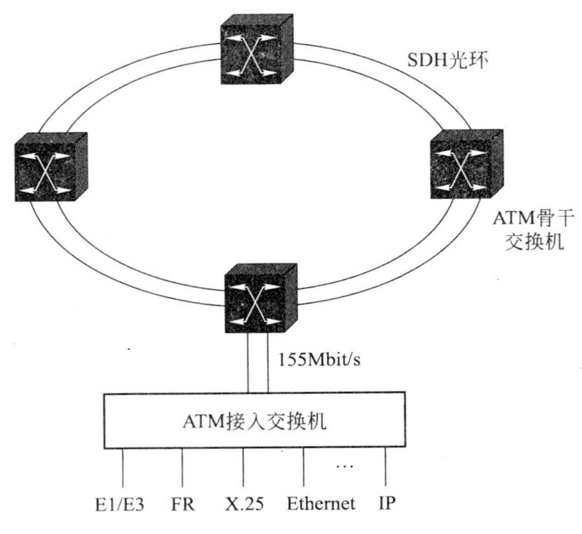

图 4-1　B-ISDN 城域网网络结构

晰度电视、点播电视、会议电视、可视电话、远程教学、远程医疗、电子金融、G4 传真、公用电话网(PSTN)业务等综合业务。

4.2.2　宽带 IP 城域网及其骨干传输网

(1) 基本概念

宽带 IP 通信网是一切按 TCP/IP 协议族组织起来的计算机通信网的总称。宽带 IP 城域网也即城域范围的宽带 IP 通信网。随着以 IP 为代表的数据通信技术的发展及计算机通信网与传统电信网的逐渐融合，目前的 IP 城域网概念已拓宽为 IP 分布式接入概念的延伸，指城域内以数据、多媒体业务为主体并能承载各种业务的新一代本地通信网。因目前的城域网具有传输速率高、可提供给各类业务的带宽大的特点，所以又常常称其为宽带 IP 城域网。

综上所述，宽带 IP 城域网的基本定义是：宽带 IP 城域网是基于宽带技术，以电信网络的可管理性、可扩充性为基础，在城域范围内汇集宽窄带用户的接入，面向满足集团用户、个人用户对各种宽带多媒体业务(互联网访问、虚拟专用网等)需求的综合宽带网络，是电信网络的重要组成部分，向上与骨干网络互联。

(2) 宽带 IP 城域网主要业务

宽带 IP 城域网提供以下主要业务：

1) 非实时业务

该类业务通常为信息传输业务。如高速上网、智能社区服务、远程教育、电子商务等。

2) 实时业务

该类业务包括双向、双方和多方业务。在进行通信时要求具有实时响应，要求提供业务的网络具有足够的带宽并能够严格地保证延时和抖动容限指标要求。这类业务包括 IP 电话/传真业务、多媒体会议业务、远程教学(通过 IP 进行实时教学部分)、远程医疗等。

3）互联或组网型业务

这一类业务包括高速网络互联及虚拟专用网（Virtual Private Network，VPN）等。

4）带宽和专线出租业务

在宽带城域网上为用户提供类似于电路专线的专线业务或网络资源的出租。

（3）宽带 IP 城域网的路由器与交换机

1）路由器

宽带 IP 城域网的路由器是通过转发数据包来实现网路互联的设备。路由器可支持多种协议，可以在网络层上转发数报包。路由器需要连接两个或多个由 IP 子网或无编号点到点线路标识的逻辑接口，至少拥有一个物理端口。路由器是在开放系统互联（Open Sestem Interconnection，OSI）7 层网络模型中的第 3 层——网络层——操作的。路由器内部有一个路由表标明了如果要去某个地方，下一步应该往哪走。路由器从某个端口收到一个数据包，它把链路层的包头去掉（拆包），读取目的 IP 地址，然后查找路由表，若能确定下一步的往哪送，则再加上链路层的包头（打包），把该数据包转发出去。如果不能确定下一步的地址，则向源地址返回一个信息，并把这个数据包丢掉。

路由器技术其实是由两项最基本的活动组成，即决定最优路径和转发数据包。其中，数据包的转发相对较为简单和直接，而路由的确定则更加复杂一些。路由算法在路由表中写入各种不同的信息，路由器会根据数据包所要到达的目的地选择最佳路径把数据包发送到可以到达该目的地的下一台路由器处。当下一台路由器接收到该数据包时，也会查看其目标地址，并使用合适的路径继续传送给后面的路由器。依此类推，直到数据包到达最终目的地。

路由器之间可以进行相互通信，而且可以通过传送不同类型的信息维护各自的路由表。路由更新信息就是这样一种信息，一般是由部分或全部路由表组成。通过分析其他路由器发出的路由更新信息，路由器可以掌握整个网络的拓扑结构。链路状态广播是另外一种在路由器之间传递的信息，它可以把信息发送方的链路状态及时地通知给其他路由器。

2）交换机

① 二层交换机

二层交换机是数据链路层的设备，它读取数据包中的消息认证码（Message Authentication Code，MAC）地址信息并根据 MAC 地址进行交换。交换机内部有一个地址表（或者叫缓存），这个地址表标明了 MAC 地址和交换机端口的对应关系。当交换机从某个端口收到一个数据包，它首先读取包头中的源 MAC 地址，这样它就知道源 MAC 地址的机器是连在哪个端口上的，它再去读取包头中的目的 MAC 地址，并在地址表中查找相应的端口，如果表中有与这目的 MAC 地址对应的端口，则把数据包直接复制到这个端口上，如果在表中找不到相应的端口，则把数据包广播到所有端口上，当目的主机对源主机回应时，交换机又可以学习到目的 MAC 地址与哪个端口对应，在下次传送数据时就不再需要对所有端口进行广播了。二层交换机就是这样建立和维护它自己的地址表。由于二层交换机一般具有很宽的交换总线带宽，所以可以同时为很多端口进行数据交换。

② 三层交换机

三层交换机结合了二层交换机和三层路由器两者的优势，可在各个层次提供线速性能。它不仅使二层与三层相互关联起来，而且还提供流量优先化处理、安全以及多种其他的灵活功能。

三层交换机实质上是一个带有三层路由功能的二层交换机，是三层路由功能和二层交换的有机结合。

具有路由器功能的三层交换机能进行协议分析，所以它必须全部存储发来的数据帧，并进行分析，最后按协议的首部信息转发到相应的端口。

三层交换(或 IP 交换技术)是相对于传统交换概念而提出的。简单地说，三层交换技术就是：二层交换技术＋三层转发技术。

(4) 宽带 IP 城域网的组建方案

宽带 IP 城域网实际就是基于 TCP/IP 的基础宽带网，是广域 IP 网在城域范围内的延伸，其主要功能是承载城域 IP 业务，可以为用户提供局域网互联、专线上网和拨号上网等业务，从而实现城域信息的高速交换和宽、窄带接入的汇聚。

目前，宽带 IP 城域网组建有以下两种方案：

1) 采用高速路由器为核心，路由器或交换机作为汇聚层的三层网络组建方案(路由＋交换)

在 IP 业务量较大的城市，如特大城市 IP 城域网骨干层将直接采用高速路由器为核心来组建，并以 GE(Gigabit Ethernet，吉比特以太网)方式组网为主，POS(PPP over SDH)连接为辅，中继采用市内光纤或其他传输介质。如图 4-2 所示。对于 IP 业务量大的城市，考虑到需要处理的 IP 数据包比较多，只有采用高速路由器才能处理得过来，并且当 IP 业务量比较大时，IP 层面的流量控制和服务级别划分(服务等级)等也是不可缺少的，而这些功能都只有高速路由器才能提供，所以对于业务量比较大的城市，应该采用高速路由器为核心来组建 IP 城域网。

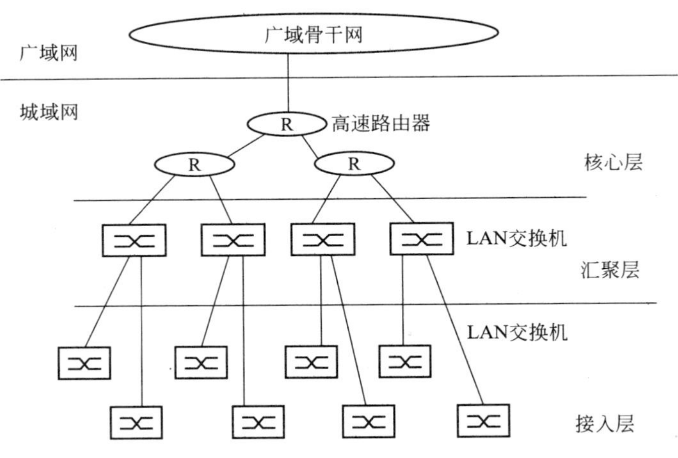

图 4-2 采用高速路由器为核心组建 IP 城域网

对于城域网的骨干层面建设，应该以简单的网络拓扑为主，比如，只以两个节点为核心节点，其他骨干节点(汇聚层节点)分别与这两个核心节点相连接。同时，在核心层和汇聚层高速路由器上连接高性能的三层路由交换机，以方便接入层 LAN 交换机的接入。IP 城域网的接入层面将主要由 LAN(局域网)交换机为主组成，向用户提供以太网等宽带接入。

在核心层的核心节点还需要设置城域网至广域骨干网的出口。另外一些接入服务器(比如，PSTN/ISDN 拨号接入服务器、宽带拨号(支持 PPPoE，即 PPP over Ethernet)接入服务器、VPN(虚拟专用网)接入服务器等)也将放置在城域网的骨干节点上，比如，为提供对PPPoE用户的支持，在这种由高速路由器为骨干组建的IP城域网的一些主要节点，分布式放置宽带接入设备。这些宽带接入设备一般通过一条或者多条FE(Fast Ethernet，快速以太网)或GE链路与三层交换机相连。

2）采用高速LAN交换机为核心，交换机作为汇聚层(全交换)的网络组建方案

对于IP业务量中等以下的城市，一般指中小城市可采用高速LAN交换机(同时支持第二层和第三层)为核心来组建IP城域网，并完全以GE方式组网，中继采用市内光纤或其他传输介质。如图4-3所示。考虑到需要处理的IP数据包并不是特别多，并且由于带宽相对比较富余，IP层面的流量控制和服务级别划分等也不是特别重要，所以采用高速LAN交换机来组网是完全可行的。

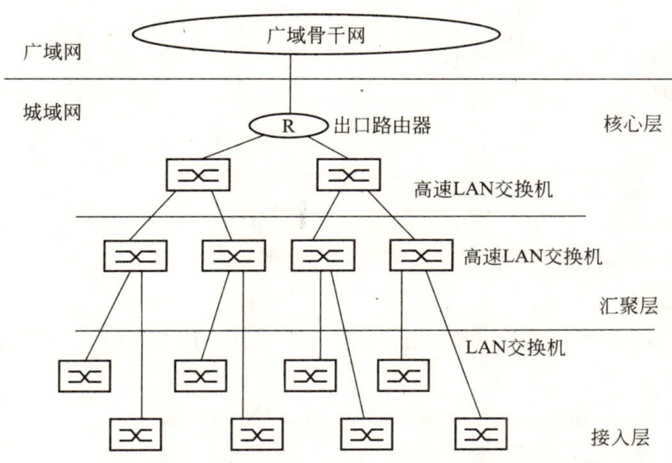

图4-3　采用高速LAN交换机为核心组建IP城域网

需要指出的是，由于二层网络本身所具有的缺陷，一个纯粹的二层网络是没有很好的可扩充性及可管理性的，要使网络具备层次性的结构因素就必须引入三层的路由功能。因此，可采用交换机为主的二层网络设计方案也同样必须具备三层IP的路由功能和控制功能，通常的做法是通过在高速LAN交换机上配置三层路由模块来实现。考虑到网络的稳定性，高速LAN交换机将同时支持链路层(第二层)和IP路由(第三层)，并且需要支持链路层的用户隔离和广播数量的抑制。

对于城域网的骨干层面建设，同样应该以简单的网络拓扑为主，比如，仍然只以两个节点为核心节点，其他骨干节点(汇聚层节点)分别与这两个核心节点相连接等。通过在核心层和汇聚层高速LAN交换机上配置三层功能和配置VLAN，构成路由网络和交换网络相互叠加，相互共存，以满足不同类型用户对网络的要求。城域网的接入层面也将主要由LAN交换机为主组成，向用户提供以太网等宽带接入。在核心层的核心节点还需要设置城域网至广域骨干网的出口，考虑到高速路由交换机在BGP等路由处理方面的不足，以及为了将来网络扩展的需要，可以在核心层设置专门用于与广域骨干网交换BGP路由协议的容量适当的高速路由器。为提供对PPPoE用户的支持，在城域网的核心节点集中或少量分散地放置宽带接入设备，一般它们通过一条或者两条FE/GE链路与三层交换机相连。为了支持不同区域用户之间的隔离，可以选用支持802.1Q标准的宽带接入设备，以

便可以在同一端口接入不同 VLAN 的用户。

由于高速 LAN 交换机价位比较低，另外通过划分 VLAN(Virtual LAN，虚拟局域网)的方法，可以使得虚拟拨号(PPPoE)穿过 IP 城域网的基于 LAN 交换机的骨干层面，宽带接入服务器将可以采用集中式接入方案，在城域网业务发展初期，这样组建 IP 城域网将是比较节省投资的一种组网方式。

4.2.3 不同城市规模的宽带城域网规划

(1) 特大城市宽带城域网规划

特大城市宽带城域网一般 IP 业务量较大，采用核心层、汇聚层、接入层三层网络结构。

核心层：把城市范围内长途局、中心局、汇接局(一般都在 10 万门以上)、移动局等主要局所连接成 1～2 个光缆环网。

汇聚层：连接端局(一般 4 万门以下)、模块局及郊镇局点。

接入层：以城市分区中心局为中心，规划 2～6 个光缆环网(包括部分郊镇星状网)连接各类用户。

以中国联通成都市宽带城域网规划(中国电信 2001.8)为例：

成都市全市面积 12390km^2，城区有七个区即锦江、青羊、武侯、成华、金牛、龙泉驿、青白江区，另辖都江堰、彭州、崇州、邛崃四市和金堂、温江、郫县、新津、新都、蒲江、大邑、双流 8 个县。

核心层由中心局(8 个)、汇接局(两个)连成两个环网，扩大核心层包括郊县两个环网(规划郊县汇接局两个)。

核心层采用北电 Possport15000 核心多业务交换机设备。

(2) 大城市和中小城市宽带城域网规划

对于大多数中小城市而言，一般 IP 业务量较小，其宽带城域网一般可采用核心层/汇聚层与接入层两层网络结构，主要是把核心层和汇聚层合并一个层。核心层/汇聚层可采用 Passport7480 多业务交换机(1.6Gbit/s)设备。

大城市宽带城域网一般情况采用核心层、汇聚层、接入层三层网络结构；业务量较小阶段也可采用核心层/汇聚层与接入层两层网络结构。

图 4-4 所示为核心层/汇聚层、接入层组成的宽带网结构。

(3) 宽带 IP 骨干网、城域网规划一例

河南省宽带 IP 骨干网、城域网总体规划方案：网络结构分为核心层、边缘层和接入层，在主要中心城市郑州与洛阳设省宽带网汇接节点，与各地级市城域网核心层出口相接组成宽带 IP 骨干网；各地级市各把相关的市县局相连组成边缘层。连接核心层有多业务宽带平台服务器，并与全国“163”国家骨干网络郑州与洛阳节点相接。

网络体系结构有路由平面，由省宽带 IP 网的核心路由器组成，负责处理转发和汇接 IP 业务与网络互通等。功能平面由核心层及边缘层节点的接入设备构成，主要功能为用户提供多种接入手段，有 10/100Mbit/s 以太网接入、ADSL 接入、其他专线 DDN、ATM、帧中继接入、MODEM 拨号接入及 VPN 等多种子平面。此外，还有网管平面对网络平面和业务平面进行控制、维护监测等管理。核心层节点用 CISCO 公司的 GSR 设备，边缘层各市话局设 6509 吉比特交换机。

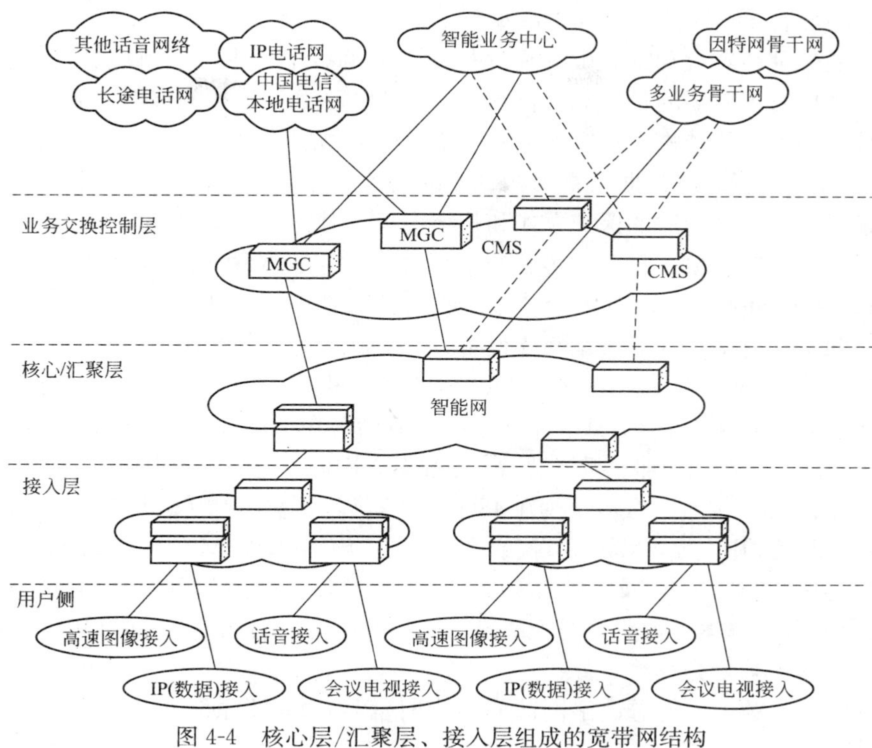

图 4-4 核心层/汇聚层、接入层组成的宽带网结构

4.2.4 城域骨干传输网规划

(1) 规划内容

1) 现状及存在问题。首先应对城域骨干传输网的现状及存在问题作一全面的分析，并给出网络的现状物理路由图和组织逻辑图。

2) 确定传输需求的总业务量矩阵。城域网的中继传送网是作为城域网中各种业务网共同的传送平台，测算各种业务网的业务电路需求，然后计算业务需求的总矩阵。以这个最后的矩阵作为整个传输网规划的定量的基础，附加宽带的应用，CATV 的传送等的足够余量，计算城域骨干传输网总的业务需求。

3) 网络组织初步方案。应继承现有的网络，并以宽带城域网结构为基础，结合撤点并网、网络优化和接入网的建设通盘来进行规划。对近、中、远各期的网络结构统一考虑，建设则可分步实施。确定 SDH 传输网的初步组织方案，其中应包括网络的分层，每一层上环的数量，环的线速率，环间互通的交接点，外围的线形、星形和树形网等，并建立逻辑组织图和物理路由图。

4) 把业务量需求分摊到每个传输线路段上。在对业务流量进行分配计算时，一般可遵循最短路由和负荷分担的原则，在组织双向环时应考虑到环的平衡性。

5) 寻找优化方案。有意增减一条线路段后重新上述计算，看投资是否有明显变化。如此可反复多次，寻求出优化的结果。

6) 进行网络的冗余度和生存性计算。

全网冗余度对一般大城市、特大城市取在 50%以上，一般城市在 30%以上较合适。

生存性对于城域骨干传输网应达到100%。

全网总的生存性对大和特大城市城域网应在70%以上；中小城市城域网应在50%以上为宜。此外，对于重要的长途局、汇接局、移动局、ATM骨干节点、IP骨干节点等，无论采用什么网络拓扑结构，都应保证有两个不同的物理路由。

7）进行设备配置。应根据网络结构、光缆情况、业务流量需求及分布特点，并考虑现有的传输设备，选择合适的保护方式和系统容量，对各环或段进行设备配置。选择相适应的节点设备和传输设备。每一个传输段的线速率均应满足第4)步的预测业务分摊到该段的需求，一般还应有一定冗余为原则。在155Mbit/s、622Mbit/s、2.5Gbit/s和10Gbit/sSDH设备中，当前2.5Gbit/s设备具有最高的容量价格比，可以适当超前应用。

8）传输手段和线路的考虑。一般应以光缆为主，微波为辅，在山区经综合平衡后，可择优选择光缆与数字微波混合方式。由于光缆的寿命可在20年以上，管道建设和工程施工费用较高，且随着芯数的增加总投资的增加不显著。因此，应采用较大芯数光缆，按至少满足10～15年的需求，光缆芯数应至少在48芯以上，以避免今后更换或扩容。本地网骨干传输层面的新建光缆原则上要求敷设G.655光纤，以适应未来DWDM和10Gbit/s的需要。市内光缆应尽量走地下管道，郊区及农村则尽量采用直埋，特殊地理环境可少量采用架空方式。

9）提出网管的方案。为简化网管系统，同一本地网内的SDH设备原则上采用同一厂家的设备，最多不要超过两个厂家。

10）网同步问题：为传送数字网的同步定时信号，SDH系统应能实现系统自身的定时和传送定时信号的功能。

11）网络建设和分步实施规划。应计算新增线路和设备的数量及容量，并进行投资估算等经济分析工作。

（2）网络结构及优化

城域骨干传输网以现有本地传输网为基础，网络组织结构及优化应考虑：

1）以SDH网络为主，拓扑应以ADM设备组成自愈环为主，辅以少量的线形、星形结构。自愈环之间的交叉点应尽量采用两个衔接点。当环间互通业务量很大时，可考虑设置DXC设备。

2）为保证网络的安全可靠，基本上城域网各传输层均建议尽量采用环型拓扑结构，采用双纤双向复用段保护环和双纤单向通道保护环两种SDH自愈环为主，实现环环相扣。

3）特大城市、高速发展的大城市的业务容量大，节点多，拓扑结构复杂。大的汇接局或TS局点的出入方向一般都较多，在这种情况下，可以组成网状网或网孔网，物理上形成大容量的骨干第一层面，并在第一层面节点上配置DXC再配合TM(1+1)来组网。其他节点采用环形网为主，适当配合星形、树形或线形网，形成普通的第二层面的边缘层，并在第二层面节点上配置ADM、TM等设备来组织网络。

4）一般大城市可以使用ADM设备构成的自愈环网作为骨干层，其中容量较大的传输节点也可少量配置DXC作为环网间的连接或网关。第二层面为边缘层，建议仍以环形网为主，适当配合树形或线形网等，节点上配置ADM、TM等设备来组织网络。

5）大中城市如果其地理跨越的面积很大，潜在的服务人口很多，则建议把整个本地传输网分为骨干层、汇聚层和边缘层三个层面来组网。骨干层视业务量等情况可采用环网或网孔网；汇聚层应以环网为主；边缘层则以单路由的线形、星形、树形拓扑结构为主，逐步过渡到环网。

6）一般中、小城市其传输容量较小，节点也不多，网络相对比较简单。在这种情况下仍保持网络分为两层。可在几个重要节点上采用ADM自愈环方式组成第1层，第2层则结合星形、树形等组网方式。

4.2.5 光网络与全光网络及对传输网规划的影响

在传统SDH网络中，光技术仅局限在点到点的传输，在节点上采用的是电信号的选路和交换，首先需要进行光/电转换，这大大限制了网络的速度和灵活性。而光网络的引入将可以消除这种限制，实现信号在光域上的复用/解复用、选路和交换，充分利用光纤巨大带宽资源，实现各种业务的“透明”传输。

光网络(ON：Optical Network)是在发展WDM技术中，产生了一个能通过复杂的网络传送波长和向上面的客户层提供“光路径”的光网络层。WDM技术第一次把复用方式从电信号转移到光信号，在光域上用波分复用(即频分复用)的方式提高传输速率，光信号实现了直接复用和放大，并且各个波长彼此独立，对传输的数据格式透明。现在的WDM光网络的演进与当年的SDH网络有些相似之处。

随着光网络规模的迅速扩大，互联网应用和光技术的快速发展，带来了传输网络理念的根本变化，动态波长提供和快速的波长提供需求是光网络的主要趋势之一。光传送网的角色从原来的大容量带宽传送转变为提供端到端的服务连接。

光网络(ON)、光传送网(OTN)和光互联网(OI)对传输网规划将产生巨大而深远影响。光网络使得高达Tbit/s量级的超高速传输成为可能，传输网将在层次上分为光、电两个层面，网络拓扑结构。网络节点的设置，网络的优化将发生深刻变化。光网络的普及将促成未来网络的高度融合。

4.3 城域网局所与其他相关设施规划建设

4.3.1 城域网局所规划建设

宽带城域网局所规划建设原则如下：

1）与全业务网络相适应，规划全业务网局所。局所规划应适应以下特点的网络演进：

① 电话网将向少级数、大容量、少局所和提供综合业务的方向发展。

② 模拟移动网将退网，第二代的GSM、CDMA和移动数据大行其道，第三代移动系统将逐步引入。

③ 数据网将转变为以互联网为主，协调发展，由窄带向宽带，由单一的数据向多媒体过渡。

④ 传输网将向同步数字系列SDH，大容量、波分复用WDM，光传送网OTN和光互联网方向发展。

⑤ 接入网将从窄带向宽带，逐步向全业务综合接入的方向发展。

⑥ 电信管理网将由多级向少级过渡，由分立的网管逐步向具备综合管理能力过渡。

2）按目标网规划交换局点(目标局)，形成提供综合多业务的综合目标局。

3）目标局所规划容量分配应符合以下要求：

城域网中心城市：

① 按照目标网规划，本地网中心城市的交换机总容量超过 100 万门时，每个交换系统可按照 10 万门左右考虑，一个交换局可安装 2～3 个交换系统，交换局容量最大可达 20 万门或更大，但最大交换局容量不宜超过交换机总容量的 15%。

② 按照目标网规划，本地网中心城市的交换机总容量在 50 万～100 万(含 100 万)门之间时，每个交换系统可按照 10 万门左右考虑，一个交换局可安装 2 个交换系统，交换局容量最大可达到 20 万门，但最大交换局容量不宜超过交换机总容量的 20%。

③ 按照目标网规划，本地网中心城市的交换机总容量小于 50 万门(含 50 万门)时，每个交换系统可按照 5 万～10 万门考虑，但最大交换局容量不宜超过交换机总容量的 35%。

考虑规划期软交换实施局所程控交换设备不再扩容(发展)因素，上述每个交换系统容量①宜为 6 万～10 万门，②宜为 6 万～8 万门；允许最大单局容量①宜 20 万门，②宜 15 万门，③宜 10 万门。

城域网中小城市：

① 按照目标网规划，郊县(市)交换机总容量超过 40 万门时，交换局容量按照 10 万门考虑，全县(市)设置 4～5 个交换局，但最大交换局容量不宜超过交换机总容量的 30%。

② 按照目标网规划，郊县(市)交换机总容量在 20 万～40 万门(包括 40 万门)之间时，交换局容量可达到 10 万门，全县(市)设置 3～4 个交换局，但最大交换局容量不宜超过交换机总容量的 35%。

③ 按照目标网规划，郊县(市)交换机总容量在 20 万门(包括 20 万门)以下时，交换局容量按照 5 万～10 万门考虑，全县(市)设置 2 个交换局，但最大交换局容量不宜超过交换机总容量的 60%。

考虑规划期部分实施软交换，局所程控交换设备不再扩容，上述相关设置要求应酌情调整。

4）局所建设应有利新网结构的演变和新网路技术的进步。

5）局所布局要充分考虑网络安全可靠性要求，在确保网络安全可靠的前提下，确定经济合理的局所布局方案。

6）局所布局应考虑电话网，数据网及可能发展的移动网的统一，并建立在多业务节点基础上，综合考虑现有局所的机房、传输、位置。不同业务设备如程控交换机、分组交换机、移动交换机应设置同一机楼不同机房，便于统一连接、维护与管理。

7）较大城域网，规划若干个大型中心局，并应选择在适宜的重要地段，每个中心局的终局容量不小于 10 万门(特大城市城域网中心局不小于 15 万门，服务人口一般在 10 万～60 万人)，以中心局为中心建设 2～6 个用户光缆网，连接服务范围内端局、模块局、移动局和数据通信中心等交换设施。

4.3.2 城域网其他相关设施建设

(1) 光缆通信设施

1）光缆特点

主干传输网主要采用光缆，具有传输容量大、质量好、体积小、价格低、安装维护简便的优点。光缆传输特别适用于平原地区。

G. 652 光纤是目前使用最广的光纤，具有 1550nm 和 1310nm 窗口，衰减为 0. 3～0. 4dB/km(也有 0. 19～0. 25dB/km)设计中继器再生距离 45～80km。

G. 655 非零色散光纤，也即无零色散光纤，是一种新型光纤。应用 WDM 系统对 1550nm 窗口，具有最小衰减系数与色散系数。衰减为 0. 12～0. 25dB/km。

2）光缆选择

长途光缆包括长途一级干线(连接省城，节点间距一般超过 500km)、二级干线(连接地级城市，节点间距一般 100～200km)选择 G. 655，再生中继距离 100～200km，规划衰减可取 0. 2dB/km。

其他长途光缆选择 G. 652，再生中继距离 50～80km。

市区光缆通常采用 G. 652。

城区光缆芯数：通常主干路由采用 24～48 芯，支线路由采用 12～24 芯。

考虑多运营商竞争因素，可以适当增加路由光缆芯数，统筹规划，联合建设、资源共享，分芯使用。

3）传输速率

SDH 城际干线传输网 10Gbit/s，2. 5Gbit/s

城域骨干传输网 2. 5Gbit/s，622Mbit/s。

WDM 成本高，通常在光缆环长度超过 300km，才考虑采用，在 100～300km 之间应经济技术比较，小于 100km 很不经济。

CWDM 成本较低，经济距离可达 200km 左右。

4）掺铒光纤放大器

采用 G. 652 光纤后，一般每隔 70km 左右需要安装掺铒光纤放大器(Electronic Data Interchange，EDFA)。依据购置的光端机光缆的性能情况，EDFA 一般安装于县、市的电信局内，如果两县间距离超过 G. 652 传输距离，则应在沿路经过的镇交接间内安装。

图 4-5 所示为典型城域骨干传输网组成。

5）同步复用器及其传输速率选择

2. 5Gbit/s 以下的同步分叉复用器与终端复用器价格低、扩容方便。同步复用器及其传输速率通常情况下，可考虑：

① 不同级同步复用器传输速率：stm-1 为 155Mbit/s，stm-4 为 622Mbit/s，stm16 为 2. 56Gbit/s，stm64 为 10Gbit/s。

② 选择 stm1～stm64 不同级同步复用器，其初装容量应满足近期(3～5 年)的需求，如需求超过 2 套 2. 5Gbit/s 同步复用器，则应选择 10Gbit/s 的同步复用器。

③ 城域网应组成 1 个或多个光缆环，光缆采用地下管道敷设。

(2) 微波通信设施

微波站、微波通道是主要微波通信设施。

微波通常作为光缆的辅助通信或安全考虑备用通信。微波通信特别适用于山区、海岛、沼泽等建设光缆困难地区。

微波传输速率：

SDH　155Mbit/s、2×155Mbit/s

PDH　1920Mbit/s(四次群)、480Mbit/s(三次群)、120Mbit/s(二次群)。

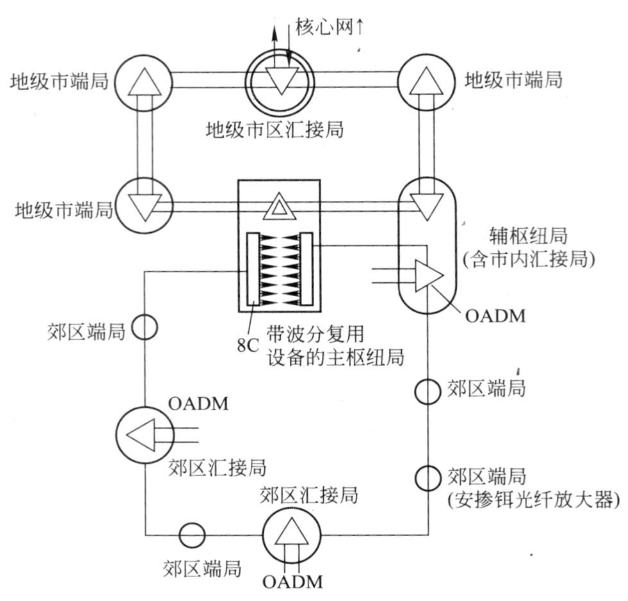

图 4-5 典型城域骨干传输网组成

注：

① 市区或郊区汇接局可采用双汇接制。即在一个市区设两个汇接局，相互补充，保证安全，其所带端局都采用双路由。

② 市区一般不采用 CWDM(因局间路由短，采用多芯光缆较经济)

③ 郊区如两局相隔 70km 以上时，应加掺铒光纤放大器。

(3) 卫星通信

卫星通信具有频带宽、容量大、适用于多种业务、覆盖能力强、性能稳定可靠、不受地理条件限制、机动灵活、成本与通信距离无关等特点。

1) 系统组成

图 4-6 所示为静止卫星通信系统基本组成。

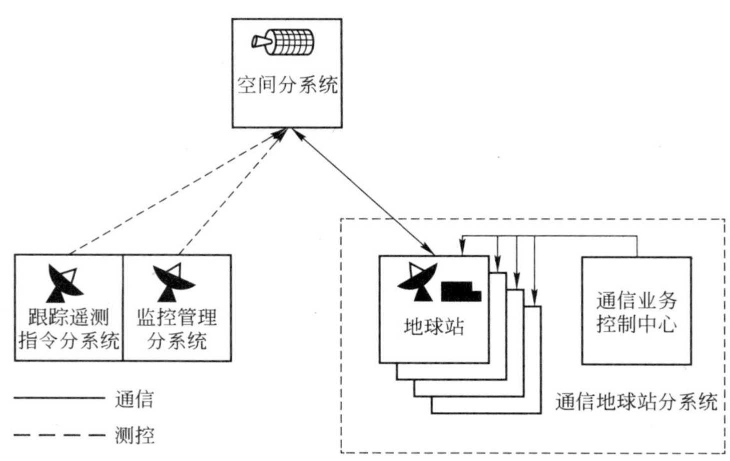

图 4-6 卫星通信系统的基本组成

图 4-6 可见卫星通信系统由空间分系统、通信地球站，跟踪遥测及指令分系统和监控管理分系统组成。其中卫星和地球站是直接用来进行通信的卫星通信设施。

2）网络结构

图 4-7 所示为卫星通信网络结构。

图 4-7(*a*)所示为星形网络结构，其外围各边远（地球）站仅与中心（地球）站直接相互通信，各边远站之间不能通过卫星直接相互通信。

图 4-7(*b*)所示为网格形网络结构，其各地球站彼此可经卫星直接沟通。

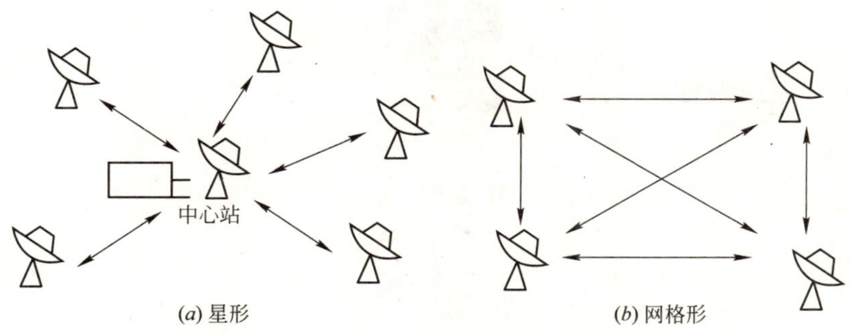

图 4-7　卫星通信网络结构

此外，也有上述两种网络的混合结构。

4.4　城域宽带网与骨干传输网规划案例

4.4.1　S 市信息港构成与规划特点分析

城域网是城市的信息通信网络和信息通信基础设施，是城市信息高速公路，也是国家信息高速公路(National Information Infrastucture，NII)与城市广大信息用户之间的中间环节。城域网分为公用城域网和专用城域网。后者是在广域网(wide Area Network，WAN)基础上发展起来的一种新型计算机网络。S 市信息港科技网就是专用城域网。

建设城域网的目的在于提供单一、通用和公共的网络构架，以高速有效地传输数据、声音、图像和视频等信息，满足城市广大用户日新月异的信息需求。

城域网作为城市信息网，其构成可包括主要设施、应用系统和信息 3 个部分。

专用城域网的主要设施是异步传递模式 ATM 网络，包括由若干交换节点组成的主干网，由若干接入节点组成的接入网，以及连接它的传输网。专用城域网的应用系统是由基本服务和增值服务两部分组成，前者是与广域网互连、虚拟联网，以及用户网接入。与广域网互连，专用城域网通过主干路由器连接教育、科技、邮电和经济信息等公共网络，实现网络的“同城交换”；虚拟联网，城市内同一行业分散机构在城域网的基础上构筑自己的专用网，即在大交换网络上，用软件的方法建立各自分隔、互不相通的小交换网，在其上运行的计算机和服务器与物理位置和地理位置无关，如同在一个房间里工作；用户网接入，专用城域网的接入网提供各种局域网和远程网的接口和协议。图 4-8 是与广域网互联和虚拟联网的一个例子。图 4-9 是通过图中的 6 种方式接入城域网的一个例子。

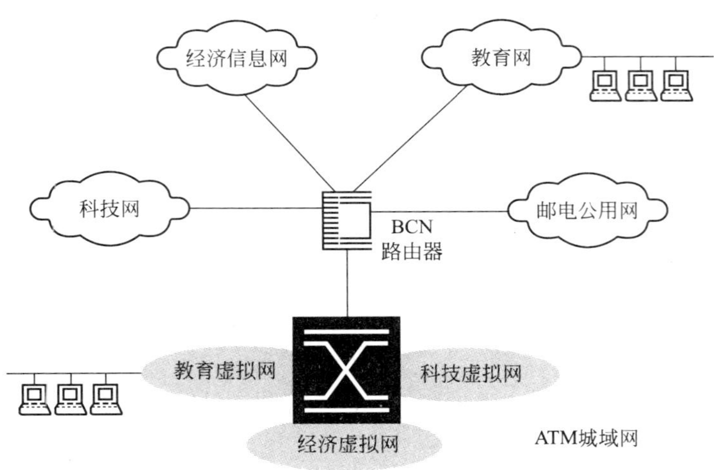

图 4-8　与广域网互联和虚拟联网

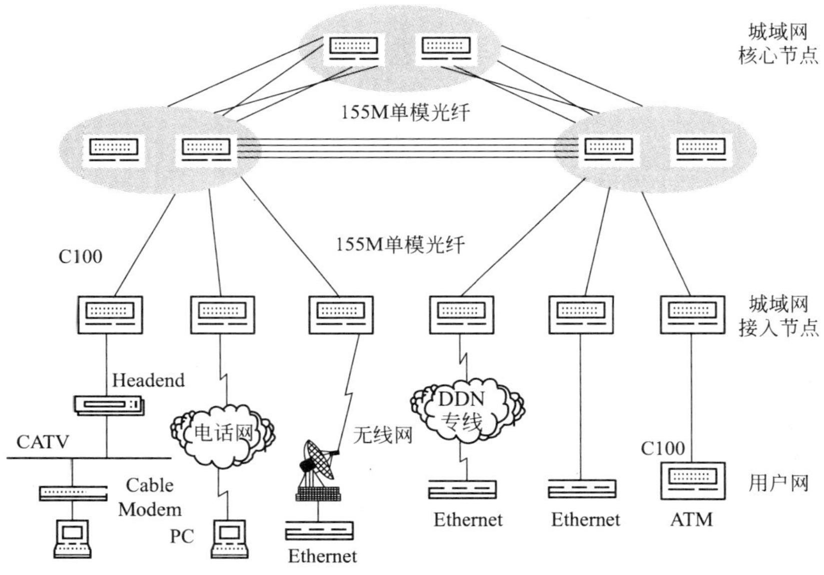

图 4-9　通过图中的 6 种方式接入城域网

从通信发展看，城市信息网是城市最新发展的一部分，并且建立在近年来计算机网和用户接入网技术的高度发展之上。城市信息网规划的特点是高起点，高标准，涉及城市各行各业。S 市信息港规划与实施的成功经验就在于瞄准宽带网和 ATM 新技术的高起点、高标准。只有 ATM 才能满足多媒体网络的响应速度。投资上亿元的 S 市信息港网络是真正的信息高速公路，以市政府大厦为核心，方圆 100 多公里的城域网全部用光缆连通，连接了全市科研、医院、学校、政府和高科技企业 100 多个局域网 LAN(Local Area Network)，共享可视应用平台，数据应用平台和信息库平台提供的服务，网络交换采用最先进的 ATM 技术，主干传输速率 155Mbit/s，桌面交换速率 25Mbit/s，从而使在信息高速公路上，滚滚信息“车流”潇洒而行，没有堵车的尴尬与麻烦。

图 4-10 所示为 S 市信息港科技网 ATM 光缆走向。

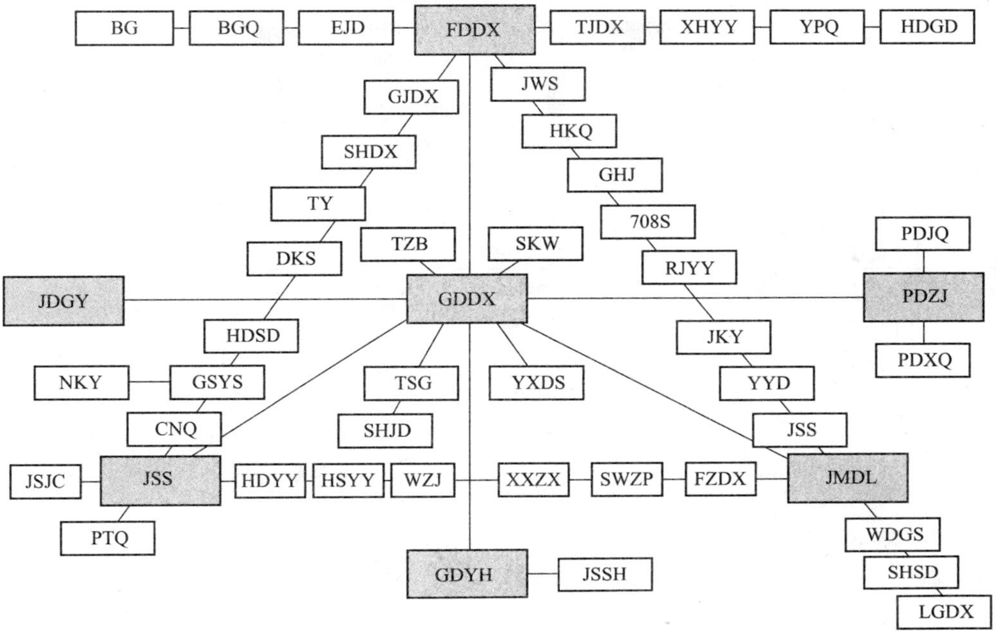

图 4-10　S 市科技网 ATM 光缆走向

4.4.2　肇庆市端州区城域宽带网规划

肇庆市端州区位于经济发达的珠江三角洲地区，是肇庆市的中心城区。人口 31.54 万人，远期规划人口 62 万～65 万人，面积 58km²，规划东边为行政中心，中部为旧城区改造区，西部为商业、工业区，北部为旅游度假区。

近些年肇庆市城市通信发展很快，新业务有较快增长和较大潜在需求，全区互联网、宽带网竞争的网络运营商有近 10 家，因缺乏统一规划，各自为政和无长远规划的短期行为造成重复建设、资源浪费，同时给城市规划建设管理带来很大困难。编制城域宽带网统筹规划，提到了城市规划和通信规划管理部门面前。

4.4.2.1　互联网需求预测

从近几年数据通信的发展统计看，基本数据通信业务为分组交换业务，DDN 业务发展趋于平缓，即数据业务的发展已基本饱和，而近年来 Internet 业务发展较快，上述业务统称为 IP 业务。Internet 网的出现不仅使商业用户对基本数据通信业务需求发生了转变，并逐步深入到普遍家庭。

肇庆市 1998 年数据通信基础业务放号 572 户，多媒体业务放号 2153 户，全市上网 4213 户，1996 年增长 136%，2000 年用户约 1 万户(其中家庭用户 1000 户)。

进入家庭 IP 业务普及率程度与下述因素相关：

(1) 经济因素。主要是人均 GDP 值，家庭年人均收入门限值和收入高于门限的人口比例。

(2) 其他影响因素。有一次性费用、月租用费、文化程度、年龄结构、信息源等。

表 4-1 所示为参照日本相关预测方法的端州区 IP 业务预测。

端州区 IP 业务预测 **表 4-1**

<table>
<tr><td colspan="2" rowspan="2"></td><td colspan="4">预测年份</td><td rowspan="2">备注</td></tr>
<tr><td>基础年（2001 年）</td><td>近期</td><td>中期</td><td>远期（2020 年）</td></tr>
<tr><td colspan="2">端州区人口数(万人)</td><td>31.54</td><td>46</td><td>55</td><td>62</td><td rowspan="16">① 全市人均 GDP 按 2001～2006 年、2006～2010 年、2010～2020 年平均年增 12%、8%、6% 预测。
② 收入高于门限的人口比例，参考肇庆市统计局城调队的抽样调查结果估计。
③ IP 家庭用户占家庭比例、公用 IP 业务普及率在相关影响因素分析的同时，用类比预测和相关增长规律预测分析得出。
④ IP 业务分窄带与宽带，宽带当前主要业务为远程教育、远程医疗及 VOD。</td></tr>
<tr><td colspan="2">家庭户数(万户)</td><td>9.01</td><td>13.14</td><td>15.71</td><td>17.14</td></tr>
<tr><td colspan="2">全市人均 GDP(元)</td><td>10530</td><td>16960</td><td>24920</td><td>44630</td></tr>
<tr><td colspan="2">家庭年人均收入门限值(元)</td><td>14500</td><td>14500</td><td>13500</td><td>12000</td></tr>
<tr><td colspan="2">收入高于门限值的家庭比例(%)</td><td>19.0</td><td>24.2</td><td>33.2</td><td>68.4</td></tr>
<tr><td rowspan="5">影响因素分析</td><td>一次性费用(元)</td><td>6100</td><td>2050</td><td>1000</td><td>500</td></tr>
<tr><td>月租用费(元)</td><td>250</td><td>150</td><td>100</td><td>50</td></tr>
<tr><td>文化程度［大专以上比例(%)］</td><td>10.89</td><td>14.5</td><td>20.5</td><td>40.3</td></tr>
<tr><td>IP 家庭用户占家庭比例(%)</td><td>1.1</td><td>5</td><td>14</td><td>43</td></tr>
<tr><td>IP 家庭户数(万户)</td><td>0.1</td><td>0.657</td><td>2.20</td><td>7.37</td></tr>
<tr><td rowspan="3">公用 IP 业务</td><td>小单位数(万户)</td><td>3.66</td><td>5.34</td><td>6.38</td><td>7.19</td></tr>
<tr><td>普及率(%)</td><td>25</td><td>35</td><td>65</td><td>80</td></tr>
<tr><td>用户数(万户)</td><td>0.9</td><td>2.14</td><td>4.15</td><td>5.75</td></tr>
<tr><td colspan="2">IP 业务总用户数(万户)</td><td>1.0</td><td>2.8</td><td>6.35</td><td>13.12</td></tr>
<tr><td colspan="2">IP 普及率计算总户数(家庭户数＋公用 IP 业务小单位数)(万户)</td><td>12.67</td><td>18.48</td><td>22.09</td><td>24.33</td></tr>
<tr><td colspan="2">IP 业务普及率(%)</td><td>7.8</td><td>15.2</td><td>28.7</td><td>53.9</td></tr>
</table>

4.4.2.2 城域网规划

(1) 规划分层

端州区的城域网规划由中国电信核心光缆主干网(含其他网络公司的骨干网)和光接入网两大部分组成。

其中核心光缆主干网主要是市话端局(交换局)、汇接局、长话局之间的局间中继传输网络，也包括连接各种专用线和非本局放线的越界用户线。核心主干网提供用户接入网或局域网前一级的包括互联网和宽带业务在内的通信平台。

光接入网是市话端局至用户间的光纤网络。其功能配置主要由光线路终端 OLT(Optical line terminal)、光网路终端 ONU(Optical network unit)、光配线网 ODN(Optical distribution network)组成。它是与各种业务和应用无关的，提供各种业务的全业务网。本规划相关部分主要是光纤到路边、光纤到小区、光纤到用户，规划图侧重考虑光纤到路边(20M 支路以上道路)，也即重点是连接 OLT(或 ONU)点的环形网路。

光缆网规划分上述核心主干网(或骨干网)和接入网两个层面。

(2) 规划原则

1) 依据城市规划和通信业务需求预测，统筹规划、分期建设，规划应留有光缆结构模式、容量等改造和发展的余地。

2) 核心光缆主干网提供接入网或局域网前一级的包括互联网、宽带网业务在内的通信平台，核心网路由、光缆容量、光纤数量及其敷设管道应满足各网络公司业务发展需要，提供各家网络公司资源共享。

3）核心光缆主干网以连接中国电信各端局（交换局）、汇接局、长途局的环形网为主体，主干网包括其远端模块局的星形连接。其他网络公司骨干网应向中国电信核心主干网靠拢，如移动通信的移动交换局、CATV 的有线电视中心、分前端（机房），以及其他网络公司的交换局等中心节点，宜从两个不同路由以双线就近接入上述环形网，这样既有利于节省建设投资，实行主体环的资源共享，又有利于形成本身的自愈环路，确保网络运行安全。

4）接入网逐步实行光纤到路边、光纤到小区、光纤到用户，在有丰富网络资源中国电信和有线电视网的基础上，同时区别小区等不同用户需求，以及相关网络公司经营业务，考虑必要增加的光缆容量，光纤芯数，管道容量，并考虑语音、数据、视频图像的三网合一。

5）考虑通信技术发展和更新，光缆网规划以中期规划为主，并考虑远期规划的发展以及预留发展的余地。

6）核心主干（骨干）层网和接入层网可同一路由，但一般不宜同一光缆，以便接入层可能的经常性割接和维护，以及保证核心网的安全。

7）合理利用和发挥现有光缆、管道设施作用，包括现有光缆、主网及其接入点的合理改造利用以节省建设投资。

（3）城域网规划方案

图 4-11、图 4-12 分别为规划方案 1 和方案 2 光缆网骨架。

方案 2 为规划推荐方案。方案 2 在方案 1 的基础上，对网络结构简化，边缘区考虑业务量较小，采用环形与星形结合的结构，睦岗局规模小，可作为黄圹局的附属端局，只与黄圹局有中继连接，湖北边的模块局可作为重要的 OLT 点，分别属于 69 地块东局和黄圹局。

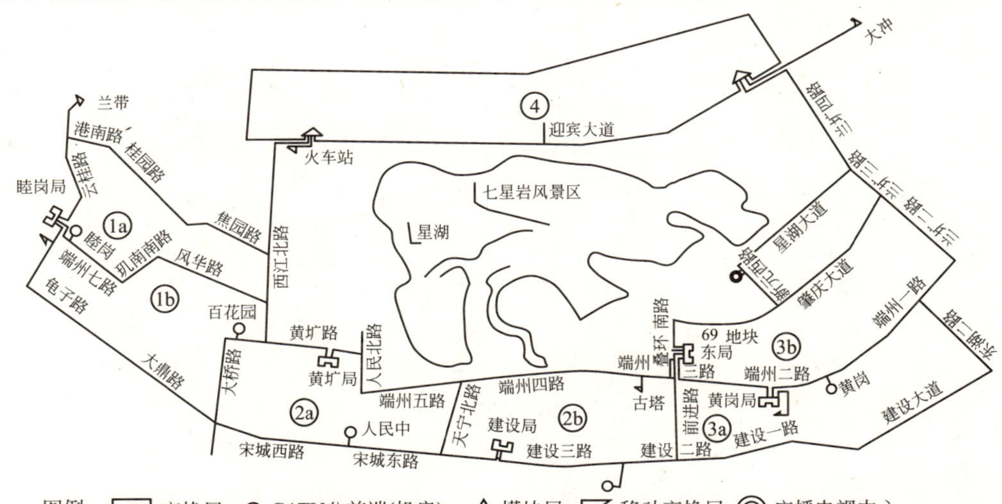

图 4-11 端州区光缆核心（骨干）网主网骨架方案 1

说明：

1）拟设市委、市政府、端州区委政府、西江大学、黄岗镇政府、气象局等 45～50 个 OLT（或 ONU）点。

2）各网络运营商的网络交换中心点（含图中未绘点）就近路由接入核心（骨干）网。

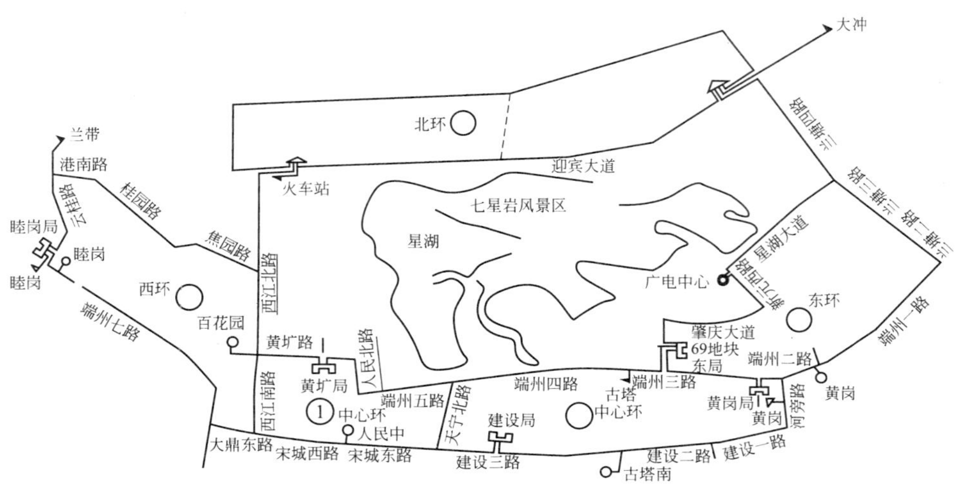

图 4-12　端州区光缆核心(骨干)网主网骨架方案 2

说明：

1）拟设市委、市政府、端州区委、区政府、西江大学、黄岗镇政府、气象局等 40～50 个 OLT（或 ONU)点。

2）各网络运营商的网络交换中心应就近路由接入核心(骨干)网(含图中未绘点)。

方案 2 核心主干(骨干)网连接各端局、移动通信局、长途局，其环形网为 69 地块东局——黄圹局——建设路局——睦岗局——69 地块东局。黄岗局与湖北的模地局分别与黄圹局、69 地块东局星形连接。

图 4-13 为方案 2 的光缆网网络容量与光纤分配。

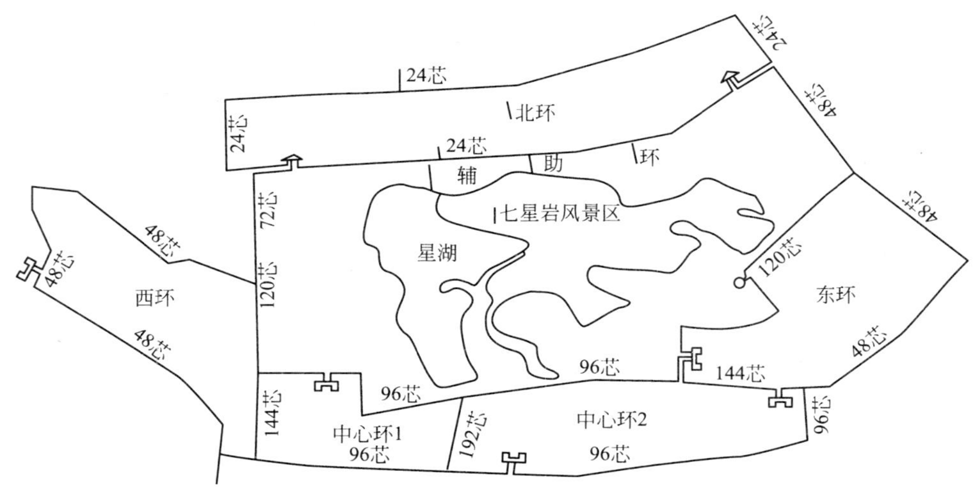

图 4-13　方案 2 的光缆网网络容量与光纤分配

说明：

1）中心 1、2 环 96 芯用于核心主干网(其中 12 芯用于话路，中期使用 2.5Gbit/s，中继线基群可达 181440 话路；12 芯用于数据、IP 业务、桢中继；12 芯用于图像宽带；32 芯用于其他；28 芯备用)。

2）东、西环各 48 芯，北环 24 芯均留有余地提供相关周边地段光芯。

3）远期核心主干网可提升为 10Gbit/s，考虑新型光缆，并广泛采用密波分复用。

接入网由中环、东环、西环和北环组成，其中中环分中心环 1 和中心环 2。考虑维护方便北环也可分为东边和西边二环。业务量较少的边缘区考虑星形与环形结合。

中心环 1、中心环 2：

96 芯用于核心主干网：

12 芯用于话路，中期使用 2.5Gbit/s，中继线基群可达 6×1008＝6048 基群(181440 话路)；

12 芯用数据、IP 业务、桢中继；

12 芯用于图像宽带。

其他中国联通、移动通信、有线电视、吉通、盈通、长城、卡通、铁通等网络公司共 32 芯，备用 28 芯。

48 芯用于接入网。

此外，图中辅助环，可以服务湖东、湖西两侧。

远期核心主干网可提升为 10Gbit/s，考虑新型光缆并广泛使用分密波复用。

接入网传输速率比核心主干网降低 1～2 级，初期多用 622Mbit/s，配线用 155Mbit/s。

(4) 光缆网络管道规划

规划原则：

1) 光缆管道网作为城市通信管道组成部分，应与窄带通信向宽带通信过渡时期的铜缆管道统一规划建设；

2) 光缆管道规划和建设应满足市政工程管线综合和协调的要求，有利于城市地下空间资源的合理开发利用，并依据光缆网络的统筹规划，统一规划和建设并集中维护；

3) 核心主干网层(骨干层)管道应满足网络公司的业务发展需要并留有发展余地，实行资源有偿共享；

4) 接入网层，考虑街区、小区用户业务一般是几家网络公司经营，宜在本街区规划一般管道容量的基础上，同时增加考虑可能在本街区竞争业务的几家的管道容量，并留发展余地；

5) 光缆网管道与电信网配线管道可同一路由，但配线管宜与主干管道分开。

光缆网管道规划：

光缆管道规划依据的光缆网统筹规划主要是中期规划，并考虑远期、远期后发展的一定余地，同时也考虑满足各网络公司业务发展和竞争经营体制需要的规划、建设、运行维护和管理的备用灵活余地，并为电力、公安、交通监控等其他专网需要留有备用余地。

规划光缆网管道采用 ϕ114、ϕ36PVC 管或水泥管块、ϕ100 管孔和 ϕ36PVC 管，上述内径 ϕ100 管孔，每管孔可放 ϕ36(内径 31mm)PVC 管 4 根，每根子管可敷轻铠型带状 144 光缆(外径 20.2mm)1 根。4 根子管使用为 3 主 1 备(实用可 4 根 ϕ36PVC 管组合相当一根 ϕ114PVC 大管敷缆；水泥管道则在 ϕ100 管孔中敷 4 根 ϕ36PVC 管束)。核心主干(骨干)层管道，光缆中国电信 4 孔(每孔子管 4 孔，实际 16 孔)其他网络公司平均每家 2 孔(实际 8 孔)，加上备用，其光缆管孔一般在 24～30 孔。

有线电视中心及其分前端、移动通信交换局等其他网络公司中心节点接入上述基本核心主干网(骨干)环形网的一段路由的管孔数按实际需求计算，并计入备用数。

核心主干(骨干)网层管道规划需要铜缆管孔 24 孔，过渡期铜缆管孔按 50%考虑，基本考虑是中国电信 4 孔，其他网络公司 8 孔，备用：局前、局附近 7～11 孔，其他位置 0～6 孔。由于铜缆是从局所向环的两个方向敷设，环上实际占规划管孔是 12 孔。（铜缆管孔容量，考虑每孔平均在 2400 对线左右，大局出局线对一般不超过 40000 对，一个方向 20000 对，需 8～10 孔）。各路由管孔按实际需要计算。

接入网(主干)层网，因实际共路由网络公司和主干铜缆较核心层少。一般规划考虑 24 孔，各路由需要并按实际考虑。

非上述主干层管道管孔，一般按支线主干管孔规划，考虑一般管道建设费中的，施工费、赔偿费是管道费的一倍到几倍，从综合需求和经济考虑，一般不小于 12 孔(边缘等用户少的地方可考虑 6 孔)。

配线管道主要直接为小区或单位用户考虑，并要从主干分开，本规划仅考虑必要的相关部分。

统筹规划的光缆网管道宜采取在城市规划主管部门协调下的股份联合建设，其建设管理、运行维护以及联合建设各方的义务与权益，一并在制订的管道规划实施细则中条款规定。

5 接入网规划与建设

5.1 概述

接入网是主要信息通信网络之一。社区宽带网作为深入到社区的信息化网络是主要的接入网或其与用户驻地网的混合网；而家庭宽带网则是其延伸到家庭的信息化用户驻地网。

5.1.1 接入网概念

电信网可划分为公用电信网和用户驻地网(CPN)两大块。其中公用电信网包括核心网(长途网与中继网)和接入网。接入网主要完成使用户接入到核心网的任务。

图 5-1 所示为电信网组成。

图 5-1 电信网组成

在当今的电信网中，不同的业务(话音、数据、图文)均由不同的物理网路来支持，这使得网路的资源很难得到共享，经营和维护的费用都很高。如果把所有业务都纳入到一个能够完全承载它们的“接入网”中，就将使电信网得到最大的简化。

上述需要引入以下新的概念：接入网是由业务节点接口(SNI)和相关用户网络接口(UNI)之间的一系列传送实体(诸如线路设施和传输设施)所组成的为传送电信业务提供所需传送承载能力的实施系统，可经由 Q3 接口进行配置和管理。它可将不同的业务通过业务节点连接到电信网中。业务节点具有灵活的复用与集中功能，不但能支持现有的各种业务接入方式和数字承载能力，同时也能支持宽带业务。

接入网传送实体提供必要的传送承载能力，对用户信令是透明的，不作处理。接入系统是位于业务提供点到用户终端之间的网络设备。实际上，用户接入网是实现用户终端与高层传输网之间通信的各种传输媒体。

图 5-2 所示为接入网与多种同类型不同类型业务节点关联。

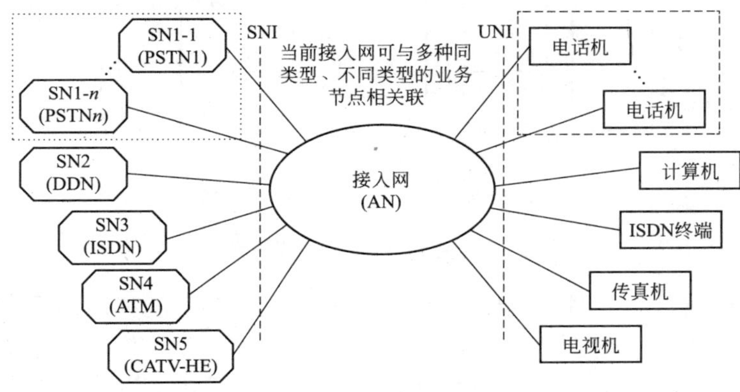

图 5-2 接入网与多种同类型不同类型业务节点关联

接入网作为本地交换机与用户驻地设备(CPE)之间的实施系统，它可以部分或全部代替传统的用户本地线路网；可以是PDH传输体制或SDH传输体制；可含复用、交叉连接和传输功能，但不包含交换功能。因此，接入网也和其他传输网一样，是一个传送网。

图5-3所示为接入网的全面功能。

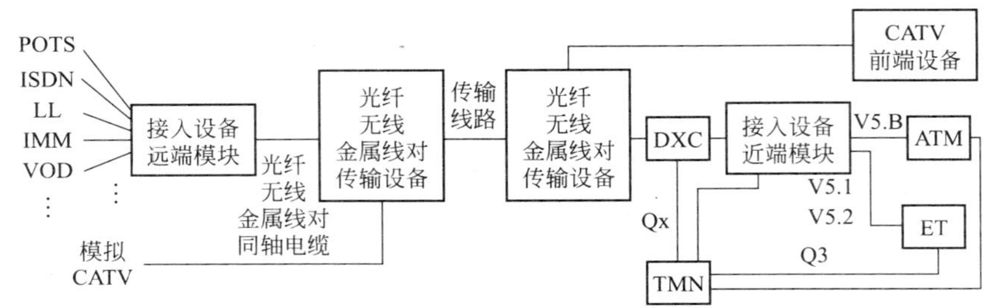

图5-3 接入网的全面功能

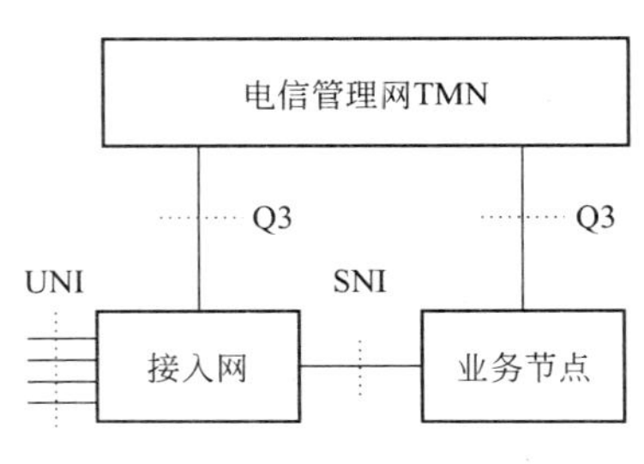

图5-4 接入网界定示意

接入网所覆盖的范围由三个接口定界，即网络侧经由SNI与业务节点SN相连，用户经由UNI与用户相连，管理方面则经Q3接口与电信管理网TMN相连。其中SN是提供业务的实体，是一种可以接入各种交换型、半永久连接型电信业务的网元，SNI是AN与SN之间的接口。可提供规定业务的SN有本地交换机、租用线业务节点或特定配置下的点播电视和广播电视业务节点等。

图5-4所示为接入网界定示意。

5.1.2 接入网功能

按ITU-TG.902，接入网的主要功能可分为五个功能组。

图5-5所示为接入网主要功能模型。

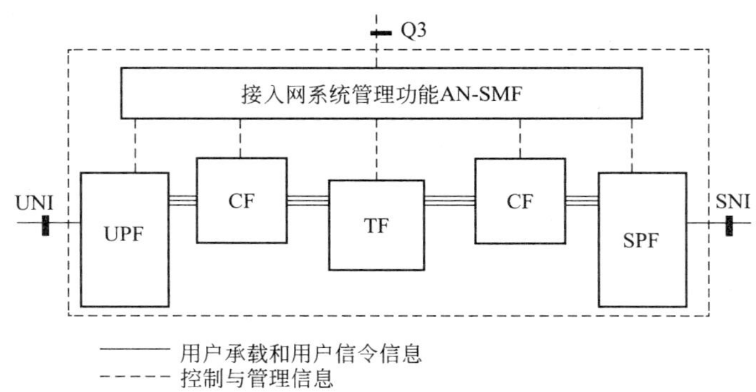

图5-5 接入网主要功能模型

1）用户口功能(UPF)：将特定UNI的要求适配到核心功能和系统管理功能上，如信令的传送或转换(但不解释信令)，A/D变换，以及UNI承载信道/承载能力的成立等。

2）业务口功能(SPF)：将特定的SNI定义的要求适配到公共承载体，以便在核心功能中处理，并选择相关的信息用于该网中系统管理功能的处理。

3）核心功能(CF)：位于用户口功能和业务口功能之间，适配各个用户口承载体要求或业务口承载体要求进入公共传送承载体，包括协议处理和用于传送的复用功能，能够在AN中分配核心功能。

4）传送功能(TF)：在接入网内的不同位置之间，为公共承载体的传送提供通道和传输媒质适配，如复用、交叉连接、物理媒质、管理等功能。为处于不同位置和媒质适配之间的公共承载体提供网络连接。

5）接入网系统管理功能(AN-SMF)：对接入网协调中的用户口功能、业务口功能、核心功能和传送功能进行指配、操作和管理，诸如配置和控制管理、故障检测/故障指示、使用信息功能和性能涉及采集等。AN-SMF由SN通过SNI对所指定的用户口协调即时的维护和操作的要求。AK能通过Q3接口与TMN通信，以便进行监视与控制。

5.1.3　接入网的演进与发展策略

5.1.3.1　接入网的演进

传统用户线一般分为三部分，第一部分为从本地交换机(LE)或远端模块(RSU)至交接箱或其相应的设备(统称为灵活点，FP)之间的线段，称为主干线或馈线；第二部分为从交接箱至分线盒或相应设备(统称分配点，DP)之间的线段，称为分配线或配线；第三部分为从分线盒至用户驻地设备(CPE)或用户驻地网(CPN)之间的线段，称为引入线。

图5-6所示为接入网的通用物理参考模型。

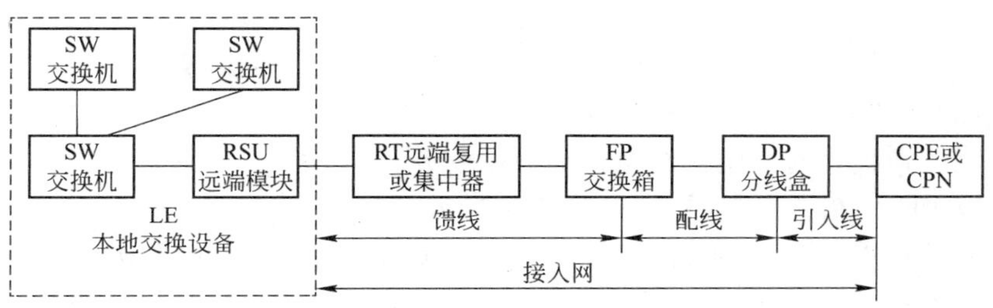

图5-6　接入网的通用物理参考模型

新提出的用户接入网简称接入网，就是在传统用户线的基础上，理解为从LE或RSU直至CPE或CPN之间的部分。其中远端(RT)可以是数字环路载波系统的远端复用器或集中器，也可以没有RT；灵活点(FP)通常对应于交接箱；分配点(DP)对应于分线盒，可设置于路边的电力杆或人孔中。

随着电信网的快速发展，网络结构已从长途四级到二级网演变，交换网向“少局数、大容量”演进。光纤接入网等的接入网演进给交换网和传输网的建设带来新的变革，大容量的交换局将取代众多的中、小容量的交换节点，大芯数的光缆将取代大对数的铜缆。

另一方面，随着用户对电信各种业务需求与日俱增，用户在公众电信网上获得大容量和高速率数据、视频、话音的多媒体业务需求也不断增加，各种业务终将走向以分组技术为基础的业务融合。适应用户业务发展趋势，业务的融合必将促进网络的融合，这为大用户提供高带宽的光纤接入网、高质量的综合接入能力带来发展机遇。从技术发展的角度接入网的演进和总体发展要求应与电信网向数字化、综合化、宽带化、智能化和个人化的发展方向一致。

5.1.3.2 接入网发展策略

我国接入网是整个电信网基础建设中的薄弱环节。接入网长期处于落后状况制约了电信网络发展。接入网宜采取以下发展策略：

(1) 采用接入网新技术，满足用户多种需求

鉴于目前大城市中企事业单位、金融大楼、高科技园区等地区的用户不仅对电话业务的需求量大，而且对各种新业务也有较大需求，在这些地区进行接入网建设时应具有超前意识，积极采用各种光纤接入技术来满足用户的要求。对于各种业务的需求量均较大的用户群可以考虑采用SDH技术以满足用户需要；而对于相对较小的用户群则可以考虑采用有源或无源光纤接入技术。

(2) 尽可能把光缆延伸到用户端，加快接入网光纤化的进程

对于城市用户集中或市区电信管道拥挤的地区以及新建开发区，可以采用大芯数光缆替代主干电缆，将光缆尽可能延伸到靠近用户端的小区、路边或大楼，尽早实现光纤到路边(FTTC)或光纤到大楼(FTTB)，有条件的实现光缆到户(FTTH)。而配线部分尽量将配线电缆的长度限制在1km以内，以充分发挥其重要作用。对于经济较发达的农村地区，也可以采用类似办法争取尽快实现光缆到村。

(3) 积极采用先进的接入设备，减少局所个数、简化电信网的结构

根据适应不同情况下的接入网模型，应积极采用较先进的有线接入和无线接入设备，使交换局的服务半径扩大、终局容量增加，从而最终达到减少局所个数、简化电信网结构的目的。

(4) 联建光纤CATV网络

广电部门与电信部门联建光纤CATV网络，采用同缆分纤、同轴电缆和双绞线重叠入户的方式为用户提供有线电视、电话和数据业务。

(5) 与传输网协调综合规划

接入网属传输组成部分，与前述局间传输网关系十分密切，应与传输网的整体考虑综合规划一致，向综合业务和三网融合方向发展协调综合规划与建设。

5.2 接入网网络结构与接入方式

5.2.1 特大城市接入网拓扑结构

特大城市接入网要求技术先进、接入设备容量大，适度超前用户对各种业务的接入需求。

1) 新建的电话交换局的终局容量可考虑15万～20万门，相应的交换区服务半径可达到5～8km。

2) 商业区的网路拓扑结构采用星形、环形，主干光缆可考虑采用单模60～144芯的G.652标准光缆并留有一定数量的芯数作为保护。

3) 住宅区的网路拓扑结构采用星形，主干光缆可考虑采用单模24～96芯的G.652标准光缆并留有一定数量的芯数作为保护。结合城市“户线工程”，配线光缆应尽量靠近用户小区或路边的配线箱。

4）高科技园区、金融、智能大厦的网路拓扑结构采用环形，环上可以考虑连接分属两个相邻交换局的高科技园区、金融、智能大厦，光缆可以考虑采用单模 60～144 芯的 G.652 标准光缆并考虑留有一定数量的光纤芯数作为保护。光纤采用两个方向进出大楼的方式，不再考虑预留过多备用光纤。

5）为了保证业务量比较大的企事业单位和金融大厦通信的安全可靠性，可以利用光纤接入设备分别将用户接入两个不同交换局。

5.2.2 大城市接入网拓扑结构

大城市接入网在满足用户对电话业务、窄带数据业务的接入需求的同时，适度发展用户对多种业务的接入需求。

1）新建的电话交换局的终局容量应考虑在 10 万门以上，相应的交换区服务半径可达到 5～12km。

2）商业区的网路拓扑结构采用星形或环形，主干光缆考虑可采用单模 60～144 芯的 G.652 标准光缆并留有一定数量的芯数作为保护。

3）住宅区的网路拓扑结构采用星形，主干光缆可考虑采用单模 24～96 芯的 G.652 标准光缆并留有一定数量的芯数作为保护。结合城市“户线工程”，配线光缆应尽量靠近用户小区或路边的配线箱。若与广电部门联建 CATV 网络，则宜采用同缆分纤的方式。同时为了兼顾电话和视频业务的通信质量，还应合理选择光节点的位置和每个光节点的用户数量。

4）高科技园区、金融、智能大厦的网路拓扑结构采用环形，环上可以考虑连接分属两个相邻交换局的高科技园区或金融、智能大厦，光缆可以考虑大芯数单模光缆。光纤采用两个方向进出大楼的方式，不再考虑预留过多备用光纤。

5）为了保证业务量比较大的企事业单位和金融大厦通信的安全可靠性，可以利用光纤接入设备分别将用户接入两个不同交换局。

5.2.3 中小城市接入网拓扑结构

中小城市接入网在满足当前用户对电话业务，窄带数据业务的接入需求的同时，区分经济发展不同地区酌情发展宽带视频等业务。

1）新建局所应根据城市面积的大小，考虑设置 2 个以上电话交换局，相应的交换区服务半径可达到 5～15km。

2）商业区的网路拓扑结构采用星形、环形，主干光缆的芯数一般应大于 24 芯。

3）住宅区的网路拓扑结构采用星形，主干光缆芯数应大于 24 芯，可考虑采用单模光缆并留有一定数量的芯数作为保护。结合城市“户线工程”，配线光缆应尽量靠近用户小区或路边的配线箱。若与广电部门联建 CATV 网络，则宜采用同缆分纤的方式。同时为了兼顾电话和视频业务的通信质量，还应合理选择光节点的位置和每个光节点的用户数量。

5.2.4 县城接入网拓扑结构

县城接入网发展也应区分经济发展不同地区、不同时期的不同要求酌情考虑。

1）新建局所应根据县城面积的大小，考虑设置1～2个电话交换局。县城周边的乡镇应根据情况选用光纤接入设备就近入局，相应的交换区服务半径可以扩大到5～15km。

2）县城接入网的拓扑结构采用星形和环形，主干光缆芯数应大于24芯，可考虑采用单模光缆并留有一定数量的芯数作为保护。

3）对于县城内的住宅区，如果能与广电部门联建CATV网络，则宜采用同缆分纤的方式。同时为了兼顾电话和视频业务的通信质量，还应合理选择光节点的位置和每个光节点的用户数量。

4）对于县城的经济开发区，小区内的光缆应该尽量形成环状，实现光纤到大楼。

5.2.5 城市不同功能区的适宜接入方式

（1）商业区和中央商务区的接入方式

对于商业区来说，商业区、商业大厦除话音业务外，有较大数据业务和视频业务的需求或潜在需求。可采用接入方式有：

1）距离交换局2km以上且主干电缆容量在500对以下的地区可采用光纤用户环路载波设备(OSLC)或无源光网络(PON)设备实行光纤到路边。除电话业务外，提供部分数据业务和ISDN业务。

2）在商业大厦或商业区内可采用PON设备满足电话和部分数据及ISDN基本业务需求；采用各种无线接入设备，满足一定范围内移动的需求。

3）距离交换局在2～4km范围内原有铜缆线路较好地区，选用带E1接口的高比特数字用户环路(HDSL)设备，即可满足电话和部分数据业务需求，也可为专线业务的用户提供服务。

宽带数据和宽带视频业务可采取以下方法：

1）对用户比较集中的地区，采用宽带PON设备为用户提供普通电话、宽带数据和视频业务。

2）距离交换局2～4km左右且用户数量较少、原有铜缆线路比较好的地区，可酌情采用ADSL设备，满足当前的宽带和视频业务的需求。

对于中央商务区来说，中央商务区总部大楼、金融大厦等智能大厦信息化需求最大和要求最高，应采用最先进技术满足用户信息化需求。

可采用方式有：

1）采用大芯数光缆组成光纤环路，环内采用同缆分纤方式，每个大楼放2～3对光纤实现光纤到大楼。光纤进楼后与计算机局域网连通为用户提供数据业务。另外还可以采用OSLC、PON或远端模块设备来解决普通电话的需求。

2）采用SDH技术将金融和智能大厦连成光纤环路，连通计算机局域网、电话网和有线电视网。

3）采用微蜂窝等无线接入设备，除电话、数据业务外，还可楼内移动通信。

4）在智能大厦之间采用SDH自愈环为用户提供数据、视频等宽带业务。

（2）住宅区接入方式

1）普通住宅接入方式

普通新建住宅区一般距电话局较远，电话用户需求较大，而且普通住宅区最大的特点是电视的普及率大于电话的普及率，而随着生活水平的提高，用户迫切希望用更简便、迅速的方法来实现生活的高质、高效。

可以采用的模式有：

① 当用户在500户以上时，在具备联建条件的地区可以采用HFC同缆分纤的方式，同轴电缆和双绞线重叠入户，为用户提供有线电视、窄带数据和电话业务，尽量实现光纤到小区。

② 对于不具备联建条件的地区，若用户在500户以内则可以选用OSLC或PON设备来实现光纤到小区、光纤到路边。

③ 对于楼群集中的住宅区用户一般可达几千户以上，可采用交换机远端模块实现光纤到远端(小区)。

④ 比较分散的住宅用户和旧城改造地区可暂时选用数字线对增容设备或HDSL设备作为过渡手段，也可适当采用固定无线接入的方式尽快满足用户需求。

2）高级住宅接入方式

高级住宅区一般设在市郊，住宅区多为一栋栋的小楼，住户相对比较分散。但是高级住宅区的住户经济基础和生活条件一般都比较好，对通信的需求和信息的交流都比一般住宅居民超前，因此需要尽量满足用户的多种业务需求。

可以采用的模式有：

① 住户比较集中的住宅小区，采用PON设备实现光纤到小区或光纤到家；也可采用OSLC或HFC同缆分纤的方式实现光纤到路边，为用户提供电话、数据和视频等多种业务。

② 住户较分散、距离交换局在2～4km以内的地区，可以采用ADSL设备作为过渡手段，为用户提供电话、数据和视频业务。

(3) 科技文教区接入方式

对于信息需求较大的科技园区、大学校园及大型企事业单位，互联网和宽带业务需求大。可以采用的方式有：

1）采用大芯数光缆和PON设备，实现光纤到大楼，除解决电话业务扩容需要外还可以为局域网的接入提供通路。

2）采用SDH组成光纤环路，连通计算机局域网、电话网和有线电视网。当用户具有宽带业务需求时，可在SDH光纤环路的基础上将现有的接入网络升级为宽带光纤接入网，为用户提供宽带业务。

5.2.6 不同接入方式的综合技术经济比较

原邮电部规划研究院对以城市电话业务为主的接入方式按用户规模进行相关综合技术经济分析，得出以下结论可作一定条件下接入方式的参考。

(1) 城市100个用户

① 1.5km以内地区市话电缆较经济。

② 1.5～5km内地区HDSL设备作为电话线增容较经济。

③ 1.5km以外地区采用V5接口的OSLC比市话电缆经济。

④ 7km以外地区远端模块比市话电缆经济。

⑤ 固定无线接入设备价格降到300美元/线，在2km以外地区有一定竞争力。

(2) 城市500个用户

① 1.5km以内地区市话电缆较经济。

② 1.5km以外地区采用V5接口的OSLC比市话电缆经济。

③ 2.5～5km以内地区HDSL设备作为电话线增容较经济。

④ 3km以外地区远端模块比市话电缆经济。

⑤ 固定无线接入设备价格降到300美元/线，在4km以外地区有一定竞争力。

(3) 城市1000个用户

① 1.5km以内地区市话电缆较经济。

② 1.5km以外地区采用V5接口的OSLC比市话电缆经济。

③ 2km以外地区远端模块比市话电缆经济。

(4) 城市2000个用户

① 1.5km以内地区市话电缆较经济。

② 1.5km以外地区远端模块与采用V5接口的OSLC相当。

5.2.7 接入网组网方式与建设要求

1) 从组网方式上考虑，城市接入网一般分为主干和配线两部分，其网络结构根据用户分布、业务量大小等因素可分为环形和星形。主干部分在建设初期宜采用大芯数光缆，光缆芯数应考虑预留备用和扩容的需要。

2) 接入网建设中，要考虑各种接入设备的优势，发挥其各自的作用。如：用光纤接入设备可以做到长距离放号和越区放号，从而充分挖掘交换机的扩容能力；采用无线接入设备作为竞争和临时通信的手段，从而积极、快速地满足各种用户的需求。

3) 交换局机房的建设中，对重点局房要将传输机房面积增加，出局管孔的选择要考虑光缆的需要留有充分的余地，以适应今后的变化。结合接入设备的现状，在新建楼中应预留下充当设备间的房屋以备需要。

5.3 宽带接入网技术

宽带接入网技术主要包括数字用户环路XDSL技术、HFC的电缆调制解调器技术，光接入网OAN技术、以太网接入技术和宽带无线接入技术五种模式。

5.3.1 XDSL宽带接入技术

XDSL(XDigital Subscriber Line)宽带接入技术包括非对称数字用户环路ADSL(Asymetric DSL)、高比特数字用户环路HDSL(High bitrate DSL)和甚高比特率数字用户环路或视频数字用户环路(Vidio DSL)。其中ADSL是各种数据网中覆盖范围最广的接入网络。ADSL是在用户双绞铜线接入网上传输高速数据的一种宽带接入技术，使双绞铜线接入网成为宽带接入网，并与视频压缩技术结合，可以使交互式多媒体业务进入家庭。

图5-7所示为ADSL接入系统的典型结构。

图5-7 ADSL接入系统由局端设备和用户端设备组成。前者包括ATU-C，DSLAM和

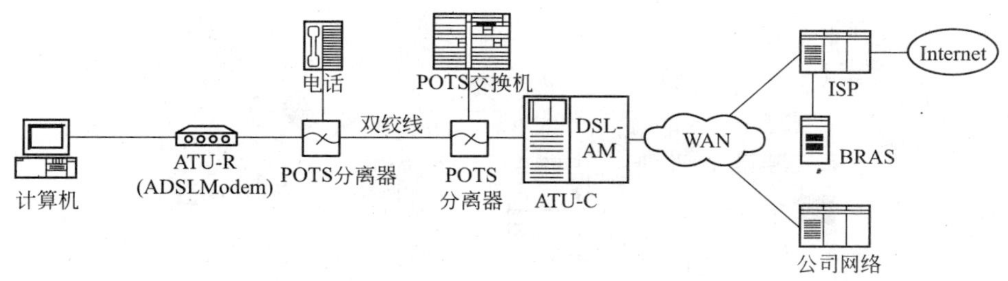

图 5-7 ADSL 接入系统的典型结构

POTS 分离器，后者包括 ATU-R 和 POTS 分离器。

POTS 分离器使得 ADSL 信号能够与普通电话信号共用一对双绞线，在局端和远端均需要有一个 POTS 分离器，它在一个方向上组合两种信号，而在相反方向上将这两种信号正确分离。POTS 分离器基本上是一种三端口设备，包含一个双向高通滤波器和一个双向低通滤波器，滤波器由无源器件实现，因此当 ADSL 系统出现设备故障或电源中断时，正常的电话通信业务仍然能够维持。

ATU-R 是指远端 ADSL 收发单元，放置于用户端，主要完成接口适配、调制解调以及桥接等功能。

ATU-C 是指局端 ADSL 收发单元，放置于局端，与 ATU-R 配对使用，主要完成接口适配、调制解调以及桥接等功能。

DSLAM 是指数字用户线接入复用器，可将用户线路上的业务流量整合汇聚到与骨干网交换设备相连的高速数据链路上。

BRAS 是指宽带远程接入服务器，主要用于对逻辑点对点(PPP)连接的管理，完成或协助完成时长统计、流量统计以及用户识别、鉴权、地址分配等。

Internet 服务提供商(ISP)是实现综合服务网络的重要部分，ISP 是一个通用术语，泛指互联网服务提供商、娱乐服务提供商通过 XDSL 技术接入的任何一种类型的服务提供商。

目前，ADSL 主要应用于 ATM 和 IP 两种接入方式。

早期基于 XDSL 的接入网上层网络协议多以 ATM 为中心，ATM 方式的接入思想主要是基于 ATM 应用的发展，即骨干网的 IP 化使得 ATM 的应用由骨干传输层退到网络边缘层，更好地发挥 ATM 带有 QoS 保证的综合业务接入能力。但由于 ATM 本地网建设的相关投资非常大，回报周期长，其高成本和高复杂性在一定程度上阻碍了 ADSL 在普通用户中的大规模推广。

图 5-8 所示为 ADSL 应用于 ATM 接入方式。

基于 IP 方式 ADSL 接入依据 IP 地址的分配方式可分为静态 IP 地址方式和动态 IP 地址方式。

图 5-9、图 5-10 所示分别为上述两种方式的 ADSL 接入。

图 5-9 的静态分配固定 IP 地址方式，由于 IP 地址的资源有限，大大限制了 IP 用户的数量；图 5-10 动态 IP 地址方式采用虚拟拨号技术动态获得 IP 地址对用户进行动态 IP 地址分配，从而最大限度地利用有限的 IP 地址资源。

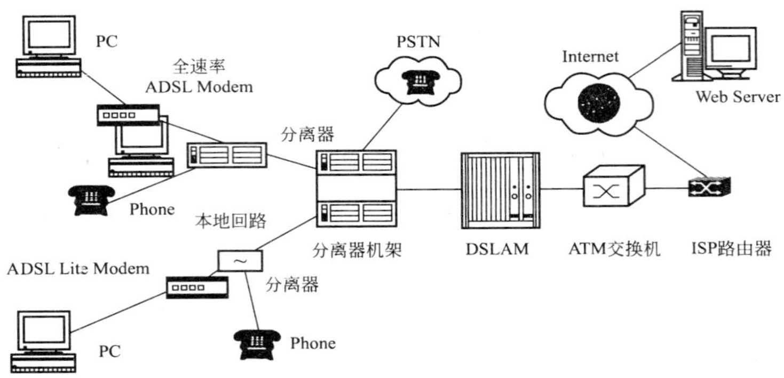

图 5-8 ADSL 应用于 ATM 接入方式

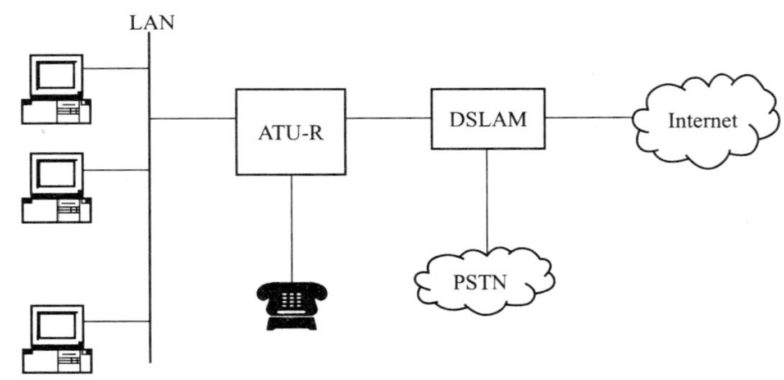

图 5-9 固定 IP 地址 ADSL 接入

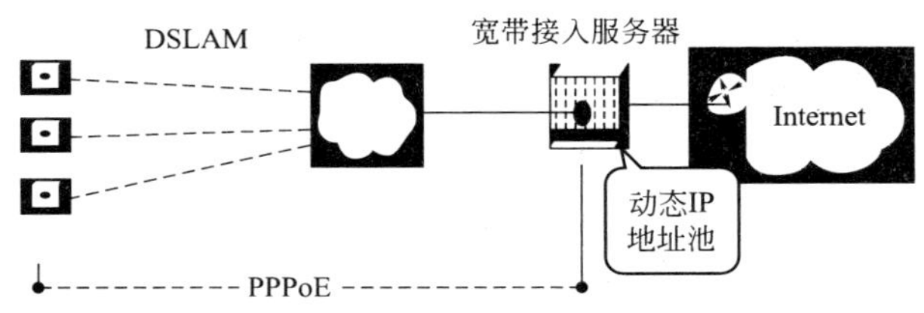

图 5-10 动态 IP 方式的 ADSL 宽带接入

高比特数字用户环路(HDSL)基于 ISDN 的 2B+D 线路编码技术(2B1Q)，在线规为 24 的铜线上，最大可传 3.6km，在线规为 26 的铜线上最大可传 3.7km。这种线路是两个全双工对，可支持达 784kbit/s 的速率。HDSL 易于安装维护，但传输速率限制在 kbit/s 级。

VDSL 和 ADSL 技术相似，也是一种非对称的数字用户环路技术，采用频分复用方式，将 DOTS、ISDN，以及 VDSL 的上、下行信号放在不同的频段传输，但 VDSL 比 ADSL 的传输速率更高，是高速的 ADSL，VDSL 是采用 CAP、DMT 和 DWMT 等编码方式，在一对普通电话双绞线上提供上行 1.6～2.3Mbit/s，下行 12.96～55.2Mbit/s(目前最高为 155Mbit/s)，即速率比 ADSL 高约 10 倍。但传输距离比 ADSL 也低得多，一般传输距离为 0.3～1.5km，比较适合解决与用户连接的最后 1km，要求 ONU 点尽量与用户接近。

表 5-1 所示为 ADSL、HDSL、VDSL 性能技术比较。

几种 DSL 性能技术比较 **表 5-1**

	对称性	下行净负荷速率	上行净负荷速率	传输距离上限（0.4mm 线径）
ADSL	不对称	32kbit/s～6.144Hbit/s	32kbit/s～640kbit/s	5.0km
HDSL	对称	2.048Mbit/s	2.048Mbit/s	3.2km
VDSL	不对称	可 6.48Mbit/s 12.96Mbit/s 25.92Mbit/s	1.62Mbit/s	6.48Mbit/s 1.5km 12.96Mbit/s 1.0km 25.92Mbit/s 0.3km

注：另一种轻型 ADSL 也称 VDSL 或 G.Lite 下行 1.5Mbit/s、上行最高 512kbit/s，在 0.4mm 线径的非加感单线对上可传送 4km，因其无分支器而大大降低技术安装难度与成本。

5.3.2 HFC 的电缆调制解调器技术

HFC 的电缆调制解调器技术是利用现有有线电视网，加入电缆调制解调器（Cable Modem），并进行双向改造而成的一种宽带接入技术，其下行速率可达 10～30Mbit/s，上行速率在 512kbit/s 以上。HFC 技术可以充分利用光纤和同轴电缆的带宽容量。

图 5-11 所示为 HFC 系统结构。

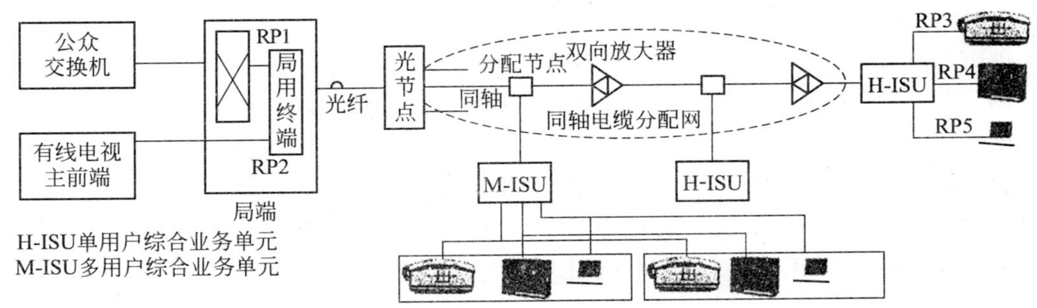

图 5-11 HFC 系统结构

HFC 系统可提供的业务有数字业务：POTS，$n\times64$kbit/s，L.L.，BRA，PRA，2Mbit/s（成帧与不成帧），数据（≤2Mbit/s 和＞2Mbit/s），PCS 等；视频业务：基于 MPEG 和 QAM 的数字视频业务有 DTV，NVOD，VOD 等；模拟业务有 ATV，FM 广播等。

HFC 网络是采用分层树型结构，其网络结构是上下行无论在光纤或同轴部分，电信域电视业务均以 SCM 方式；光网络部分两端的设备为 LOT 与 ONU，与 OAN 类似；经同轴电缆分配网到达最终的终端为 ISU（分 H-ISU 和 M-ISU 两类，可随意组合）。电信业务与电视业务可以用 WDM 同纤，也可用 SDM 分纤传输。ISU 可选有 Z，2B+D，P×64kbit/s，2Mbit/s 接口，GY/T106-92CATV 接口，GB7611/H222DTV 接口等。系统上行容量为 480B。HFC 的优点是下行可同时传送模拟广播电视节目，初次投资不高就可覆盖较大用户群。缺点是网络双向改造中回传的漏斗噪声难以避免，且当用户数多时每用户可用的带宽下降。

5.3.3 光接入网(OAN)技术

光接入网(OAN)技术是光纤宽带接入的发展方向。是实现用户高性能宽带接入的光纤用户环路及接入平台。

OAN通过无源光网路PON向着光纤到楼(FTTB)、光纤到户(FTTH)延伸到用户。近期光纤到小区(FTTZ)、光纤到路边FTTC,中远期光纤到楼层、到户FTTF、FTTH、光纤到办公室FTTO。目前的方案有FTTC+ADSL/VDSL,FTTC+SDV,FTTH+SDV,ATM-PON等。PON作为一个共享系统,其发展方向是覆盖更多的用户,且使每一用户有足够的业务带宽,也即要求PON上、下行比特率更高,分支比更多,传输距离更长。

光接入网(OAN)的组成与功能见5.44。

5.3.4 以太网宽带接入技术

以太网接入技术原本只应用于计算机网络,由于技术的发展,使得以太网的传输距离大大扩展,完全可以满足接入网和城域网对宽带数据通信的需求。

以太网的连接不同于ATM/FR/DDN等电路连接的最大区别是以太网本质上是广播的模式,它对数据流量控制非常有限。以太网接入方式可分为两种:用户端采用以太网,但往上连时使用ATM的传输模式;从用户端到接入层以至到边缘汇聚层的传输都是以太网接入,即端到端以太网连接。不论采取哪一种接入模式,Shasta都能提供个性化防火墙、服务质量的保证、网络门户控制、内容过滤、批发业务和VPN业务等IP增值服务。对于省市以至越洋的企业互联,Shasta可提供各种各样的VPN服务,包括IPSec、L2TP和GRE等。VPN可利用公众网把企业和用户提供较便宜的互联,和电子商贸需要更安全可靠的网络连接。

以太网接入技术最突出的优点是易安装,可扩展,性价比高,正在成为企事业用户提供高速接入的主要手段,目前全球企事业用户80%以上是采用本方案。然而,目前以太网作为普通居民用户的接入方式尚不适用。

5.3.5 宽带无线接入技术

宽带无线接入技术的主要优点是灵活性好,见效快。宽带无线接入方式有微波多点分配系统(Multichannel Microwave Distribution system,MMDS);本地多点通信系统(Local Multipiont Communication System,LMCS);多点电视分配系统(Multipoint Video Distribution System,MVDS)和本地多点分配系统(Local Multipoint Distribution System,LMDS)等,引起了全球的关注。其中MMDS的增长率一直保持在50%~100%,预计发展还要迅猛;但是最引起人们重视的还是LMDS,特别是它在因特网和高速数据通信的应用。

LMDS系统由基站、用户端设备、用户设备和网络管理系统组成。基站和用户端都是由室外单元(微波收发信机和天线)与室内单元(调制解调器)组成,它们之间通过空中接口相连。LDMS工作频段有24GHz,28GHz,31GHz、38GHz和40GHz,带宽至少有1000MHz。LMDS不支持移动业务,但可支持固定话音、数据、图像业务和ATM、TCP/IP及MPEG2等标准,能提供接入速率为$N\times 64$kbit/s~2Mbit/s,甚至高达155Mbit/s。LMDS的优点是快速布放、带宽可动态分配、维护费用低。

此外还有 LDMA 一点多址方式，无线 ATM（Wireless ATM）方式，无线局域网 WLAN（Wireless Local Area Network），光无线通信（Optical Wireless Communication）等。

5.3.6 宽带接入技术的发展趋势

接入技术是骨干核心网与最终用户之间的桥梁，也是骨干核心网的延伸。接入技术由相对独立又相互紧密联系的有线、无线接入技术组成。

有线技术从普通双绞线、同轴电缆到光纤的发展从总线型接入到交换式接入是突破性的进步，由此，可以彻底解决有线用户与骨干核心网之间的带宽瓶颈。

（1）发展格局

有线接入将是双绞线、同轴电缆、光缆更加有机地紧密结合使用的格局，通过光纤传输到基站（FTTS）、光纤传输到路边（FTTC）、光纤传输到小区（FTTZ）、光纤传输到大楼（FTTB）等手段缩短了原来由普通铜线传输的 5km 甚至 20km 路程，对于 FTTB，一般再引入到用户家中的距离不会超过 500m，大部分小于 200m。相应来说，扩大了光纤接入的比例，缩小了铜线接入的比例，铜线主要是同轴电缆、非屏蔽双绞线（UPS）、屏蔽双绞线（SPS）等。光纤到户（FTTH）则将距离缩短为零。

无线接入发展最重大的变动将在卫星覆盖区和宏蜂窝覆盖区上有新的划分和调整。特别是通过增加平流层平台构建的巨蜂窝（Great Cell GC），地面宏蜂窝的大部分可缩小为中等大小的普通蜂窝（C，Cell）。这样，整个无线接入技术形成 SC>GC>MC>C>mC>pC 的六重蜂窝结构格局。

由于宽带移动数据通信对数据带宽要求很高，对应于对网络的容量要求也就很高，在信息流量集中的密集区采用多重重叠覆盖，甚至六重完全重叠覆盖，可保证足够的数据带宽。

（2）无线、有线接入融合的必然趋势

无线接入和有线接入之间互相融合是宽带接入技术发展的必然趋势。无线接入和有线接入之间的相互融合主要通过以下几个层次来进行：

1）卫星地面关口站、平流层关口站与地面蜂窝系统基站、MMDS 基站、LMDS 基站、WLAN 基站分别根据实际业务和地理需要，融合为一体化的基站系统。这样，更便于在任意用户之间，以性能价格比最高、综合质量和带宽最好的路径建立连接。无须再由用户自己来决定采用那种连接方式。

2）简化卫星系统和平流层系统关于蜂窝结构和切换管理的技术方面的复杂性，优化网络资源的配置，降低成本。由此将由数量较少、体积更大的中低轨卫星取代数量较多、体积小而简单的低轨卫星系统，成为卫星通信的主流。当然，小型卫星系统因为固有的业务关系还会存在下去，但不再会有大的发展。

3）用户终端的智能化多通信功能融合。包括两层含义：

a. 本身既可工作于第三代移动通信等蜂窝系统，又可以直接与 WLAN、卫星、平流层系统等通信；

b. 小型移动终端或固定终端，虽然本身不能与卫星通信，但支持全球漫游且支持多协议数据格式，能通过融合后的卫星基站实现需要的通信。

4）业务融合。因为数据通信中，除了速率比较固定的窄带通信外，像因特网浏览和

VOD点播那样的业务往往会有突发的大数据流产生。系统在动态分配带宽的同时，通过融合后的系统，建立更多的路由选择机制和方案，相当于计算机系统中并行通路多了，可以防止数据拥塞和传输瓶颈。同时，相应的系统所对应的数据格式也自动融合。

5）网络管理和监控软硬件的融合。即实现的不仅仅是接口层的数据转换和融合，而且是系统核心层的融合。

5.4 宽带全业务光接入网规划

宽带全业务光接入网是接入网的发展目标，也是宽带信息通信网络中的最主要部分之一，并且也是国家信息基础结构(NII)的关键部分。

5.4.1 规划原则、内容与步骤

(1) 规划原则

1) 以业务预测为基础，从用户的业务需求入手，作为规划的基础。

2) 以技术经济的合理性为前提，充分考虑网络和技术的发展演变。

3) 充分考虑市场竞争的影响，为市场开放做好准备。

4) 应与本地电信网络的规划和建设统一考虑，实现电信网络总体上的优化。

5) 应与全国、全省接入网的总体目标和策略，远近结合，统筹规划，分步实施。

6) 宏观的总体发展规划和微观的实施规划相结合。

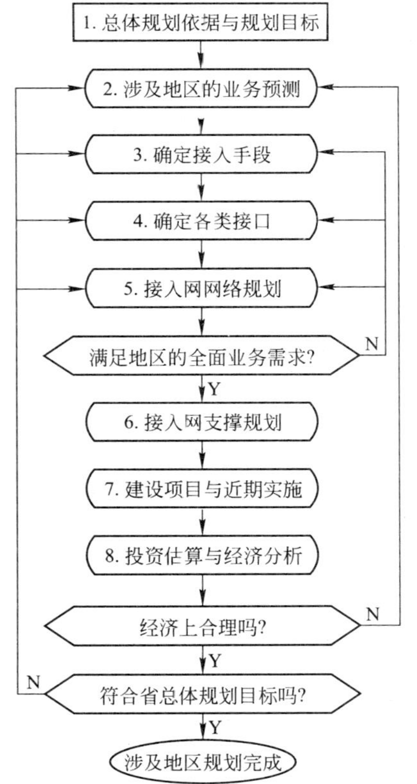

图 5-12 接入网专项规划流程图

(2) 规划内容

以光纤接入网为例，主要包括：

1) 总体目标及发展策略。

2) 业务分布预测。

3) 光纤接入网组网方案。

4) 主干光缆规划方案。

5) 相关管道规划。

6) 近期实施计划及投资估算。

(3) 专项规划步骤

接入网专项规划流程包括以下步骤：

1) 全省总体规划依据与规划目标的制定。

2) 所涉及地区的业务预测。

3) 确定接入手段和网络组织。

4) 确定各类接口。

5) 进行网络规划。

6) 作接入网的支撑网规划。

7) 提出建设项目与近期实施计划。

8) 进行投资估算与经济分析。

图 5-12 所示为接入网专项规划流程图。

(4) 规划重点

接入网规划的重点应包括以下方面：

1）交换局服务区和接入网小区的划分

① 确定每个交换局的服务区：应结合原邮电部对本地网目标网市/县的局数量、局容量规模的规定组织接入网的规模和覆盖范围。

② 接入网小区的划分：根据城市现有小区状况、用地规划、道路规划、城建小区规划和交换局/业务节点的服务区范围，以城市主要街道为界线的原则划分接入网小区。城市光接入网的小区服务半径一般不应超过 0.8km，以便于用铜缆进行小区内的覆盖。

③ 规划小区中心（Cell Center）就是分配点（Distribution Point，DP），也即光缆网的 ONU，即设备间；原则上一个小区中心配置一个光远端节点，但也可以两个小区，甚至多个小区共享一个光远端节点。

④ 拥有重要用户的小区可以隶属于两个光远端节点，以交叉方式向小区提供双路由；甚至可提供双归路由。

2）主干层网的网络组织

① 主干层节点，即光交接点应选择业务量较集中，位置相对重要，光缆进出方便并有 2 个方向，不易受其他建设影响地方。

② 城市接入网主干网视业务量、用户性质和重要性、业务类型等采用光缆环网或 SDH 环网。

3）配线层网的网络组织

① 配线层节点 DP，即接入网小区中心的选择，应尽可能处于小区的位置中心。

② 配线层网的网络拓扑结构等。

4）引入段和线缆的考虑

主要为星形单路由结构，业务大户或重要用户应是双路由。对于综合性商业大厦等有综合布线的建筑，引入线就是综合布线系统；其他无须综合布线的引入线，还是要利用现有的铜缆为主。

5.4.2 业务需求分析

宽带接入网用户一般可分为电信大用户和家庭住宅用户两大类。

（1）电信大用户

城市接入网发展的重点是大用户，主要包括政府机关、金融机构、大型商贸集团、商业大厦、高科技园区、工厂企业、高等院校、较大规模的医院、星级宾馆、智能写字楼。

1）行政类大用户，如市委、人大、政府、政协等行使管理职权的部门，每办公室 1～2 条主线，政府上网工程和电子政务普及。行政类用户对 Internet、多媒体会议等需求有较大增长。

2）金融类大用户，主要包括银行机构、证券交易和保险公司等。对于商务处理、电子商务以及虚拟专用网业务的应用较多，具有以高速数据传输为主，实时性和可靠性要求高，传输突发性大等特点。

3）规模较大的较高等级以上的医院大用户对远程医疗有较大潜在需求。

4）规模较大高等院校大用户，对于多媒体业务需求呈现多样化，如情报检索、局域网互联、电子邮件等。对远程教育有较大潜在需求。

5）星级宾馆、智能写字楼、商贸团体等电信大用户。在解决电话业务需求之后，对于多媒体业务的需求主要侧重于局域网互联、多媒体信息点播、事务处理、电子邮件等。

（2）家庭住宅用户

越来越多的家庭通过互联网获取信息；信息化小区需要的信息服务越来越综合。主要包括：

1）普通电信业务需求：普通电话、ISDN 等业务。

2）信息业务需求：高速上网、远程教育、远程医疗、会议视频、视频点播、网上资讯、购物、娱乐。

另外，包括住宅自动化管理、小区的安全管理、小区内部信息建设和小区物业管理等。

5.4.3 规划小区划分与大用户选择

5.4.3.1 规划小区划分及原则

规划小区是微观分布预测的基础，是界定光纤到小区（光纤到路边）规划的重要单位。规划小区内电信用户数是光纤接入网规划中 ONU 个数和容量、网络结构组织的重要依据。因此，规划小区界限的划分直接影响到光纤接入网规划的深度、复杂度和网络组织的合理性。同时接入网的用户分布预测是以规划小区为单位的微观分布预测，可以分为电话业务分布预测和大用户数据业务分布预测。

根据宽带光接入网的规划特点，宽带光接入网规划小区的划分原则主要有以下几个方面：

1）考虑主干道路的走向，使被划分的规划小区的范围尽量沿着主干街道，并包容街道两边的交接箱。

2）考虑人口分布和人口密度情况，使规划小区中人口的数量相差不要太悬殊，总量不要过大。

3）考虑交换局界的划分，使被划分的规划小区尽量不跨越交换局界。

4）考虑交接箱的分布，使被划分的规划小区尽量不要打破交接区的范围，以免造成调查中的麻烦。

5）考虑用户管道的分布，使被划分的规划小区内有用户管道通达，便于光节点的接入。

6）考虑光纤接入网规划的深度，规划小区划分的不宜过大，一般以几百米左右为宜。其具体大小应根据自然街区的大小和用户密度的大小确定。一般市中心区域的小区划分的较小，边缘区域可适当扩大面积。

5.4.3.2 大用户的选择与原则

大用户都有对业务要求多，通信需求旺盛的特点，同时大用户也是电信业务收入的重要来源，是各运营商争夺用户的首选。对于地区的通信来说，现阶段抓住并保住这部分经济实力有保障的电信大用户是当务之急。为此，需要为其提供高带宽的光纤多业务承载通道，提供光纤到大楼的服务。光纤到大楼也是光纤接入网建设重要的组成部分。

一般选择的大用户可以分成重要用户和通信大用户两类。重要用户可定义为行政地位较高的用户或在政府实施的与通信相关计划中的重要单位（如校校通中的学校）或在业务上或服务质量上（如安全可靠性）有特殊要求的用户。通信大用户可定义为电信支出费用较大的用户。

大用户根据性质可以分成党政机关、金融保险、大中企业、教育机构、旅游饭店、医疗机构、学校科研、邮电通信等几类。

一般城市宽带接入网业务分布预测大用户选取原则如下：

1）党政机关行业中主要选取市委、市政府及各厅级单位，如有和上述所选单位共处一楼或一院的单位，将其纳入到上述单位中。

2）金融证券部门中首批实现光纤到大楼的单位主要包括市级分行和大的证券交易中心，其他金融证券部门可暂时采用光纤到小区的接入方式。

3）另外，首批采用光纤到大楼的单位还包括大中专等高等院校、部分星级宾馆、大型医院、大型商贸集团等。

5.4.4 网络组成与功能

光纤接入网简称光接入网(Optical Access Network，OAN)是指从业务节点到用户终端之间全部或部分采用光纤传输技术通信的接入网。宽带光接入网采用基带数字传输技术，并以传输双向交互式业务为目的，同时能以数字或模拟技术传输宽带广播式和交互式业务的接入传输系统。

(1) 光接入网的组成

光纤用户接入系统由三部分组成：局端设备(OLT)、光分配网络(ODN)、光网络单元(ONU)。图5-13所示为光接入网组成模型图。

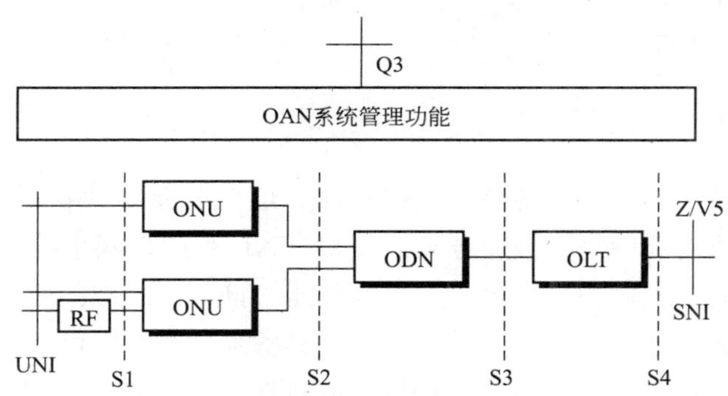

图5-13 光接入网组成模型图

图5-13中，OLT(Optical Line Terminal)光线路终端，光纤接入网局端设备；ODN(Optical Distribution Network)光配线网，即光分配网络；ONU(Optical Network Unio)即光网络单元。

参考点S1为接入设备远端单元与用户之间的接口(UNI)。参考点S2为传输设备与接入设备远端单元之间的接口。考虑到传输设备的可选择性，这里采用通用的E1接口。参考点S3为接入设备局端机与传输设备之间的接口。参考点S4为接入设备局端机与各种业务网络之间的接口(SNI)。

(2) 光接入网功能模块

接入网具有五大功能：用户接口功能、业务接口功能、核心功能、传送功能、管理功能，光接入网设备是由各功能模块组成，分别完成各种功能。

图 5-14、图 5-15 分别为光网络单元和线路终端功能模块图。

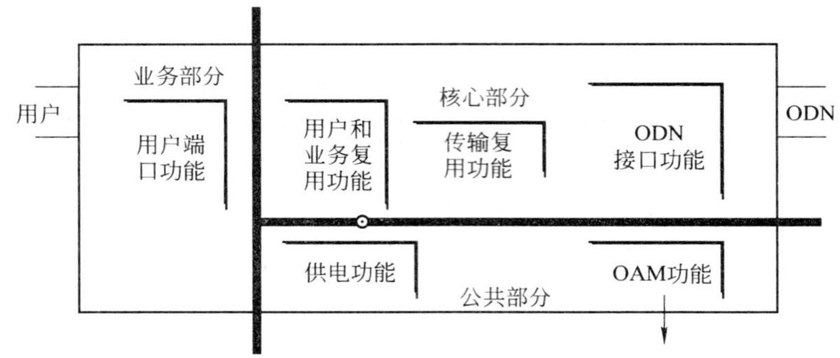

图 5-14　光网络单元(ONU)功能模块图

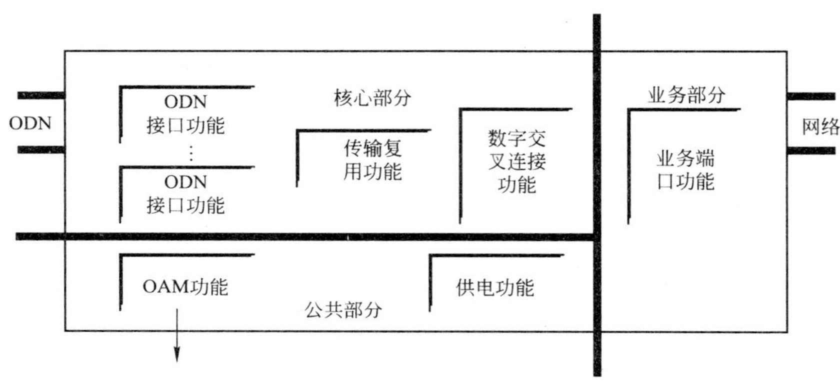

图 5-15　光线路终端(OLT)功能模块图

光纤用户接入系统的局端设备即光线路终端(OLT)与远端光网络单元(ONU)在整个接入网中完成的主要功能就是完成业务节点接口(SNI)和用户网络接口(UNI)之间的有关信令协议的转换，而接入设备其本身不带交换功能，接入系统内的用户之间的业务也必须通过本地交换机的交换来实现。接入设备本身还具备组网能力，可以组成星形网、环形网和链形网等多种形式，同时，接入设备还具备本地维护和远程集中监控功能，通过透明的光传输形成一个维护管理网，并通过相应的管理协议纳入网管中心统一管理。

5.4.5　应用目标与类型

宽带光接入网是更新现有铜缆接入网，解决电信网发展瓶颈的重要途径，也是实现城市数字化的必经之路。光接入网把城市数字化推向路边、大楼和住宅。在城市和小区规划和建设中应用日益广泛。

(1) 应用目标

宽带光接入网的应用目标主要有以下几个方面：

1) 支持新业务，特别是多媒体和宽带新业务。

2) 延长传输距离，逐步减少小型交换机和远端交换模块，使电信网节点较少，覆盖区较大，结构更加简单。

3）减少铜缆的维护运行费用，降低故障率，并为配线网提供经济的宽窄带混合接入结构。

4）带宽可在用户间重新分配，不影响业务。

5）光缆容量大，管孔数少，节约城市地下管道空间，并延长传输覆盖距离。

（2）应用类型

宽带光接入网应用分为光纤到路边（FTTC）、光纤到楼（FTTB）和光纤到户（FTTH）或光纤到办公室（FTTO）三种类型。

1）光纤到路边（FTTC）：光纤到路边（Fiber To The Carb）是指光网络单元设在路边的人孔或杆上分线盒，有时也可设在交接箱处，FTTC 主要是点到点或点到多点树形—分支拓扑结构，用户为住宅用户和小企业用户。由于光纤靠近用户，具有光纤化带来的许多优点，对 2Mbit/s 以下的窄带业务来说，最经济。

2）光纤到楼（FTTB）：光纤到楼（Fiber To The Building）是指光网络单元在楼内，是点到多点结构，适用于远期规划和城市新区建设。

3）光纤到户（FTTH）或光纤到办公室（FTTO）：光纤到户（Fiber To The Home）是点到多点结构的全光纤网络。带宽、传输技术等没有限制，适用新业务和发展长远目标；FTTO 是点到点或环形结构的全光纤网络，主要用于大企事业单位和远期规划。

5.4.6 宏观规划与微观规划

5.4.6.1 宏观规划

接入网宏观规划主要指接入网宏观的市场需求、未来技术发展趋势走向及其采取的战略与策略、总体发展目标。重点研究以下内容：

1）未来宽带全业务光接入网的宏观需求和技术发展走向分析。

2）发展策略与实施原则。

3）适合采用的接入技术及可提供业务分析。

4）各种接入方式的技术经济比较。

5）规划期实施原则与网络结构选择。

5.4.6.2 微观规划

微观接入网规划，主要是指与当地不同的经济发展层次和不同地形地理特点和小区相联系，与不同行业、专业、业务内容及业务范围相联系，与具有不同年龄、经济状况、文化层次的人文环境相联系等的微观层面接入网络规划。着重研究下列内容：

1）从近期的发展和急需解决的问题出发，在做好宽带接入网用户需求预测的基础上，结合当时技术的发展和商用的状况，提出具体的网络组织和设施步骤。

2）用户类型和业务分布状况的预测。

3）各种地形地理特点、不同用户群体、各式各样业务采用各种宽带接入方式的比较和选择。

4）综合确定目标局的位置，服务区、宽带光接入网小区的划分，光节点的设置，相应的网络组织结构和传输容量的配置。

5）主干光缆路由和芯数的确定，铜缆和其他新的智能电缆的应用，无线技术的应用，实施步骤和投资估算等。

5.4.7 相关设施优化

宽带光接入网规划的相关设施主要包括局所、OLT、ONU。宽带光接入网规划相关设施优化指上述设施的规划优化。

(1) 局所

从接入网角度考虑，局所规划优化，除选址优化外，主要侧重以下方面规划：

1) 局所数量减少，规模增大。

2) 应有多个大型局房，便于更换新型交换机。

3) 主干馈线至少有50%采用光缆传送，MOF机架与出局管孔数及局前主干管道孔数可减少很多。

4) 应考虑用户线传输室、接入设备机房及各种新设备机房，如大型计算机房、遥测、遥控、远程教学、远程医疗等设施用房。

(2) 光线路终端(OLT)

OLT的作用是为光接入网提供网络侧与本地交换机之间的接口，并经一个或多个ODN与用户侧的ONU通信，OLT与ONU之间是主从通信关系。OLT可以分离交换和非交换业务，管理来自ONU的信令和监控信息，为ONU和本身提供维护和指配功能。OLT可以直接设置在本地交换机接口处，也可以设置在远端，与远端集中器或复用器接口。

1) 服务范围、服务人口

OLT有一定的适宜服务范围，过大时增加配线投资，过小时由于OLT寻址安装困难，增加维护等费用。OLT适宜服务范围主要考虑下列两个因素：

① 服务人口

通常情况下，OLT平均服务人口8000～10000人为宜，大城市市中心人口密度在300人/hm^2以上较大时，OLT服务人口可增至20000人。

② 与行政区或交换区、交接区相对立

中小城市市区、郊区和农村应以居住区、镇、乡为OLT点。

规划应与现有设备改造一致：多数模块局和小容量的端局经改造即为OLT点，大多数原用户交换机容量大的(2000门以上)也可改造为OLT点；容量小的可改造为ONU点，交接间大多可改为ONU点。

小城镇应设OLT点，规模较大镇如中心镇也可考虑设2个以上OLT点，OLT点最终容量可以发展到10000～30000门。

2) 设施用地与建筑面积

OLT带有ONU，应有ONU的一定数量的配线，一般约为2000～4000线，最多不超过8000线，最大出局线对10000对，按800对一列共需12列，MDF需3m长(每米4列)。

考虑接入设备的传输、用户级共2列，主机房面积约需20m^2，MDF面积约15m^2(10000线)，电源及其他设备面积约15m^2，可以综合考虑规划OLT预留建筑面积80～100m^2。一般宜在商业、行政区选公建底层，居住区选独立通信间，并且容量可扩大，但不应超过20000对线，预留建筑面积约300m^2。

(3) 光网络单元(ONU)

ONU 为光接入网提供直接的或远端的用户侧接口，位于 ODN 的用户侧。

ONU 的主要功能是终结来自 ODN 的光纤、处理光信号并为若干个小单位用户和居民住宅用户提供业务接口。ONU 的网络侧是光接口而用户侧是电接口，需要有光/电和电/光转换功能，还要完成对语声信号的数/模和模/数转换、复用、信令处理和维护管理功能。

ONU 可装在住宅楼，也可设在路边的人孔或线杆上的分线盒，有时也可设在交接箱处。ONU 到用户仍为双绞线铜缆，铜缆距离越短越好，市中心区宜不大于 500m，边缘区不大于 1000m，远郊农村不大于 3000m。主要视当地经济、社会发展水平定，而传送宽带图像业务一般用同轴电缆。

ONU 点容量范围为 120～7000 线，有 128、256、512、1024、N×1024(N 为 1、2、3、4、5、6、7)多种型号选择。

通常一个单位宜设置一个 ONU，128 型号 ONU 可以调整用户板，实际用户可为 6～128 线。公共建筑一个楼装置一个 ONU 是合适的，ONU 后的双绞线、同轴电缆综合布线，提供不同速率的业务。

住宅小区一般考虑 1～3 幢住宅楼设置一个 ONU。

(4) 光分配网络(ODN)

ODN 为 OLT 与 ONU 之间提供光传输手段，其主要功能是完成光信号功率的分配任务，它由无源光元件(如光缆、光连接器和光分路器等)组成，网络通常为树形—分支结构。

ODN 的配置为点到多点的方式，多个 ODN 通过与光纤放大器结合起来延长传输距离和扩大用户数目。

ODN 有单星形结构、树形结构、总线形结构和环形结构，除单星形结构 ONU 与 OLT 间按点到点配置外，其余三种均按点到点配置，其中树形和总线形结构是两种基本的结构。ODN 的结构选择主要考虑用户所在地的分布、OLT 与 ONU 之间距离、不同业务的光通道、可用技术等多种因素。

5.4.8 主干网与分配网规划

5.4.8.1 网络结构

电信网从端局到用户这一段称为用户环路，光接入网是由传统的用户环路发展而来，是用户环路的升级。

光接入网中从端局到用户，对应于主干(馈线)电缆、配线电缆。原分路点或交接箱由远端或远端节点 RT/RN 代替，光纤继续向用户推进，目前主要是光纤到路边的分线盒，即业务接入点(SAP)，该处设置光网络单元(ONU)，以及完成光/电变换和分用等功能，最终目标则是将光纤推进到住宅用户，并且 ONU 也将设置在住宅处，也即完成光纤到户。

光接入网可由主干网和分配网组成。主干网可以由 3～8 个 OLT 点(最多不超过 12 个)连接成环形网，即主干环。OLT 点有一定的服务范围和服务人口，在城市中心区主要考虑服务人口，在城市边缘区宜将服务人口与范围两者结合考虑。

光分配网络(ODN)有星形、树形、总线形和环形四种形式。ODN 是从 OLT 到 ONU 并由无源光元件组成的光分配网络。

金融大厦、行政大楼等可设 1 个或几个 ONU，一般住宅楼和较小办公楼近期可几个楼设 1 个 ONU，中远期单独设 ONU，实现光缆到楼、光缆到户。

5.4.8.2 主干网规划

图 5-16 所示为中小城市城区或近郊区的典型接入网主干网规划示意图。

城区采取环形结构，1～2 个环网。城区边缘和近郊区可采用环形与星形结合的接入网拓扑结构。

图 5-17 所示为县城接入网主干网规划示意图。

县城接入网主干网采用以环形及环形、星形结合的拓扑结构。

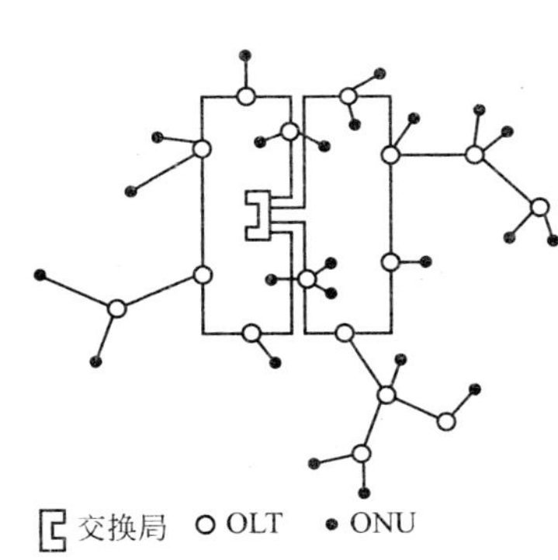

图 5-16 中小城市城区和近郊区的典型接入网主干网规划示意图

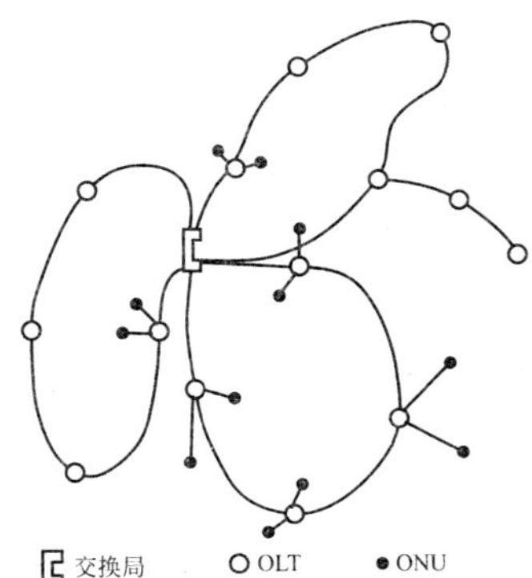

图 5-17 县城接入网主干网规划示意图

（1）光缆芯线规划设计

一般大中城市的中心局所服务面积为 10～20km^2，服务人口 10 万～30 万人，接入网采用 2～4 个光缆环，OLT 点约 8～32 个，每个 OLT 点的服务人口约 8000～30000 人。

大城市市区中心每环服务人口 6 万～12 万人，域农村每环服务人口 8 万～16 万人，光缆环采用 2.5Gbit/s；每环服务人口小于 8 万人口的采用 622Mbit/s。

采用 2.5Gbit/s 光缆系统，提供 3 万话路，按 1：4 集成比考虑，12 万话路，2 芯即满足电话需求，一般留有余地，采用 4 芯，考虑初期投资不宜太大，可采用 622Mbit/s，今后再提升。数据通信约过 5 年将超过话音通信，中期规划 10 年考虑，则需 10～12 芯，初期考虑宽带普及率尚较低，一般需要 6～8 芯。

表 5-2 所示为按 2.5Gbit/s 光缆系统考虑的规划光纤芯数。

2.5Gbit/s 光缆系统规划光纤芯数 **表 5-2**

服务人口（万人）	光纤芯数（芯）						
	话路	数据	宽带	其他	公共芯	小计	采用
16	4	8	8	4	24	48	96
8	2	4	4	2	12	24	48

价格分析：

按光缆网两终端 4 个分插复用器计算，价格为：

SDH 2.5Gbit/s 共 351 万元，计每话路 117 元；

SDH 622Mbit/s 共 174.5 万元，计每话路 231.2 元；

SDH 155Mbit/s 共 75.2 万元，计每话路 397.9 元。

上述价格为1998年价格，现价因集成电路价格降低而降低。

根据上述分析，近期规划在一个环路中，小于7000话路，可采用1×155Mbit/s；若达14000话路，需2×155Mbit/s，则应采用622Mbit/s。

对于中西部地区的城市郊区与农村，用户光缆环首先是满足电话需求，对于一般城市来说，由于电话网大部分已由铜缆满足，光缆环主要满足数据、IP业务与宽带业务的需求。

上述三网光缆芯数规划考虑：

1）光纤分成3部分，近期5年内各占1/3，中远期10～15年数据、IP与宽带芯数的比例约1∶2∶3，远期15年以后宽带大增长，而电话已达到饱和。

2）光纤分成4部分，即电话、移动通信、IP与宽带(B-ISDN、VOD、CATV)近期各占1/4，中远期1∶1∶2∶3，15年后前3个比例基本不变，宽带则4(倍)以上。

考虑光缆更新，光缆满足期为10～15年，表5-3所示为不同规模城市光缆网规划芯数参考。

不同规模城市光缆网规划芯数参考　　表5-3

光缆网规模	特大城市			大城市			中城市			小城市	
	中心城市	边缘区	郊区(郊县)	中心城区	边缘区	郊区(郊县)	中心城区	边缘区	郊区	城区	郊区
3～4个OLT	96	24～36	24	72～96	24	24	24	24	24	12	24
5～8个OLT	144	36～48	36	96～120	36	36	36	36	24	24	24
9～12个OLT	192	48～72	48	120～144	48	48	48	48	36		

注：1. 特大城市、大城市有50%的光缆芯为公共芯，若公共芯少，则规划芯数应减少。
2. 郊县传输距离远，传输速率不小于2.5Gbit/s。

(2) OLT规划设计

1）接入网的OLT数：一般以3～8个较合理，最多不超过12个。

2）OLT的服务区：可相当于一个端局或模块局的交换区范围。按平均1万人、主线普及率45%，机线比与配线比各1∶1.3计算，1个OLT7590线，约相当于76个配线区范围或8个主干800对的交接箱范围。

3）OLT选址：OLT可选择在原模块局用户交换机交换室、交接间、新建大楼通信交接间、沿街建筑底层，一般需用建筑面积20～40m^2。

5.4.8.3　分配网规划

(1) ODN的网络结构

1）星形结构：ONU与OLT间专一光链路点到点配置，中间没有光分路器(OBD)，传输距离远大于点到多点配置。

2）树形结构：点到多点配置的基本结构，利用OBD对下行信号进行分路，传给多个用户，同时也通过OBD将上行信号结合在一起传到OLT。

3）总线结构：也是点到多点配置的基本结构，利用一系列串联的非平衡光分路器件从总线中检出OLT发送的信号，又能将每一ONU发送信号插入点线送回OLT。

4）环形结构：也是点到多点配置，无源环形结构可视为无源总线结构的特例，提高网络的可靠性。

图5-18所示为ODN的4种结构图。

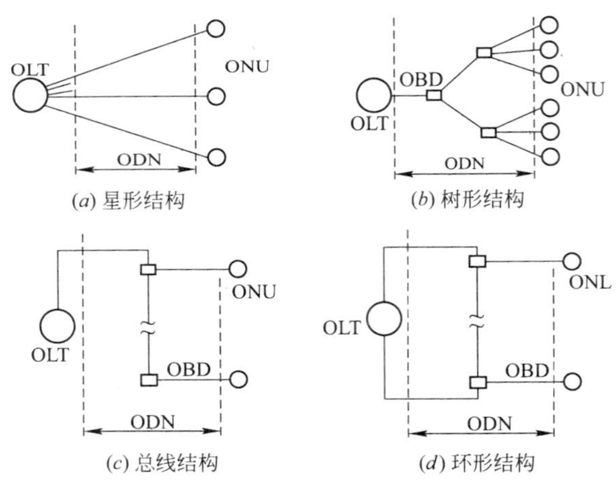

图 5-18　ODN 的 4 种结构图

(2) ONU 的规划设计

一般 ONU 服务范围相当于一个交接间或 2～2.5 个交接箱的服务区，服务人口 2000～2500 人。

ONU 设置种类有以下几种。

1) 置于室外(－10～45℃)箱体式带电池电源及小型配线架，容量有 128 和 512 两种，后者可自 128～512 逐步扩容。

2) 置于室内(0～35℃)箱体式带电池电源及小型 MDF，容量 128～512。

3) 置于室内(0～35℃)挂墙式带电池电源及小型 MDF 的接入设备，容量 384。

ONU 安装及面积要求：

1) 当容量大于 512，小于 1024 时，要求留建筑面积 6～10m^2，除箱体外，另设 1～3 列或 1200～2400 线小型配线箱。

2) 大型 ONU(室内架式，每架 1000 线)，建筑面积留 17.5～24m^2(2000 线取低值，4000 线取高值)。

3) ONU 与 OLT 装于一处时，留 20～40m^2。

4) ONU 容量小于 512 时，可安装在下列场所：

① 小型房间需(4～6m^2)；

② 弱电室；

③ 走廊；

④ 综合布线的通信机房；

⑤ 建筑设备层；

⑥ 干噪地下室(近上下通道)。

5.5　接入网规划案例

5.5.1　特大城市新旧区的接入网规划——以福州三义街规划区接入网规划为例

(1) 概况

三义街规划区位于福州闽江以南建成区 98km^2，由临江、仓前、对湖、上渡、下渡及三义街区组成，主要为商业、居住用地，人口 13.5 万人，其西南、东南和东为规划新区，西南以科教用地为主，规划 15km^2，东南为工业区（含科技园区）规划 13.1km^2，东以行政、居住为主，规划 10km^2，南区包括仓山镇的大部分，盖山镇的一部分和城门镇。

本规划区现设有 1 个分局（三义街局）3.4 万门，4 个模块局，其中上渡发信台局 2000 门，盘屿村红星模块局 3000 门，公园路麦园模块局 2000 门，324 国道城门模块局 8000 门。三义街局共放主干电缆 23 条 18000 对线，机线比为 1∶1.68，模块局共放出局电缆 10 条 18000 对线，机线比为 1∶2。

根据福州市通信发展情况，拟定接入网规划目标：

1）全面规划，并逐步完成用户线改造，实现光缆到区、光缆到楼、光缆到户，其中主干光缆网 3 年完成，光缆到楼、光缆到区 5 年完成；

2）采用 $V_{5.1}$、$V_{5.2}$接口、用户级标准化；

3）全网近年安装 N-ISDN，并逐步具备安装 B-ISDN 条件；

4）最终实现全光业务网。

（2）接入网规划

1）网络结构与组成

光缆用户接入网由局所、中心节点、光缆、接入点等部分组成。

中心节点可装光线路终端 OLT、同步传输设备、分插复用器、路由器、分组交换机、以太交换机。同时在许多 OLT 点上应延伸安装光网路单元 ONU，相当于接入点（交换机的用户级。）根据业务发展，中心节点与接入点之间可增加分波复用器或分光器。若干中心节点用光缆连接成环，组成主干光缆环，中心节点到各接入点采用 12 芯配线光缆。

图 5-19 所示为三义街新旧区光缆接入网规划图。

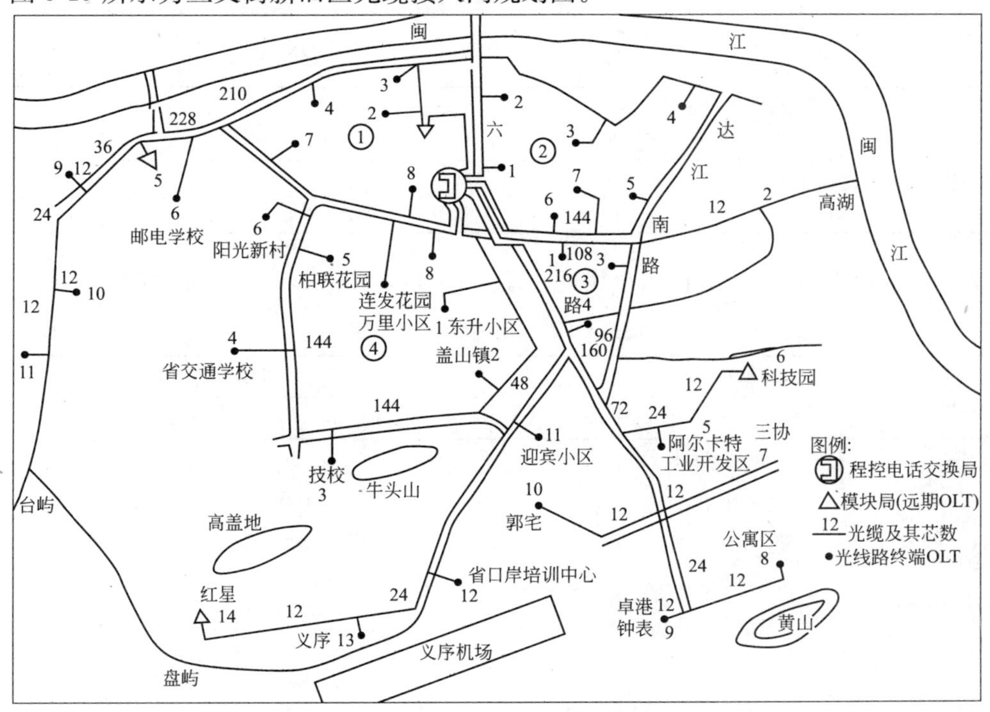

图 5-19　三义街新旧区光缆接入网规划图

中期规划用户接入网由三种网络结构组成：

① 采用主干环形网与配线星形网

主干环形网在电路交换系列中采用分插复用器，STM1、STM4 组成同步光缆传输系统，并根据用户增长情况提高传输速率及采用自愈系统。配线网采用星形或点至点结构，实现光缆到大楼、到区或到户。近期中心点往下一般采用 PDH 或 SDH。

② 采用主干星形网与配线星形网

郊区及用户低密度区，主要采用这种结构。

③ 采用经 ODF 跳接，光纤到小区与光纤到楼，即点到点网路结构。

远期依据本规划区东南与西南新区用地的开发建设，对规划中期接入网结构作如下调整：

① 连接 3 环的分支节点 2 与 7，从而使东南新区原部分星形结构变成环形结构；

② 连接红星模块 14 与 1 环分支的 10 与 11 间点，形成西南部新大环。

2）需求预测与光节点容量计算

三义街新旧区接入网中期业务需求预测主要包括电话、窄带、宽带、数据、VOD 等业务需求预测。其中电话需求预测采用多种方法预测，确定普及率，其他业务需求预测是在各类需求调研分析和上述电话需求预测基础上，综合对比国内相关城市和业务发展规律及其预测，所作的比较宏观的预测。

值得指出，对宽带的业务需求预测，由于业务发展很快，不确定因素较多，宜在远期规划中深入进行。

表 5-4 所示为三义街新旧区近接入网近、中期业务需求预测。

三义街新旧区近接入网近、中期业务需求预测　　表 5-4

		模拟电话	NISDN	B-ISDN	数据（9.6kbt/s）	VOD
普及率（%）	近期	40	6	2	5	10
	中期	52	20	5	10	30
平均每 10000 人需求话路（路）	近期	4000	600	200	500	1000
	中期	5200	2000	500	1000	3000

表 5-5 所示为规划 OLT 点用户线近期预测（未列入其他业务预测和中期预测）。

规划 OLT 点用户线近期预测　　表 5-5

接入网环形网号	OLT		现状		近期预测		备注
	序号	名称	人口（人）	主机线（线）	人口（人）	主机线（线）	
1（OLT1-4、8 为环形网点，余为环连星形点）	1	电信器材厂	3722	856	5000	2150	小计人口：78500 人，预测 2010 年用户主线 31285 线
	2	仓山区政府	6239	1435	6000	2580	
	3	明珠大厦	7650	1761	8000	3440	
	4	外语学校	3791	872	4000	1720	
	5	发信台模块局	7300	1679	9000	3870	
	6	邮电学校	4000	1000	6000	2580	
	7	对湖小区	5270	1212	7500	3225	

续表

接入网环形网号	OLT		现状		近期预测		备注
	序号	名称	人口(人)	主机线(线)	人口(人)	主机线(线)	
1(OLT1-4、8为环形网点，余为环连星形点)	8	省电力设计院	6913	1590	7000	3010	小计人口：78500人，预测中期用户主线31285线
	9	洋治邮电局	3400	782	5000	1850	
	10	正骨医院	5026	1156	8000	2960	
	11	台屿村	8000（职工23000）	500	1300	3900	
2	1	兴隆大厦	6474	1489	7000	3010	小计人口：54000人，预测中期用户主线22360线
	2	临山大厦	6013	1383	6000	2580	
	3	城南锦绣	9030	2077	9000	3870	
	4	化纤厂	1539	354	5000	2150	
	5	城乡开发总公司	5068	1290	7000	3010	
	6	仓山工商局	1887	434	6000	2580	
	7	文苑精舍	6656	1531	12000	5160	
3(OLT1、3、4为环形网点，余为环连星形点)	1	绿洲大酒店	9869	2270	10000	4300	小计人口：111000人，预测中期用户主线39780线
	2	高湖	8095	1862	15000	6450	
	3	龙园花园	4565	1050	5000	2150	
	4	第二公路工程公司	3767	855	4000	1720	
	5	阿尔卡特	2000		5000	2150	
	6	科技模块	3486		6000	2580	
	7	三协	7750	1248	8000	2400	
	8	公寓楼	3609	830	5000	1500	
	9	卓港钟表	8731		10000	3000	
	10	郭庄	4387	312	6000	1800	
	11	迎宾小区			5000	1850	
	12	省口岸培训中心	2881		4000	1480	
	13	义序	15700		18000	5400	
	14	红星模块	7513	1728	10000	3000	
4	1	东升小区	5000		8000	3400	小计人口：305100人，预测中期用户主线119908线
	2	盖山镇政府	6174	1420	8000	3480	
	3	技校			4000	1720	
	4	省交通学校	9543	2195	9600	4128	
	5	柏联花园	1500		6000	2580	
	6	阳光新村			10000	4300	
	7	万里小区	5200		10000	4300	
	8	连发花园	5930	1367	6000	2500	

注：1. 表中预测近期主线普及率城市边缘区43%，郊区农村30%。

2. 现状用户线结合交接箱现状调查。

光节点容量计算：

按美国设备 KASAOKA2000Systen 提供的能力，每两芯光缆能提供 2560(1890×4)话路或 2560 路 N-ISDN(2B+D)，或 256 路 B-ISDN(30B+D)，或 N×64kbit/s(N=1、2、……31)数据，或 1024 路 VOD。

按每 OLT 点服务 1 万人考虑，所需光缆芯数见表 5-6。

三义街新旧区接入网每 OLT 所需光缆芯数　　表 5-6

		模拟电话	N-ISDN	B-ISDN	数据(9.6kbt/s)	VOD
2010 年每 1 万人需求话路(路)		5200	2000	500	1000	3000
所需光缆芯数(芯)	公共芯	2	2		2	
	专用芯			4		6
	备用芯	4				

由表 5-6 可推出 4、8、12 个交接点的环形网光缆芯数分别为 64、128、192 芯，规划设计光缆芯数可按 4 个交接点 96 芯，5～8 个交接点 144 芯，12 个交接点 216 芯考虑。

表 5-7 为小、中、大环形网光缆芯数表，可供类似规划设计参考。

小、中、大环形网光缆芯数　　表 5-7

	小环	中环	大环
OLT 个数	3～4	5～8	9～12
公用芯	24	48	72
专用芯	48	96	144
备用芯	24	48	72
共计	96	192	288
备注	欧洲用户接入网一般用 100 多芯，国内京、沪、广广泛使用 216 芯、288 芯		

一般情况下，可考虑：

1）每个 OLT 服务人口 8000～10000 人，服务面积一般市区 25～50hm^2，边缘地区约 50～100hm^2

2）每个光环，根据用户数量分设 3～12 个 OLT，每对光纤连接 3～4 个 OLT，使 ADM 发挥最大分插复用功能。OLT 间主要用于安装同步光纤传输设备、分插复用器、接入设备及其用户级、配线电缆、MDF 与电源。

3）自 OLT 向下，一般采用星形结构的光缆送到各 ONU(接入点)。

5.5.2　曹县光接入主干网规划

曹县位于山东省菏泽地区，面积 1974km^2 人口 136.65 万人(城镇 18.67 万人、农村 117.98 万人)，近些年曹县经济发展较快，接入网规划提到议事日程。

(1) 需求预测

人口预测宜尽量采用地方统计部门和城市规划管理部门提供数据，表 5-8 为曹县相关人口预测。

曹县城区、郊区、镇区、农村人口预测(万人)　　表 5-8

	城区	郊区	镇区	农村	备注
基础年份(2000 年)	8.2	3.7	10.8	114.3	
近期	15	6.0	15	103	
中期	23	7.0	19	93	

表 5-9 所示为曹县相关主线普及率预测。

曹县城区、郊区、镇区、农村主线普及率预测(%)　　表 5-9

	城区	郊区	镇区	农村	备注
基础年份(2000 年)	12	10	9	0.65	曹县城区中期接近北京 2000 年水平，全县达到全国预测的当年平均水平
近期	32.2	13.6	20	7	
中期	43	20	30	15.4	

(2) 乡镇接入主干网规划

曹县乡镇远期接入网规划如图 5-20 所示。

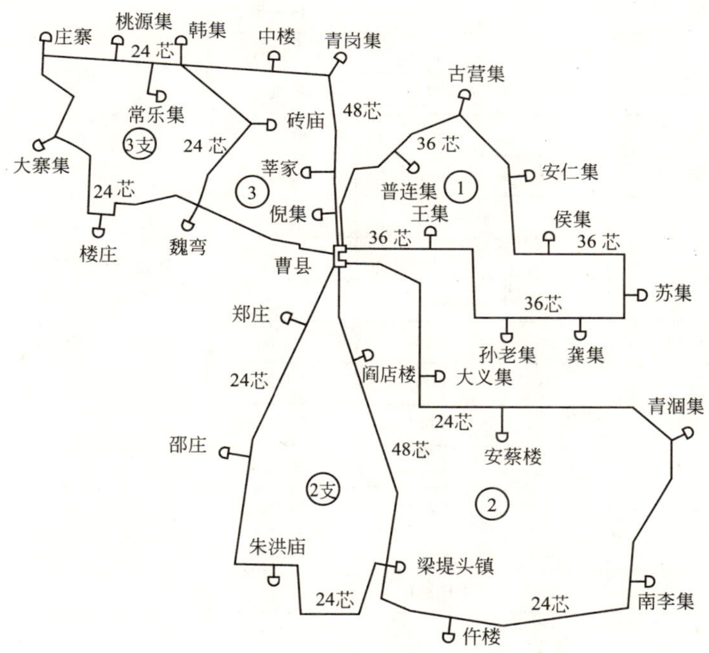

图 5-20　曹县乡镇远期接入网规划

远期规划从实行光缆到乡高起点和结合曹县人口密度较大和便于各乡镇行政和生产管理要求的实际考虑，选择环形结构。

全县乡镇远期光接入主干网分 3 个环网，2 个支环网。每环设 4～12 个 OLT，每个乡镇和建制镇设 OLT 并分别组成安全自愈网。OLT 以下到用户网路采用星形结构。

光环容量测算主要基于固定电话主线测算，新业务测算结合地区实际，采用相关比较预测和增长规律预测。

光环芯数：

1 环 2005 年采用 155Mbit/s 华为设备，每 2 芯 7296 路，考虑光缆 60％实用率，需 16 芯(提供 58368 路，利用率 56.6％)，2 芯用于 CATV，2 芯用于移动通信，4 芯用于专网，备用 2 芯，共 24 芯，拟选 36 芯，2010 年采用 622Mbit/s。

表 5-10 为各环乡镇主线预测。

曹县乡镇主线预测 **表 5-10**

环名	乡镇	主线预测(线)		备注
		近期	中期	
1 环	1 普连集	6500	12685	8 镇共 76000 人，最小 6235 人，最大 12793 人
	2 古营集	4700	9245	
	3 安仁集	3200	6235	
	4 侯集	4800	9460	
	5 苏集	6500	12793	
	6 龚楼	3500	6880	
	7 孙老家	5800	11395	
	8 王集	3700	7310	
	小计	38700	76003	
2 环	1 大义集	4700	9230	7 镇共 77800 人，最小 8800 人，最大 13600 人
	2 安蔡楼	6800	13260	
	3 青集	6600	12670	
	4 南集	4400	8490	
	5 仵楼	4400	8490	
	6 梁堤头镇	5600	10860	
	7 阎店楼	6400	12350	
	小计	38900	75350	
2 支环	1 朱洪庙	4200	8100	3 镇共 33600 人，最小 8400 人，最大 12800 人
	2 邵庄	6400	12350	
	3 郑庄	6200	12030	
	小计	16800	32450	
3 环	1 倪集	5300	10180	7 镇共 65600 人，最小 6800，最大 13600 人
	2 莘家	3700	6810	
	3 青岗集	4400	8490	
	4 申楼	3410	6580	
	5 韩集	5500	10670	
	6 砖庙	3700	7140	
	7 魏弯	6800	13120	
	小计	32810	62990	

续表

环名	乡镇	主线预测(线)		备注
		近期	中期	
3 支环	1 桃源集	4500	8690	5 镇共 43600 人，最大 4800 人，最小 13000 人
	2 常乐集	4700	9120	
	3 庄寨	6500	12670	
	4 大寨集	2400	4750	
	5 楼庄	3700	7250	
	小计	21800	42480	

3 支环按上述方法计算话路共需 10 芯(36480 话路，利用率 59.8%)，2 芯用于 CATV，4 芯用于移动通信，6 芯用于专网，共 22 芯，拟选 24 芯。

2 环、3 环、2 支环均拟选 24 芯。

2、3 环中的公共部分为 48 芯。

(3) 城、郊接入主干网规划

曹县的城区和郊区接入主干网规划因不是本次规划的重点，只提出原则考虑：

城、郊接入主干网采用环形与星形结合的网络结构，城区规划南、北二个环网，城郊采用星形环；由城区环网接出。

(4) 规划提供借鉴与思考

曹县的乡镇接入主干网规划，与一般农村接入主干网规划主要采用星形或星形与环形结合的结构模式不同，而采用全部乡镇设 OLT，分组成环模式，通过投资，功能分析，这种模式为原经济和通信基础薄弱，现正处在较快发展阶段的县域小城镇现代通信建设提供有益借鉴，其主要优点在于：

1) 光缆线路代替常规建设的电缆线路，规划设施的高起点，不仅解决当前农村电话的普及与设施扩容，又为数据、图像通信新业务发展创造条件，有利通信快速发展的更新换代。

我国经济和通信基础落后，但正在较快发展的许多小城镇，如同曹县的一些小城镇，电话通信亟待加快普及，现有多数乡镇只有 500 门规模和 3～4 个通村方向电缆线路，每条线路容量只有 100～200 对线，远不能满足需求，按常规需敷设新的电缆线路，本次规划光缆直接代替电缆基于三个方面考虑：

一是避免几年后乡镇电缆到光缆的线路重复建设；二是建设成本投资分析得出，现采用架空光缆投资 ONU128、512 平均每线投资 1300～1500 元，且用户增加后，成本将降为 700～800 元，地方部门表示，根据当地现在经济发展，完全能够承受建设投资；三是受周边地区城镇通信快速发展的带动和本身通信潜在需求，上述小城镇近中期新业务也会开始较快增长，提早实现光缆到乡，为乡镇近中期数据、图像通信的新业务发展创造有利条件，有利通信快速发展的更新换代。

2) 适应小城镇政治、经济体制改革的需要，同时便于镇区通信设备的运行维护。

每个乡镇设一个 OLT，星形连接多个 ONU 到乡镇用户。乡镇所在地也即乡镇范围的电话、数据、广播电视、声像等通信中心，这样便于乡镇政府机构与基层之间行政、经济等通信联系，同时也便于镇区通信设备的运行维护。

3）便于形成安全自愈网。

随着光缆成本下降，光缆环路的光缆投资占整个通信基础设施投资的比例已经较小，接入主干网的环形结构，对经济、社会正在较快发展的小城镇来说是可取的，环形结构，便于形成安全自愈网，有利提高县域通信的可靠性。

5.6 社区宽带网规划

5.6.1 社区宽带网的组成

一般社区网由社区计算机网络布线系统、计算机局域网络系统、社区综合业务管理系统和应用服务系统组成。

（1）计算机网络布线系统

计算机网络布线系统可采取光纤到楼，楼内五类非屏蔽双绞线到户方式，建立社区的宽带网络的物理平台。

（2）计算机网络系统

计算机网络系统包括用户宽带接入系统、楼宇宽带接入系统、社区宽带骨干网和社区宽带接入系统。

（3）综合业务管理系统

综合业务管理系统负责提供用户认证、授权、计费和网络监控等基本功能，保证社区网的安全、高效运行。

（4）应用服务系统

应用服务系统给社区居民提供各类增值服务。

5.6.2 社区宽带网的主要接入方式

随着通信技术和业务的不断发展特别是互联网上的各种应用爆炸性增长，提供高速宽带接入和 IP 多媒体综合业务应用承载已成为接入技术发展的必然趋势。

社区宽带网满足多媒体通信网络接入需求，解决宽带接入也是信息化最后 1km 的瓶颈。

目前，宽带接入方式一般有四种：基于传统语音系统基础上的 ADSL 技术、基于传统有线电视系统基础上的 HFC 方式、基于 FTTB 光纤到楼的局域网接入技术及无线接入手段。而从宽带技术的发展来说，基于光纤到户的 FTTH 宽带接入技术是最彻底的宽带接入，是宽带接入发展的方向，但目前由于价格昂贵，实用尚有一定困难。而无线宽带接入也是一种很好的发展方向，但目前技术尚未完全成熟，工程成本太高。

（1）基于传统语音基础上的 ADSL 宽带接入方式

ADSL 技术是一种基于传统语音传输线路基础上的高速数据传输技术，小区内部数据信息通过 DSLAM 进入小区中心机房，通过每家每户安装 ADSL MODEM 来实现数据通信，ADSL 实现了在普通电话线上发展全新的宽带数据信息接入手段。它能在普通的电话线上达到上行为 1Mbit/s，下行为 8Mbit/s 的速率。实现 ADSL 宽带接入用户可以通过虚拟拨号方式进行拨号，在用户名和用户密码得到认证通过以后，进行高速上网。

由于 ADSL 是基于一对语音线路基础上的数据传输技术，对语音线路的要求较高，一般应为 3 类非屏蔽双绞线。同时对线路的施工要求和主干线路的对数有一定的要求。由于小区中心的 ADSL 交换机和小区内各户采用点到点方式直接连通，因而对小区中心 ADSL 交换机的交换速率要求较高，而目前小区中心 ADSL 交换机的交换速率和基于局域网的中心主干交换机的交换速率相比，还有一定的距离。

(2) 双向 HFC 网

双向 HFC 网是在原来的单向 HFC 网上增加了回传信号的通道，其传输介质还是光纤和电缆的结合，其拓扑结构一般还是星形和树形的结合，即从前端到光节点的干线网是星形结构，从光节点以下到用户的分配网络是树形结构。

在双向 HFC 网络中前端到光节点增加了一芯光纤，用于回传信号，从光节点到用户的树形电缆上，采用频分复用技术传输信号的方式是广播式的，因此，连接在电缆上的各用户设备在发送信号时必须是分时的即介质共享、时分复用。

双向 HFC 网是建立在小区双向光纤同轴电缆有线电视网基础上的数据信息服务系统，首先要求小区的有线电视网应该是具有双向传输功能的有线电视网，同时小区的有线电视网应该是光纤同轴电缆的混合网，每个光节点管理的户数应控制在 200～500 户，同时同轴电缆的长度应控制在 200m 之内。

虽然，同轴电缆的物理介质是一宽带网络传输介质(750MHz 或 1000MHz)，由于 HFC 的前端设备的成本较高，单路的数据下行速率在 38Mbit/s(北美标准)，而欧洲标准约在 50Mbit/s，上行数据为 2～10Mbit/s。对于新建小区，布双向网络的成本比单向网络要昂贵很多。而对大多数旧小区来说，已建成的单向有线电视网要改造成双向有线电视网后才能满足数据信息传输的要求。其次，双向同轴网从本质上说，仍然是共享式方式，几百个用户共享一个 38Mbit/s 的带宽，存在着明显的带宽问题和潜在的网络安全性问题。最后，从技术上来说，双向同轴网存在的漏斗效应，至今没有有效的解决方案。

上述两种接入方式均支持高速访问互联网和视频点播，但不支持远程家教、医疗，建立家庭网站和采用 VPN 联网。

(3) 计算机局域网

1) 局域网拓扑结构

① 星形结构有一个中央节点作为公用交换中心，其余每个节点都有链路与其相连。通信数据通过中央节点发送。

图 5-21 所示为局域网的星形结构。

② 环形结构

各个节点通过环路接口首尾相连形成闭合环路。环形网中的数据总沿一个方向传输，源节点发送信息后，由相邻节点转发，传到目的节点时，信息被接收，但仍被继续转发，直至又传回源节点为止。

图 5-22 所示为局域网的环形结构。

③ 总线形结构

总线结构网络即广播式网络。所有节点都连到一条公共的总线上，任何一个节点发送的信息都沿总线传输，并能被总线上的目的节点所接收。

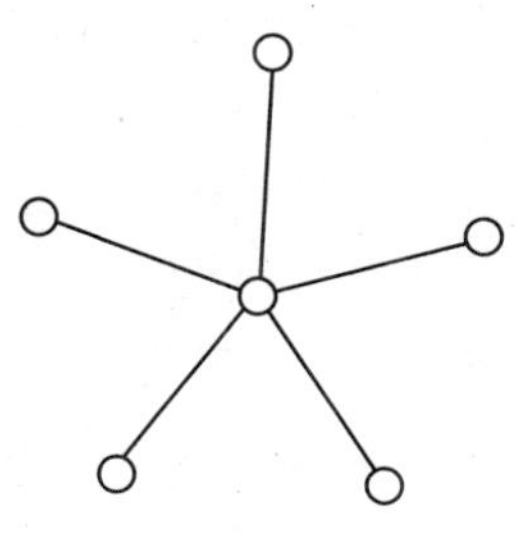

图 5-21 局域网的星形结构

图 5-23 所示为局域网的总线形结构。

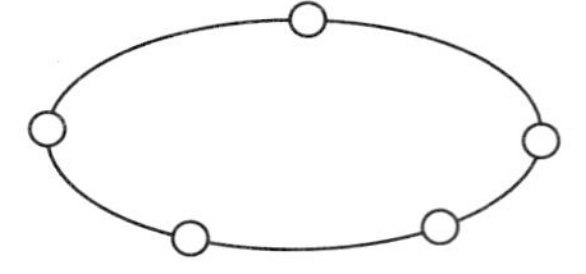

图 5-22 局域网的环形结构

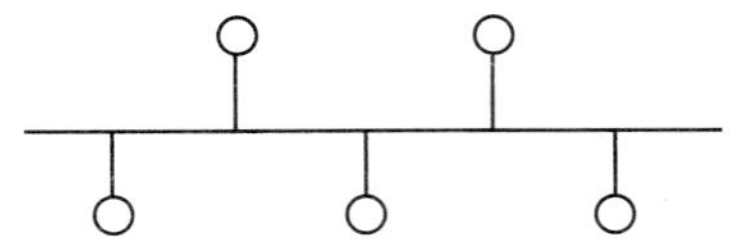

图 5-23 局域网的总线形结构

2）局域网的通信方式

局域网的通信方式也即节点之间的访问方式主要有以下三种：

① 查询方式

在查询方式中，节点按照以下顺序取得对网络信道的访问权：

a. 中心节点有规律地查询每一个节点，以便得知哪个节点需要进行通信；

b. 如果某一节点需要进行通信，又若对方信道空闲，节点可获得使用该信道的专用权，然后进行通信。

这种方式最适合有中心控制点的网络，如星形网络。

② 令牌传送方式

令牌是一个具有特殊格式的信息。令牌在网络信道中一直进行传送，有规律地经过每一个节点。采用令牌传送方式的网络，节点传送信息步骤如下：

a. 当某一节点要发送报文时，一旦有令牌经过该节点，它便把令牌改为标志，把要发送的信息报文附在后面，最后附加上一个令牌；

b. 这一带有信息的报文的令牌继续环行，每个节点检查信息报文；

c. 在经过目的节点时，该节点识别并接收，并把一个收据信息附上；

d. 当信息报文返回源节点时，发现已被接收，源节点便把信息报文清除，网络上又只有一个令牌在传送。

令牌访问方式适用于环形网及总线网。

③ 载波侦听多点接入/冲突检测(CSMA/CD)方式

采用 CSMA/CD 方式的局域网中，所有主机是以竞争的方式共享信道。

CSMA/CD 通信方式多用于总线形网与星形网。

以太网采用的通信方式即为 CSMA/CD 方式。

3）局域网的以太网组建方式

局域网的以太网组建方式主要有以下几种：

① 双绞线以太网

双绞线以太网(10BaseT)采用两对 3 类、4 类或 5 类 UTP 线缆作为传输介质，一对用于发送数据，另一对用于接收数据。

双绞线以太网利用经济的电话线和标准的 RJ-45 连接器常常可发挥建筑物内已有的连线的优势。

双绞线以太网在拓扑结构上采用了总线和星形相结合的结构。所有工作站均经过网卡连到集线器(HUB)上形成星形拓扑结构，集线器与网卡上均装有 RJ-45 插座，可供双绞线上的 GJ-45 插头插入，故拆装非常方便。

双绞线以太网具有以下特点：

a. 网络的建立与扩展十分灵活方便。根据每个 HUB 的端口数量(有 8、12、16、32 端口)和网络大小、选用不同端口数的 HUB 构成所需网络。增减工作站十分方便，不中断网络工作。

b. 可以预先和电话线统一布线，在房间内预先安装好 RJ-45 插座，故改变网络布局和移机十分方便。

c. HUB 具有自动隔离故障作用，当某个工作站机发生故障时，不会影响网络的正常工作。

d. HUB 可将一个网络有效地分成若干互连段，当发生故障时，管理人员可在较短时间内查出故障点。

e. 10Base-T 网与 10Base-2、10Base-5 能很好兼容，其以太网运行软件能兼容运行。

② 标准以太网

标准以太网(10Base-5)即粗缆以太网，使用粗同轴电缆在联网时，每一工作站(主机)要通过收发器与总线相连。

③ 细缆以太网

细缆以太网(10Base-2)采用 RG58 50Ω 同轴细缆作为传输介质，收发器功能移入网卡，工作站网卡通过 BNC 插头和 T 形接头连接总线。

上述粗缆或细缆与双绞线可混合布线。图 5-24 所示为粗缆与双绞线连接的混合布线拓扑结构。

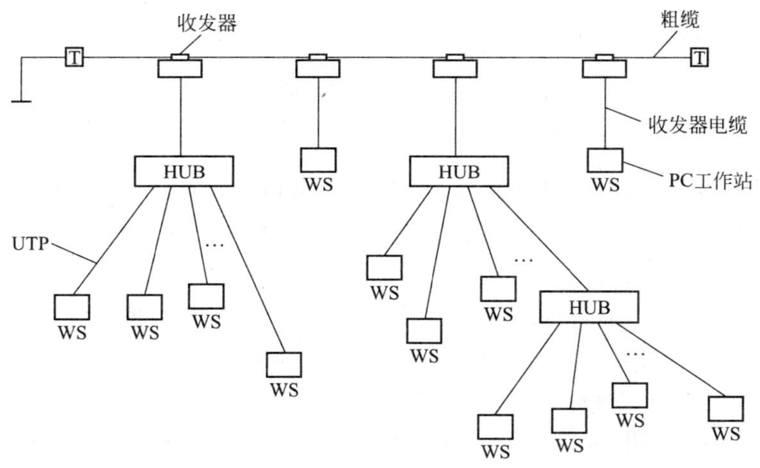

图 5-24 粗缆与双绞线连接的混合布线拓扑结构

④ 快速以太网

快速以太网(100Base-T)信道传输速率提高至 100Mbit/s，它仍沿用 802.3 的介质访问控制子层(MAC)协议。100Base-T 的信息包格式、包长度、介质访问方式。差错控制及信息管理同 10Base-T。

100Base-T 支持三种类型介质：

100Base-T4：是一个 4 对线系统，使用 3、4、5 类 UTP；

100Base-TX：是一个 2 对线系统，使用 5 类 UTP 或 STP；

100Base-FX：是一个单模或多模光纤系统。

上述三种类型介质可通过 HUB 互联。

100Base-T 标准还规定了自动切换功能，即允许一个网卡或交换机能自动适应 10Mbit/s 和 100Mbit/s 两种传输速率。一个 100Base-T 的工作站会自动发出称为快速连接脉冲(FLP)的一组信号以表示其具有 100Mbit/s 的通信能力，如果接收站是一个 10Base-T 的 HUB，则该网段就使用 10Base-T 进行通信，若该 HUB 能支持 100Mbit/s，则检测到 FLP 后就自动设置该网段为 100Mbit/s 的通信速率。

图 5-25 所示为 100Base-T 局域网结构。

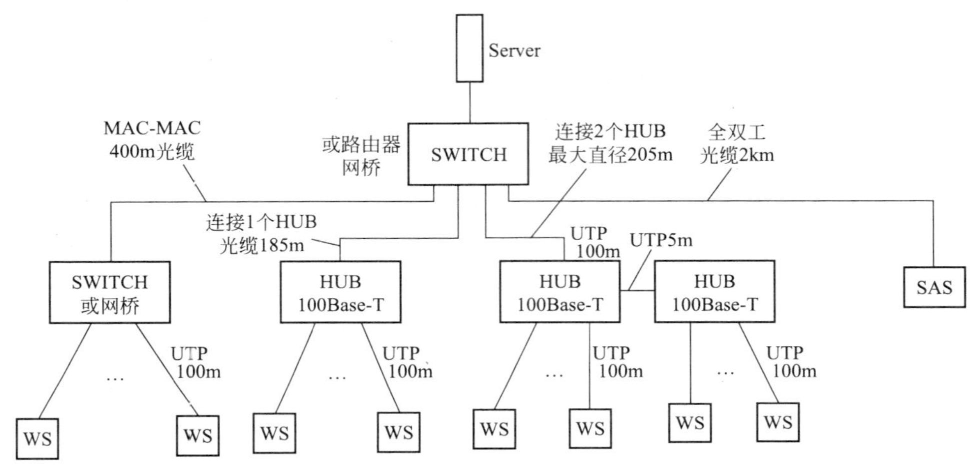

图 5-25　100Base-T 局域网结构

⑤ 交换以太网

大型局域网一般采用以太网交换机对网络进行分段，以扩大网络范围而不减少网络的带宽。在交换以太网中工作在每一网段中的工作站对介质的征用仍采用 CSMA/CD 的竞争机制，而连接各网段的交换机则采用路由机制。

以太网交换机采用级联方式组成交换以太网。图 5-26 所示为交换以太网结构。

图 5-26 中，中心以太网交换机通过 GE 接口(1Gbit/s 速率以太网光接口)和光缆连接各建筑物的大楼以太网交换机。大楼以太网交换机通过 100Mbit/s 光缆(或 5 类线)连接各楼层，楼层以太网交换机(或 HUB)通过 10Mbit/s、5 类线到达桌面。以实现 1000Mbit/s 到大楼，100Mbit/s 到楼层，10Mbit/s 到用户。

中心以太网交换机的各端口连接 E-mail、DNS(Domain Name Service)、FPS(File Transfer Protocol)、WWW(World Wide Web)、AAA(Authentication, Authorization and Accounting)、数据库等服务器，并通过防火墙、路由器进入城域网。

在各种电信业务进入局域网后，局域网称为用户驻地网(CPN, Customer Premises Network)或许更合适。

不同以太网组建方式有不同的网络距离范围限制。表 5-11 所示为几种以太网的距离范围限制。

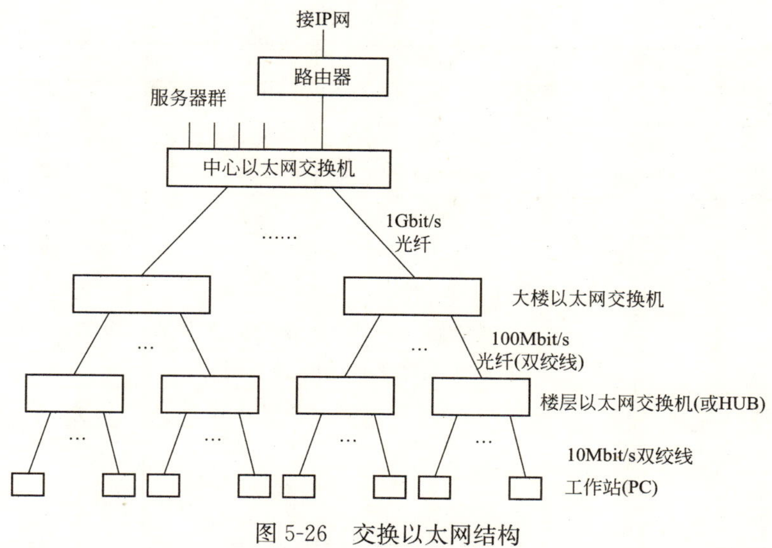

图 5-26 交换以太网结构

以太网的距离范围限制 **表 5-11**

类型	最大段长	类型	最大段长
双绞线(星型) 10Base-T 100Base-T 同轴电缆(总线) 10Base-5 “粗” 10Base-2 “细”	 100m 100m 500m 185m	光纤(星型) FOIRL 10Base-F 100Base-FX 多模 100Base-FX 单模	 1km 2km 2km 10km

4）小结

基于 FTTB 光纤到楼，5 类非屏蔽双绞线到户基础上的计算机快速以太网技术是一种非常成熟，使用最为普遍的技术，其全交换的数据传输技术使得终端用户可以独享带宽方式进行数据信息通信，从而保证用户的上网速度和上网质量。

由于以太网技术的成熟和应用的普及，因而基于该技术基础上的宽带网络系统具有最好的性能，最多的应用服务和最好的可管理性能。

FTTB 计算机局域网上、下行频带 10Mbit/s、最高速度 1000Mbit/s 以上，能支持高速访问互联网、视频点播、远程家教、医疗、建立家庭网站和采用 VPN 联网。

小区骨干网和小区接入系统都被放置在小区网络中心，同时在小区网络中心设置多台应用服务器，分别是数据库、网管工作站、计费、Web 电子邮件、高速缓存和其他应用等服务器，均以 100Mbit/s 的带宽直接接入中心千兆位以太网交换机。

表 5-12 所示为接入方案的技术性能比较。

接入方案的技术性能比较 **表 5-12**

项目	FTTB	HFC	ADSL	ISDN	MODEM
频带(上行)	10Mbit/s(独享)	10Mbit/s (2000～3000 用户共享)	64～640kbit/s	28kbit/s	56kbit/s
频带(下行)	10Mbit/s(独享)	38Mbit/s (2000～3000 用户共享)	1.5～8Mbit/s		

续表

项目	FTTB	HFC	ADSL	ISDN	MODEM
最高速度	1000Mbit/s	300Mbit/s			
方式	光纤到楼 网线到户	光纤到小区 同轴线到户	普通电话 双绞线	普通电话 双绞线	普通电话 双绞线
质量	高	较高	较高	一般	差
安装	方便	不方便	方便	一般	方便
维修	方便	不方便	不方便	不方便	方便
技术	数字宽带技术	模拟宽带技术	非对称数字技术	数字窄带技术	模拟窄带技术
稳定性	稳定	随电视节目多少而波动	较稳定	一般	不稳定
高速访问互联网	支持	支持	支持	不支持	不支持
视频点播	支持	支持	支持	不支持	不支持
远程家教、医疗	支持	不支持	不支持	不支持	不支持
建立家庭网站	支持	不支持	不支持	不支持	不支持
采用 VPN 联网	支持	不支持	支持	不支持	不支持

5.6.3 社区宽带网络综合布线系统

布线系统是保证网络系统正常运行的物理基础。考虑到社区网络的具体应用(如视频点播、远程医疗)对网络带宽的要求和今后发展的需要，布线系统采用符合 EIA/TIA 568A 标准的布线系统方案，以满足建立社区宽带网的要求。

设计方案举例：

采用 10Mbit/s/100Mbit/s 的五类/超五类非屏蔽双绞线到户；

采用 100Mbit/s/1000Mbit/s 的单模光纤从住宅楼到社区网络中心；

采用 155Mbit/s 的单模光纤从社区网络中心到城域网接入点；

图 5-27 所示为社区宽带网综合布线系统结构。

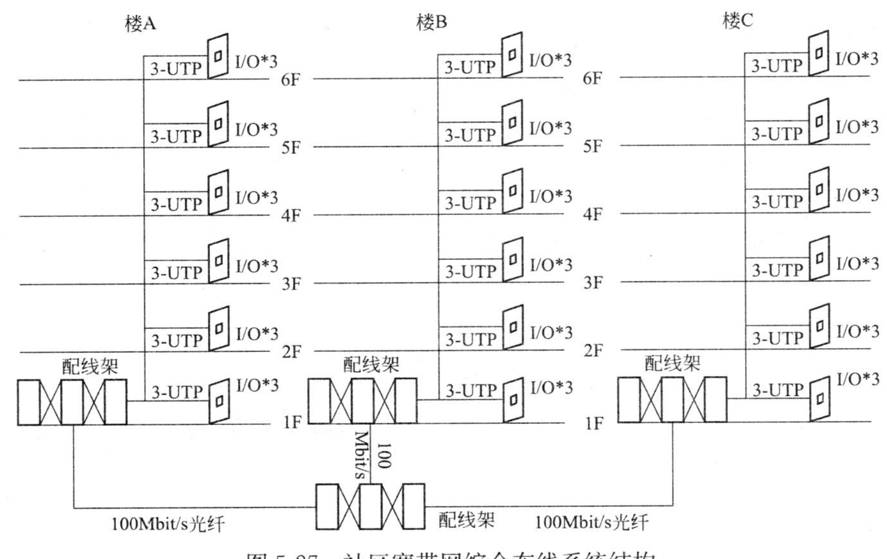

图 5-27 社区宽带网综合布线系统结构

5.6.4 社区宽带网计算机网络系统

社区网采用交换式快速以太网技术，用户接入交换机采用长城或 CISCO 1900 工作组级系列交换机，保证用户以 10Mbit/s 的宽带接入。楼宇接入交换机选择长城或 CISCO 2900 系列交换机，用户接入交换机以 100Mbit/s 的带宽上联至楼宇交换机。

社区骨干网采用长城或 CISCO Catalyst 4000 系列交换机作为网络中心的主干交换机，楼宇接入交换机采用 100Mbit/s/1000Mbit/s 的带宽上联至中心交换机。社区接入系统采用 POS 技术，利用 CISCO 7200 路由器以 155Mbit/s 接入城域网，通过城域网接入 INTERNET。在社区网络出口处，采用 CISCO PIX 作为防火墙，以提高宽带社区网络的安全性。

社区骨干网和社区接入系统都放置在社区网络中心，同时在社区网络中心设置多台应用服务器：数据库服务器、网管工作站、计费服务器、Web 服务器、电子邮件服务器、高速缓存服务器和其他应用服务器。这些服务器以 100Mbit/s 的带宽直接接入中心交换机。

图 5-28 所示为社区宽带网计算机网络系统示例。

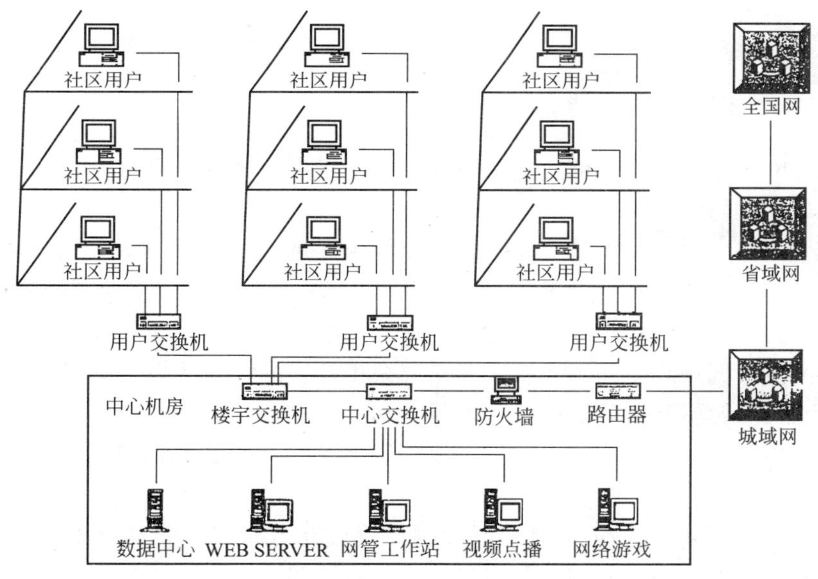

图 5-28 社区宽带网计算机网络系统示例

5.6.5 社区宽带网综合业务管理系统

以长城社区宽带网综合业务网络管理系统为例，管理系统提供先进的目录机制，具有实时计费功能，计费政策调整功能，同时还具有可伸缩性和可扩展性。管理系统包括以下功能模块：

(1) 用户管理

网络运营者可以方便地实现用户开户、销户、锁户、恢户以及根据用户信息任意组合查询，修改与统计等各种功能，用户可以自查询、修改个人信息。

(2) 用户认证、授权

对用户的身份进行认证，并根据用户申请服务类别对用户享受的服务进行授权。

(3) 计费结算

针对各种不同类型的用户和信源，在接入层和信息层提供灵活、精确的实时计费功能，支持集团用户、账单付费预付方式、银行托收等多种结算方式和付费方式，而且具有完备的账务处理功能。

(4) 业务统计分析

提供最受欢迎的节目统计、收视率统计等功能。

(5) 配置管理

网络节点、通信线路增减和变动管理；网络节点中网络设备、端口和冗余结构的配置管理；网络节点主要服务器、工作站配置管理；网络节点系统软件、应用软件系统配置管理。

(6) 性能管理

网管中心能从网络中实时收集网络设备、主要服务器的故障信息，并具有一定的远程诊断和修复能力。

(7) 安全管理

安全管理是保护网络资源与设备不被非法访问，监控外界对网络的非法侵入。

5.6.6 社区宽带网规划方法与案例

社区宽带网规划既是城市信息化专项规划也是城市通信专项规划，应以城市规划为依据，与城市规划相协调。

5.6.2、5.6.3、5.6.5节内容是社区宽带网规划理论基础及其规划可选框架。5.6.6节内容是结合实例分析的规划目标、步骤内容与方法。不同社区宽带网规划有不同的要求，但可触类旁通；不同的规划应侧重不同重点，掌握不同的深度要求。

本节社区宽带网规划方法主要结合北京温泉镇社区的园区网规划案例说明。

5.6.6.1 社区宽带网规划概况

温泉镇镇中心位于北京市西山北坡、海淀区北部。温泉镇距海淀镇13.5km，是海淀区北部地区的中心镇。

温泉镇中心区规划争取在5～8年时间内，建成既有时代气息又有田园风光，具有较强辐射能力的科技示范镇。并与中关村科技园区海滨园总体规划相配套、相协调，其规划新建居住小区将直接为中关村高科技产业阶层服务，镇区规划的高品位，使温泉镇的社区园区网规划提到了议事日程。

社区园区网不同于单一局域网，它是将几个单一局域网按一定方式连在一起，形成的较大网络。通常单一局域网由同一建筑物内，或同一单位建筑物内的计算机组成，而社区园区网则将社区多个建筑物内的计算机局域网连在一起。

社区园区网和城域网都建立在局域网的基础上，但也不相同，两者基本区别在于：连接局域网时社区园区网使用的是专有设备，而城域网使用的是公用或共享设备；社区园区网多为社区、校园、工业园区范围，而城域网则是城市范围。

5.6.6.2 社区宽带网业务需求预测

社区宽带网业务需求预测是社区宽带网规划的基础，主要涉及基础业务和宽带业务需求预测(包括数据、视频、图像、IP业务及相关业务线路敷设需求预测)，预测方法可参照第2章相关内容。

本例主要侧重社区园区网线路敷设需求预测。

根据规划提供的分期建设住宅等建筑面积，采用按建筑面积测算的小区预测方法，预测社区各建筑分类通信业务线路敷设需求。

在相关调研分析基础上，预测综合指标拟定：

商品住宅：平均130m²/户，话音每户2线、数据和图像每户分别5类线和同轴线各2对，另控制线1线；

行政办公：每一办公室平均建筑面积40m²，每办公室话音2线，同轴线1对，5类线4对；

商业：平均每60m²话音1线、5类线、同轴线、控制线各1对；

学校，体育场馆：平均每200m²话音1线，5类线每单位4～8线。

表5-13所示为社区分类建筑通信业务线路敷设需求预测。

社区分类建筑通信业务线路敷设需求预测　　表5-13

组团代号	建筑分类	建筑面积（m²）	户数（户）	主线（线）	5类线（对线）	同轴线（对线）	控制线及其他（对线）
A	商品住宅	44460	342	684	684	684	342
	公建	3200		32	30	32	（电脑3216台）
B	行政办公	12000		600	1200	300	（电脑150台）
C	商品住宅	36140	378	556	556	556	278
D	商品住宅	34580	266	532	532	532	266
	公建	6000		48	48	48	（电脑4824台）
E	高层住宅	45600	320	640	640	640	320
F	多层住宅	65780	506	1012	1012	1012	506
G	多层住宅	41600	320	640	640	640	320
H	办公大楼	20000		1000	2000	500	（电脑250台）
I	办公大楼	10000		500	1000	250	（电脑125台）

注：办公室控制线在办公楼建筑设计中考虑。

5.6.6.3 社区宽带网规划目标

社区宽带网规划目标反映不同层次社区结构对社区宽带网等级的不同要求。值得指出，规划目标应充分考虑潜在需求。社区的规划目标选择可参照智能化小区的3个等级标准，结合社区潜在业务需求的实际分析，确定适宜的规划目标。

（1）理想标准

这类小区(社区)的特点是不但强调住宅功能，更强调它与信息化社会的“融合”，将小区(社区)融合到全球的新经济社会中，成为全球信息高速公路最末端的一个单元，这类小区(社区)特别强调通信功能和网络功能。

就住宅功能来说，它具有完整的物业管理和高度安全可靠的保安和防灾措施及医疗保健设施，具有成套的家庭设备自动化系统和信息服务系统；就其融合功能来说，它具有宽带甚至高速的网络通信连接，要能保证家庭中的任何人员在任何时候与对方进行语音、数据和图像的方式进行交流，使他们能充分享受信息社会的种种乐趣。

理想标准适合小区（社区）住宅对象为经济上有实力和对信息化要求较高的人士。

（2）普及标准

这类住宅小区（社区）的特点是以住宅功能为主适当兼顾“融合”功能。它与理想标准的区别主要在于网络通信功能。家庭网络不一定具有理想标准家庭的档次，对外通信功能不一定具有多媒体通信功能。这类用户希望下班后在家庭有一个舒适、安宁的环境，并能通过网络与外部世界取得联系，获取所必要的信息。

普及标准适合小区（社区）住户为收入中等的那些人士。

（3）最低标准

这类小区特点是更强调家庭生活、保安的智能化，强调家庭保安和音频视频设备的自动控制，而对物业管理、小区安防和网络通信功能要求较低，对外的通信功能可以根据自己的需要，利用传统的窄带拨号方式访问互联网。

最低标准适合小区居住对象一般为收入中等偏下的居民团体。

表 5-14 所示为住宅小区智能化分级功能设置。

住宅小区智能化分级功能设置 **表 5-14**

<table>
<tr><th></th><th colspan="2">功能</th><th>最低标准</th><th>普及标准</th><th>较高标准</th></tr>
<tr><td rowspan="10">物业管理及安防</td><td colspan="2">小区管理中心</td><td>*</td><td>*</td><td>*</td></tr>
<tr><td rowspan="4">小区公共安全防范</td><td>闭路电视监控</td><td></td><td>*</td><td>*</td></tr>
<tr><td>电子巡更系统</td><td></td><td>*</td><td>*</td></tr>
<tr><td>防灾及应急联动</td><td></td><td>*</td><td>*</td></tr>
<tr><td>小区停车场管理</td><td></td><td>*</td><td>*</td></tr>
<tr><td colspan="2">三表计量（IC 卡或远传）</td><td>*</td><td>*</td><td>*</td></tr>
<tr><td rowspan="3">小区机电设备监控</td><td>给水排水、变配电集中监控</td><td></td><td>*</td><td>*</td></tr>
<tr><td>电梯、供暖监控</td><td></td><td></td><td>*</td></tr>
<tr><td>区域照明自动控制</td><td></td><td>*</td><td>*</td></tr>
<tr><td colspan="2">小区电子广告牌</td><td></td><td>*</td><td>*</td></tr>
<tr><td rowspan="3">信息通信服务与管理</td><td colspan="2">小区信息服务平台</td><td></td><td>*</td><td>*</td></tr>
<tr><td colspan="2">小区综合信息管理</td><td></td><td>*</td><td>*</td></tr>
<tr><td colspan="2">综合通信网络</td><td></td><td></td><td>*</td></tr>
<tr><td rowspan="7">住宅智能化</td><td colspan="2">家庭保安报警</td><td>*</td><td>*</td><td>*</td></tr>
<tr><td colspan="2">防火、防燃气泄漏报警</td><td>*</td><td>*</td><td>*</td></tr>
<tr><td colspan="2">紧急求助报警</td><td>*</td><td>*</td><td>*</td></tr>
<tr><td rowspan="3">家庭电器自动化控制</td><td>音频</td><td>*</td><td>*</td><td>*</td></tr>
<tr><td>视频</td><td>*</td><td>*</td><td>*</td></tr>
<tr><td>数据</td><td></td><td>*</td><td>*</td></tr>
<tr><td colspan="2">家庭通信总线接口</td><td></td><td></td><td>*</td></tr>
</table>

全国住宅小区智能化系统示范工程建设要点与技术导则（试行稿），还提出住宅小区智能化系统示范工程分类标准、分类示范系统的组成架构、功能要求及与各分类示范系统相适应的智能化成套技术要求。

本规划社区除农民新村外住区服务对象多为高新技术阶层，对信息化要求和潜在需求档次较高，对照上述标准划分，规划目标确定为理想标准，社区宽带网突出强调通信功能与网络功能，使社区融合到全球的新经济社会中，成为全球信息高速公路最末端的一个单元。

对于其中农民新村，考虑本区农民经济较富裕和本身层次的提高，以及因农民富裕房源出租、出售，出现的新村混合阶层对于社区信息化的实际和潜在需求，同时考虑本区园区网内部功能协调其规划目标宜确定为普及标准适当兼顾网络的融合功能。

5.6.6.4 社区宽带网络规划内容

社区宽带网络的规划内容主要包括以下方面：

1）社区宽带网的组成；

2）社区宽带网的主要接入方式；

3）社区宽带网的综合布线系统；

4）社区宽带网的计算机网络系统；

5）社区宽带网的综合业务管理系统。

上述网络规划内容详见6.3节社区宽带网。不同规划目标和规划要求，有不同的网络规划内容和网络规划侧重，但应符合总体基本框架要求。

以本规划社区园区网络规划为例：

（1）网络结构规划

1）为得到最佳的宽带接入与经济效益，选择局域网接入方式。

2）采用园区网，组团园区网的通信交换中心设快速以太网交换机。

3）在几个园区网的交换中心，一般小区中心设千兆位以太网交换机，也是OLT点。

4）从住宅楼层层单元到楼底层中心设1～2级或1～3级堆叠集线器，其中用户较多、较高档次楼房可用快连以太网交换机代替集线器，实现光缆到楼。

5）从交换机到集线器通常采用星形以及环形与星形相结合的两种结构。

6）接入网OLT连接点的主干网采用环形结构，提高通信可靠性。

（2）网络设施与演进规划

1）交换中心

首期开发设一台千兆比交换机，中远期可能增加一台或几台，增为3～8千兆比，或增为万兆比，以后发展为T兆比级分组交换机。

2）OLT点同时引入广播电视、数据通信等光缆，近期应有各自网络、机房等，但应考虑共同路由和逐步融合。

3）预留备用机房，以便设备更新。

4）传输中心

规划建设接入主干网。

5）网络管理中心

装有计费设备、故障告警与测试系统、同步设备、网关、网守、数据采集机、管理服务器(网管系统)，VOD影库与拷贝区、磁盘存储系统。

物业管理电子计费、业务受理。

6）播音室

因城域网传输速率低，若直接由 HFC 传送，费用高，而在以太网上实现较易做到，目前国内已较多在社区宽带网上实现 VOD，建数据库，存储 VOD 影库，拷贝影集，以便用户点播。同时，实现远程医疗和远程教育。

值得提出，根据我国一些城市宽带网的业务经营分析，一个城市全面开展上述各种业务(含 VOD)还需要相当长时间，但在一个局域网或园区网上，开展上述若干业务较容易做到，因此宜在局域网或园区网上逐步实施并待条件成熟再扩展到全网。

(3) 三网融合规划

图 5-29 所示为本规划社区园区网三网合一网络结构原理图。

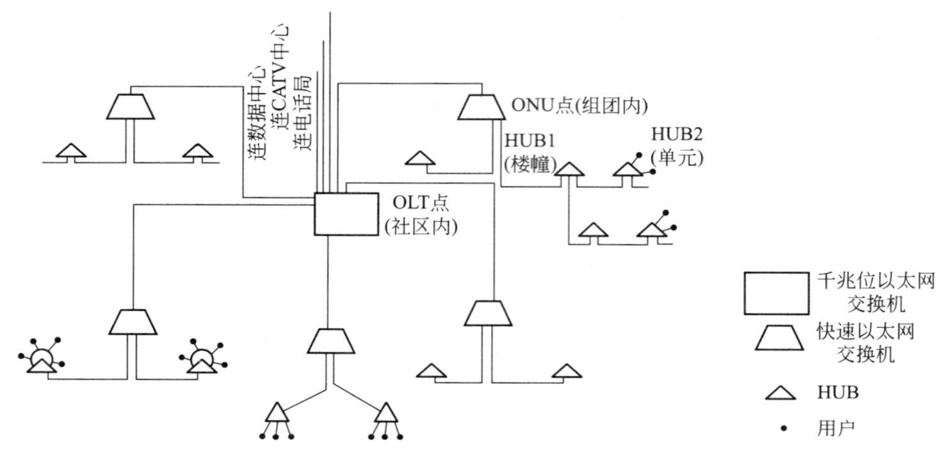

图 5-29　社区三网合一网络结构原理图

规划社区电话网、数据网(含物业管理自动控制)，CATV 网采用 ATM 三网合一，并统筹规划光缆路由与管道(详见下面小节图 5-33)。

在小区 OLT 点设小区通信中心，安装千兆位以太网交换机，主要功能：

1) 小区数据通信中心，并与区数据通信中心相连；

2) 接入网的 OLT 点，并与区电话中心局相连；

3) 拷贝，传送广播电视节目，并与市广播电视中心相连；

4) 智能小区物业管理自动化监测管理中心。

(4) 园区网规划方案：

1) 住宅楼每单元的 1 层与公建底层设末级集线器一个，用 5 类线连接到各用户，集线器(HUB)近期容量选择：住宅楼与中、小学，以及商业综合楼为 10BaseT；行政办公楼为 10/100MHUB。采用推叠式，以便灵活扩容。

2) 每幢楼 1 层中心设一级 HUB，与末级 HUB 距离不超过 100m，其间用 5 类线连接，一级 HUB 采用 10/100BaseT。

3) 每组团设快速以太网交换机，采用光缆连到一级集线器，实现光缆到楼，其间距离不超过 325m(100BaseT，使用光纤连线距离可扩展至 325m)。

组团以太网交换机代替 HUB，以大幅度提高自交换机到用户的传输速率和网络性能。

4) 社区中心设千兆位以太网交换机，并由主干传输网连到各快速以太网交换机。

以太网交换机到集线器通常采用星形结构或环形与星形结合的结构。

星形结构(图 5-30*a*) 一般为光纤分布数据接口(FDDI)，将来由光纤分布数据接口延续局域网结构 FFDL 代替。本规划方案快速以太换交换机以下采用星形结构。

环形与星形结合结构(图 5-30*b*)也称为令牌结构。本规划方案千兆位以太网交换机以下采用令牌结构。

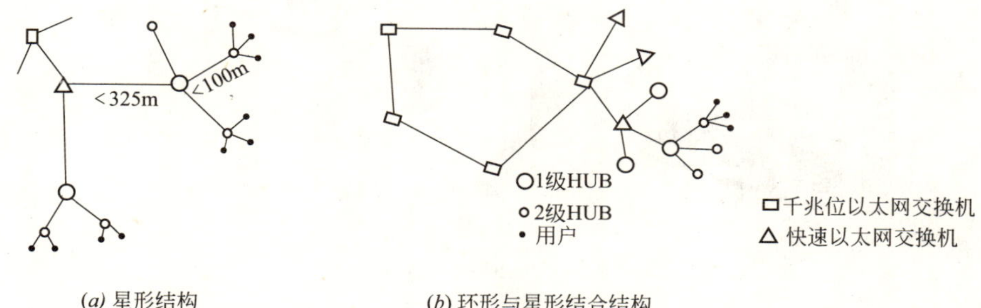

图 5-30 园区网交换机至集线器的网络结构

(5) 园区网设备选择

1) HUB

用于连接多台微机、进行频率分配，其功能为信号的再生和转发、碰撞检测和报告。

靠近用户一般选用 10BaseT 与 1Base5，前者连线距离为 100m，后者为 250m(用第 5 类缆线)。

HUB 规划分级：

住宅楼单元为 2 级，一般采用 10BaseT 即可，每单元 2 户按建筑层数选用端口如下：

4 层建筑采用 12 端(8 个主用，4 个备用)；

5 层建筑采用 12 端(10 个主用，2 个备用)；

6 层建筑采用 16 端(12 个主用，4 个备用)；

8 层建筑采用 24 端(16 个主用，8 个备用)；

10 层建筑采用 24 端口(20 个主用，4 个备用)。

如果每单元 3 户或 4 户，采用 HUB 最少应有 2 个备用。

本规划选用 10/100BaseT(图 5-31)自适应 12～24 端口/可堆栈/智能 HUB。

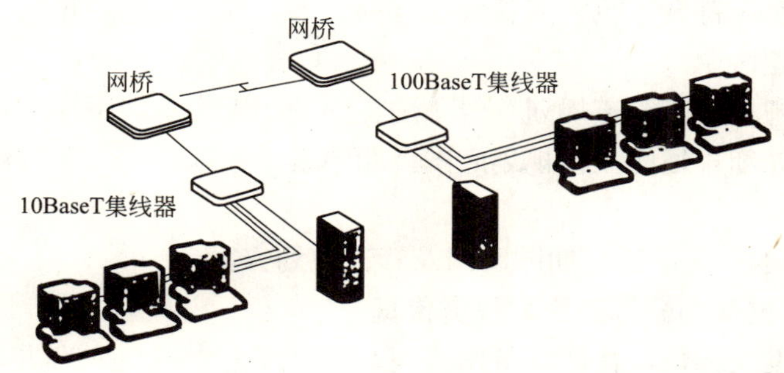

图 5-31 10/100BaseT 网络结构

楼幢1级HUB，户数为24、36、48、60、……、96户，根据容量选用10BaseT或100BaseT(图5-32)。

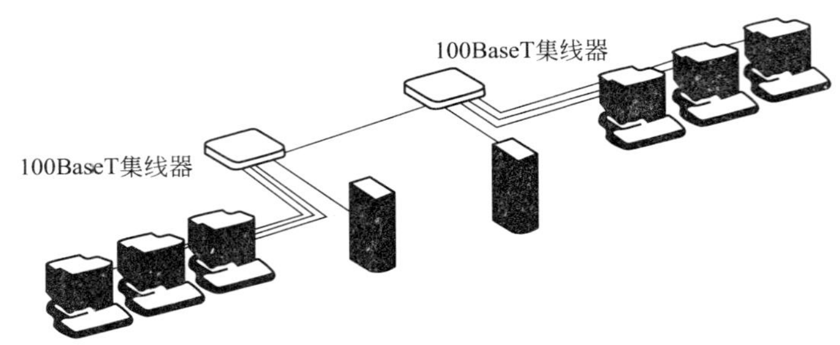

图5-32　100BaseT网结构配置

2）以太网交换机

① 每组团内设快速以太换交换机，预留底层建筑面积15～20m²，容量为百兆位级，初期为节省投资，可采用10/100BaseT/8口HUB，如采用ER9200 24WAN口/1个LAN口/支持ISDN/DDN/x-25/帧中继则更好。

以太换交换机到HUB若采用光纤传输，即光纤到楼，每处要增加1个DEF2600的10/100M光纤模块，也可采用带BNC中继器的HUB，而5类线应改为带防潮层4～8芯的同轴电缆。

② 社区中心设高性能、大容量的千兆位以太网交换机，用光缆与各快速以太网交换机连接。

3COM的3C93012(Saperstack I Switch 9300)有12个千兆端口。

3C39024 244 10/100自适应端口，1个千兆端口，2个千兆扩展槽。

③ 其他还需选用网络服务器与网卡等设备。

5.6.6.5　社区宽带网管道规划与规划图纸

社区宽带网管道规划的主干管道规划主要考虑城域网和接入网管道，并按城市主干管道规划综合考虑；其配线管道规划主要考虑相关接入网、宽带社区网，并按小区(社区)配线管道统筹规划；小区楼宇间通信配线管道应符合社区宽带网综合布线系统的要求。

上述管道规划都应符合市政管网管线综合的要求，并与给水、排水、电力、燃气、供热等专业管线规划相协调。

社区宽带网络规划及其管道规划一般采用在同一图纸表示，采用城市小区(社区)详细规划底图，也即同详细规划的工程规划底图。图中表示小区(社区)宽带网的主要设施、管路路由及管孔数。

图5-33所示为本例温泉镇一期园区网及管道规划方案。

5.6.6.6　社区宽带网规划分期实施与投资传真

考虑信息通信发展很快，社区宽带网规划一般宜以近中期规划为主，并应滚动规划与分期实施，涉及用地网络规划与管道规划宜按远期规划预留和实施。

社区宽带网规划一般都应作投资估算，根据社区宽带网规划各组成作工程量计算，然

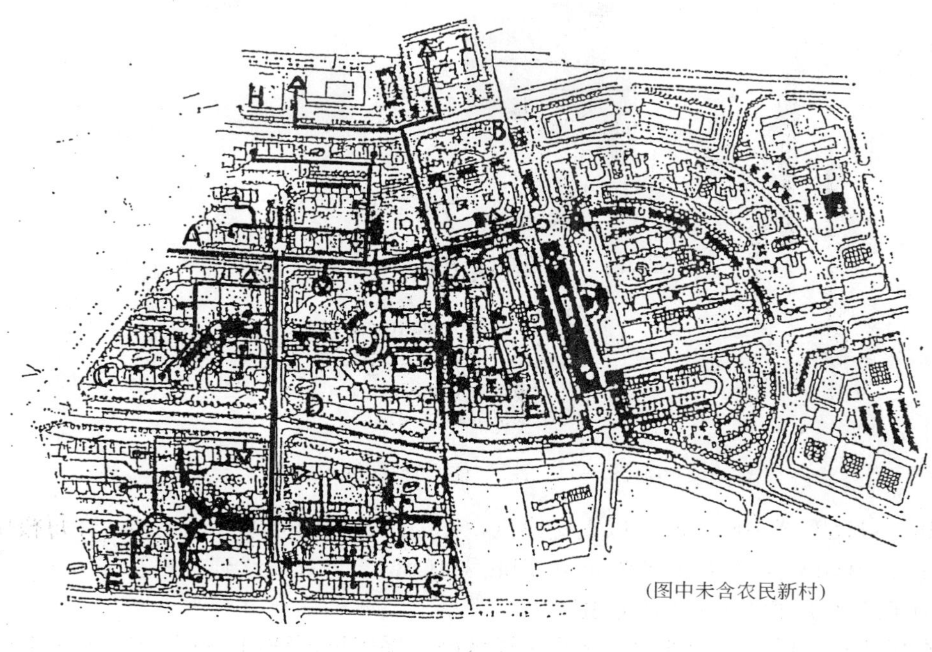

图 5-33 温泉镇一期园区网及管道规划方案

后在工程量计算基础上，根据单位造价作出工程投资估算。

本例社区宽带网规划共规划 5 个园区网分以下四期：

1）一期园区网规模

含 2636 户小区住宅，42000m² 办公楼及 3385 户农民新村住宅。

2）二期园区网规模

含 3000 户的小区住宅。

3）三期园区网规模

含 3800 户的小区住宅。

4）四期两个园区网规模

① 含 4900 户的小区住宅。

② 含拥有 11500 人的工业园区园区网。

本例投资估算略。

5.6.6.7 社区宽带网接入方式规划案例

(1) 社区校园网接入系统

图 5-34 所示为社区(住区)校园网示意图。

图 5-34 中宽带接入：

1）1 个组团有 5～10 幢住宅楼，约 300～400 户，1000～1200 人。宜在其中心设 1 个

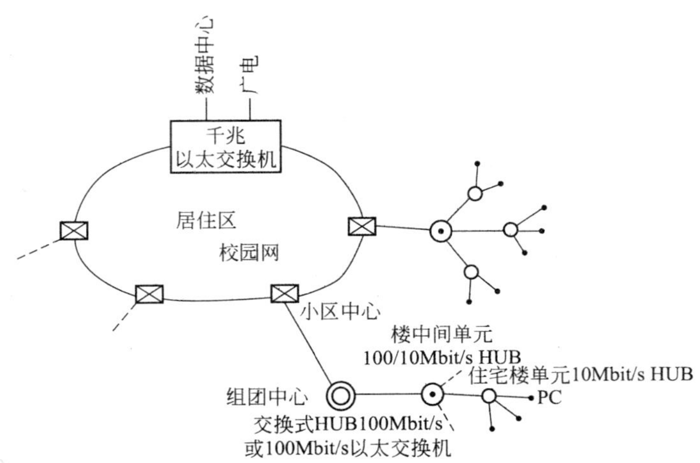

图 5-34　社区(住区)校园网示意图

100Mbit/sHUB 或 100Mbit/s 以太交换机，光缆从这里延伸到各住宅楼，在每楼中间单元安装 100/10Mbit/sHUB 连各单元 10Mbit/sHUB，5 号双绞线到各户。

2) 居住小区含 3～6 个住宅组团

在居住小区设社区管理中心。小区局域网，采用星形结构，光缆到各组团中心。

3) 用光缆环连各小区中心(4～6 个)，组成居住区校园网(大型局域网)。

4) 居住区周边单位局域网加装防火墙，并用光缆接到 FDDI 的光缆，经千兆以太交换机与城域网互联。

上述网络结构为 FTTB+LAN 也即汇聚层+接入层。

(2) 基于 IP 的社区宽带接入系统

图 5-35 所示为基于 IP 的社区宽带接入系统。

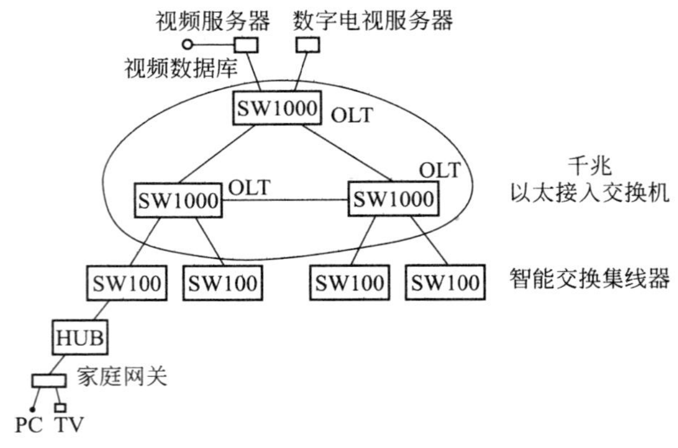

图 5-35　基于 IP 的社区宽带接入系统

图 5-35 中千兆以太接入交换机(SW1000)相当于 OLT，SW1000 与 SW1000 之间连成的网络接入城域网支持 QoS。SW1000 有 8～48 个 100Mbit/s 网络接口或 1～6 个 1000Mbit/s 光纤接口。

SW1000 连接下面智能交换集线器，再经 HUB 连到家庭网关。家庭网关是以太网宽带综合接入的用户接入设备，为用户提供标准清晰的数字电视、IP 电话、Internet 信息服务，VOD 视频点播、小区物业自动化管理及家电远程控制。其主要功能为：

1）能解码 DVB 数字电视码流；

2）提供 RGB、S-Video、Composite Video 多种输出方式。

6 信息通信管道网规划建设

6.1 概述

6.1.1 综合管道网的统筹规划与联合建设

信息通信综合管道网规划是指信息通信话音数据图像综合业务网络与电信各运营商之间相关综合业务网络两方面的统筹规划。信息通信综合管道网统筹规划和联合建设的必要性可以肇庆市相关规划实例说明：

（1）适应我国电信体制改革和促进城市通信发展及其三网融合的必要性、可行性

随着我国电信体制改革的深入，1994 年继中国电信后的第二个国家公众电信网——中国联通的建立是我国电信行业引入市场竞争机制，加快电信事业发展的重大举措，标志着我国电信行业已从过去一家垄断经营进入多家竞争经营。

近年肇庆市 IP 业务和宽带通信业务需求不断增加，全市经营上述通信业务的已有中国电信、中国联通、广东移动通信、有线电视、吉通、盈通、长城、卡通、铁通 9 家网络公司。

上述公司经营业务规模有大有小，也有不同侧重，但有许多共同地方，特别是光纤环路、路由等基本相似或相同，都要把光纤延伸到街道、小区和大楼；同时光通信技术的发展已为综合传送各种信息，特别是宽带图像和数据业务提供了必要的高带宽和低成本的条件，而软件发展技术又使网络的特性和功能不断优化和升级，使网络最终都支持各种业务的功能，光通信技术与数字、计算机软件技术的结合使得网络在技术上逐渐趋向一致，在网络层可以实现互联互通，业务上互相渗透和交叉，应用层上使用统一的 TCP/IP，使话音、数据、图像三网合一，最终实现综合业务数字网成为可能。如同前述，今后城市通信网将是以数据业务，特别是 IP 业务为中心的融合的电信网，并将最终支持包括话音在内的所有业务，因此开展互联网宽带网以及信息通信管道网统筹规划，不仅有利于目前不同企业的网络“互补”，如利用市话光纤通信网开通广播电视(CATV)网，初期可利用光纤 CATV 网的空闲光纤开通数字复用环路设备装电话，将来可发展多种宽带业务，促进市话用户光纤网发展，而且也便于促进 Internet 的城域网，中国电信的接入网和 CATV 的分配网的网络融合。

（2）充分利用现有通信资源、避免和减少重复建设，节省建设投资

肇庆市公用电信网已有几十年建设发展历史，特别是改革开放以来通信得到长足发展，旧城区通信电缆和管道多数有较大富裕，通过互联网、宽带网的统筹规划可以充分利用现有通信资源，节省建设投资，避免和减少重复建设；对于新城区，通过统筹规划，可以联合建设，避免各自为政、盲目建设。

（3）有利地下管线空间资源的优化利用

城市地下管线空间资源有限，地下管线空间资源的优化利用十分重要。

城市地下工程管线包括给水工程管线、排水工程管、电力工程管线、电信工程管线

(含有线电视)、燃气工程管线、热力工程管线等，通过工程管网的规划优化、路由选择和管线综合，以及必要、合理组合共同管沟，达到地下管线空间资源的优化利用。

一般情况下，为有利维护，电信管道布置在道路的人行道下，必要时也安排在快车道下，中号电信管道的人孔井宽 2m 以上，如果按目前肇庆市 9 家经营宽带网业务的公司各建各的管道，不但不可能再安排其他专业工程管线，而且布置 9 家(今后还会增加，且还有非经营部门)管道在许多情况下也很困难，甚至无法布置。对此，如果不予重视，将会造成很大被动和浪费，显然对于上述各自为政的做法，城市规划主管部门是不能采纳的。

可见，互联网、宽带网的统筹规划，对于地下管线空间资源的优化利用来说，也是必需的。

(4) 有利管、网统一维护，降低运行成本

互联网、宽带网统筹规划、管网联合建设、联合维护，有利统一维护管理，节省费用，同时也便于发挥管网维护技术力量强、经验丰富的中国电信等老企业的传、帮、带作用。

(5) 纳入城市总体规划，便于城市规划管理部门的统一管理和部门协调

互联网、宽带网的统筹光缆网规划及信息通信管道网综合规划纳入城市总体规划，这就保证能在城市总体规划的指导下，依据城市规划和城市建设发展，做出城市通信宽带等新业务的需求预测和相关网络的发展规划，有利城市通信建设和城市其他建设有序、可持续发展，又便于城市规划管理部门对互联网、宽带网规划和管道网等通信基础设施建设的统一管理和部门协调。

6.1.2 管道网综合规划的基础与依据

管道网综合规划基于信息通信网的综合规划，前者是后者的延续，后者是前者的基础。

就固定电话网而言，在一个多局制电话网里各局的出入中继线连同各种用途专线约占话局容量的 30%左右。敷设这些中继线(含上述专线)的管道即在各局之间形成一个整体管道网。

长途通信网的光缆、电缆与本地网的光缆、电缆使用统一管道系统。管道网不仅为馈线光缆、电缆分布在本交换区内，而且还通过一个或几个衔接点与别的交换区域连接起来，从而把市话交换局、长途局、各种汇接局，专用网的交换点连在一起。这些网点之间的光缆、电缆对管道路由和管孔容量提出的要求，都是管道网规划的基础依据。

对于现代城市信息通信网来说，上述网点之间的光缆、电缆对管道路由和管孔容量提出的要求应该是城市信息通信网包括语音、数据、视频图像多种业务的综合整体规划的要求。因此，信息通信网综合规划是管道网发展的综合规划基础依据。

6.1.3 管道网综合规划原则

管道网综合规划应遵循以下原则：

1) 依据城市规划与城市通信发展规划，并与城市及城市通信发展相适应的原则。

2) 统筹规划、合理布局、联合建设、资源共享、避免重复建设的原则。

① 满足本地网汇接局—汇接局、汇接局—长途局、汇接局—大型端局、汇接局——

般端局核心主干网线路敷设需要。

② 满足大型端局—长途局、大型端局之间、大型端局—其他端局、模块局间及端局—各 OLT 点的用户主干网线路敷设需要。

③ 满足自 OLT 点到各接入点 ONU、各大楼的交接间、箱以及 ONU 到办公楼和住宅楼的线路敷设需要。

④ 满足广域网、城域网、广播电视网等其他信息通信网络线路敷设的要求。

3）语言、数据、视频图像三网融合，以及综合业务和整体规划的原则。

4）以城域宽带网为主的传输网综合规划为基础，满足建立资源共享的宽带通信平台的管道网综合原则。

5）“光进铜退”，更多场合光缆代替铜缆的规划原则。

6）按道路网规划，与各工程管线规划相协调的原则。

6.1.4 通信管道的分类

通信管道按其用途和建筑方式可分为主干管道和配线管道。

（1）主干管道

主干管道也即馈线管道，是敷设接入点往局所方向馈线、中继线、长途线与各种专线(光缆与电缆)的管道，馈线管道分支前为主馈管道，分支后为分支管道。

（2）配线管道

配线管道为敷设接入点往用户方向的配线光缆、用户光缆及有线电视光缆电缆的管道。

主干管道采用局向用户辐射或环状建设方式；配线管道采用辐射建设方式。靠近局所或接入点管道增多。

6.1.5 管道管孔内径与电缆外径的适配关系

管孔与电缆之间必须有一定间隙。管孔内径与电缆的最大外径之间的适配关系取决于经验。常见的经验公式和规定有好几种，以 CCITT 的建议公式为例：

$$\phi \geqslant \frac{d}{\sqrt{0.8}}$$

式中，ϕ 为管孔内径；d 为电缆最大外径。

管孔内径与电缆外径的适配关系，通常中等以上孔径取上述 CCITT 计算方法；小孔径按照电缆公差，牵引工具厚度和一定间隙计算，综合考虑为：

$$管孔内径 \geqslant 1.05 倍电缆外径 + 8.38 \quad (mm)$$

目前，我国通信管道管质可沿用水泥管块。水泥管块具有强度高，投资少的优点，主干管道一般采用 ϕ90mm 6 孔组成管块，近些年已较普遍采用 ϕ100mm 高强度塑料管，特别是省之间和省的长途干线采用吹管敷设用塑料管较多。PVC 塑料管内壁摩擦系数小，仅为水泥管的 45%，减小对电缆的磨损。管道段长为 250～300m，并可做成弯形管道。

当主干管道超过 60 孔以上时，特别是在大容量局所的出局附近，常建设不同规模的短段电信通道。

表 6-1 所示为各种管径适用最大电缆对数表。

各种管径适用最大电缆对数表 **表 6-1**

标称管孔(mm)		实际管径(mm)	最大允许穿过电缆外径	允许最大电缆对数	
				填充型	充气型
水泥管	ϕ90	85	72	0.32×2400 0.4×2000	0.32×3600 0.4×2400
	ϕ84	79	68	0.4×1600	0.32×2400 0.4×2000
	ϕ62	58	48	0.4×800	0.4×1000
	ϕ60	56	46	0.4×800	0.4×1000
	ϕ50	46	37	0.4×400	0.4×600
塑料管	ϕ100	100	88	0.32×4800 0.4×3200	0.32×6000 0.4×3600
	ϕ90	90	78	0.32×3600 0.4×2400	0.32×4800 0.4×3000
	ϕ75	75	65	0.4×1200	0.4×1600
	ϕ50	50	40	0.4×400	0.4×600

表 6-2 所示为国外不同类型电缆外径与线径对数对应表。

国外不同类型电缆外径与线径对数对应表 **表 6-2**

厂家 / 最大外径(mm) / 电缆线径与对数	日本 SWCC		日本 Fujrkura		英国 STC		日本贸易株式会社填充型	大日本电线电缆株式会社充气型	美国 ESS 充气型	芬兰 Nokia		加拿大飞利浦	
	填充型	充气型	填充型	充气型	填充型	充气型				填充型	充气型	填充型	充气型
0.32×2×4000		69					76						70.5
0.32×2×3600				70					74				67.2
0.32×2×3200		62	73	66	70	63	63	69	69	70	68	74	63.6
0.4×2×3200				63				80					
0.4×2×3000	84							78					
0.4×2×2400	76	69		63			70	71	76		69	80.4	66.6
0.4×2×2000	72	63.5	71.5		70		64.5	65				73.7	61
0.4×2×1600	63	58	65	53	65.5		58.5	58			57	67	55
0.4×2×1200	55	50			56.1		51.5	51		54	50	58	48
0.4×2×1400							47.5					53	44
0.4×2×800							43			45	42	48	40
0.4×2×600							38				37	42	35
0.4×2×400							32			33		35	29
0.4×2×300							28.5			29	27	31	26
0.4×2×200							24.5			25		26	22

6.2 综合管道容量及计算

6.2.1 综合管道容量

通信主干管道容量，也即馈线管道容量，是用户馈线、局间中继线和各种其他线路对管孔需要量的总和。其规划容量应分别计算并考虑备用容量，然后集总取定。

综合管道容量是指在管道网综合规划基础上的，信息通信网综合规划，整体考虑的管道容量。综合管道规划容量有以下特点：

1）以通信主干管道容量为基础，综合考虑各种其他信息通信线路对管孔需要量。

2）不同信息通信线路敷设应尽量考虑同路由、同管道，但应不同管孔。

3）综合通信管道规划应合理利用地下空间资源和科学确定综合管道容量，并与给水、排水、电力、燃气、热力等市政管道规划相协调。

4）考虑不同规划期光缆与电缆的不同比例对管孔需要量的影响。

6.2.2 用户馈线管孔需要量计算

（1）沿线路路由累计的用户数

用户线管孔需要量是以规划期末交接区预测用户数为基础，按规划路由分段累计数为主要依据的。

图 6-1 所示为某管道路由上分段累计用户数。

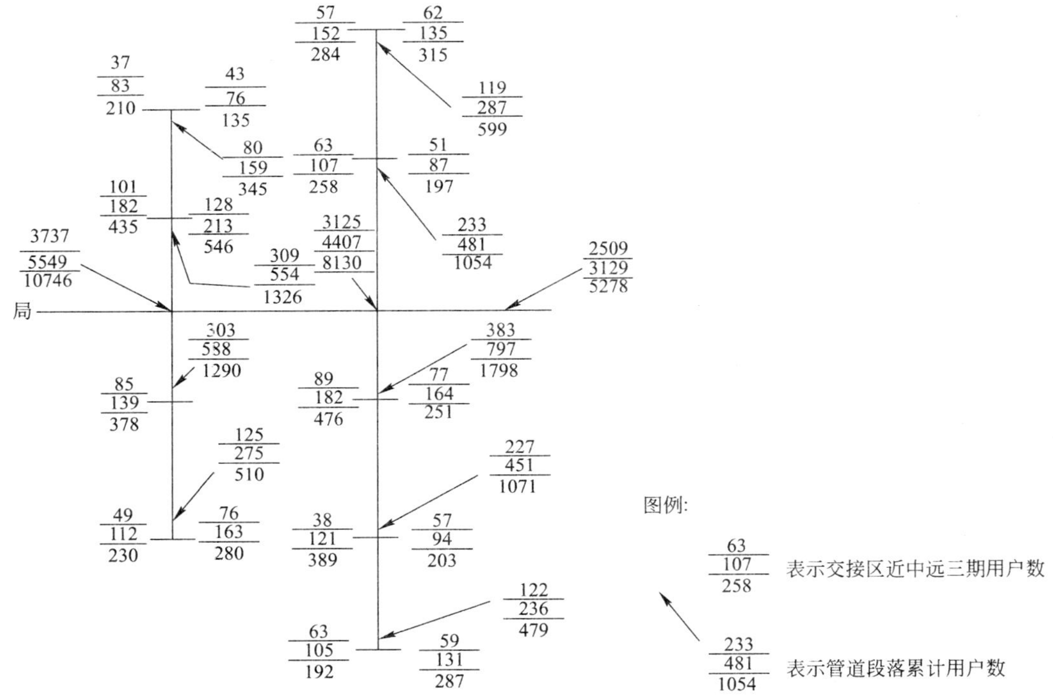

图 6-1 某管道路由上分段累计用户数

（2）平均电缆心线使用率

管道分段线对数应为分段累计用户数除以平均电缆心线使用率。

对于以交接为主的线路网来说，上述使用率可取 0.625。实际应用一般可取 0.67。近局段可取 0.5。考虑光缆取代铜缆的进展远局段逐渐向渐 1 趋大。

规划管孔数由依据国内外经验和相关发展趋势定出平均对数计算求取。

（3）规划年限

通信管道建设一般应满足 30～50 年需要，一般以远期规划的管孔需要量乘一系数来满足更长时期的需要。日本上述系数为按道路环境条件和电缆条数考虑的倍率。表 6-3 所示为日本管道容量按敷设环境考虑的倍率。

日本管道容量按敷设环境考虑的倍率　　表 6-3

敷设环境	按电缆条数的倍率			说明
	1	2～4	5 条及以上	
石子路和简易路面	2.0	1.3	1.0	在石子路面上加 2～3cm 作为防尘处理或表面处理的是简易路面
高级路面	2.0	1.3	1.3	按照地基土壤强度建筑相应的路基，再在路基上面加铺 3～4cm 的表层的是高级路面
特殊道路	2.0			国家公路、收费公路、钢筋混凝土路面、采取防冻措施的公路
特殊区段	2.0			桥梁附架、穿越隧道或轨道、横过干线公路、属于地下铁道、地下商业街道和地下停车场的区段，铺设公共槽道的道路
电话局出局部分	1.0～2.0			经 15 年研究期的局所规划确定的局所，管孔数取电缆条数的两倍

（4）备用管孔

表 6-4 所示为日本按电缆条数外加的备用孔数量。

日本按电缆条数外加的备用孔数量　　表 6-4

电缆条数	外加备用孔数量	电缆条数	外加备用孔数量
1～15	1	31～45	3
16～30	2	46 及以上	4

6.2.3　中继线及其他线路管孔需要量计算

中继线对管孔需要量可按以下估算：

1）以交换局容量为计算基础。

2）出入局中继线按规划期话局线对数的 20％估算，并另加 10％信息业务专线需要量。

3）考虑中继电缆最高心线使用率为 0.8，则综合考虑出局中继电缆总对数为话局容量的 0.375 倍。

4）按中继电缆出局方向及其容量摊分，计算出局各方向对数。

5）依据经验确定平均电缆对数，并依据各方向对数和平均对数计算电缆条数。

值得指出，由于发展光缆和高频复用，中继和其他线路不考虑前述使用率系数和为满足更长年限的需要系数。

此外，长途电缆（光缆）和本地网城乡中继线路所需管孔按相关规划另作计算。长市中继线所需管孔数按路由规划估计。

专用网和各种其他信息网的交换中心与市话局之间的管孔数单独计算。

6.2.4 用户馈线与中继线的平均对数及孔径分配

由于电缆对数不是一成不变，通常以平均对数来计算管孔数。

表 6-5 所示为与远期（20 年规划期）平均增长率相对应的平均对数和管孔数。表中终局用户数远期管道路由分段累计用户数。

与 20 年规划期平均增长率相对应的平均对数和管孔数　　表 6-5

A 终局用户数	B 平均增长率 $=\frac{A}{20}$	C 平均对数 建议值	D 用户线对数 =1.6A	E 计算管孔数 $=\frac{D}{C}$	F 取定管孔数 =1.5E
500	25	300	800	3	5
1000	50	400	1600	4	6
2000	100	600	3200	6	9
3000	150	700	4800	7	11
4000	200	800	6400	8	12
6000	300	1000	9600	10	15
8000	400	1100	12800	12	18
10000	500	1200	16000	14	21

局间中继线的管孔数在采用音频实线的条件下，也可按平均对数计算。最经济电缆对数原理同样适用于中继电缆。

表 6-6 所示为与中继路由对数相对应平均对数和管孔数。

与中继路由对数相对应平均对数和管孔数　　表 6-6

路由对数	平均对数	取定管孔数	路由对数	平均对数	取定管孔数
2000	300	7	6000	400	15
4000	350	12	10000	500	20

表 6-7 所示为同一路由上各种孔径按不同城市和线路类别所占的百分数。

同一路由上各种孔径按不同城市和线路类别所占的百分数　　表 6-7

城市类别	线路类别	孔径			
		100mm	80mm	56mm	25mm
大城市	主干馈线	20%	80%		
	分支馈线		60%	40%	
	局间中继		75%		25%

续表

城市类别	线路类别	孔径			
		100mm	80mm	56mm	25mm
中等城市	主干馈线		100%		
	分支馈线		40%	60%	
	局间中继		50%	35%	15%

长途网和专用网管孔孔径分配应考虑光缆比例的提高趋势，一般情况孔径 56mm 与 25mm 各半为宜。

6.2.5 出局管道管孔需要量计算

出局管道管孔容量的计算应考虑光缆逐步推广、光进铜退的因素减少孔数。管孔容量计算根据局所容量可按以下综合考虑和计算：

(1) 市中心区建设的终局容量(含远端容量)≥5.5 万门=50 孔；

(2) 市中心区建设的终局容量(含远端容量)<5.5 万门时，按下式计算：

出局用户电缆总对数=终局容量×实装用户率×使用电缆比例数×电缆芯线使用率

出局总管孔数=出局用户电缆总对数÷(每条电缆平均对数)。

在考虑实装用户使用电缆比例较高情况下(如 80%～90%)，出局管孔数可参考表 6-8 数值；当实装用户使用电缆比例较低或以数据通信为主的综合接入设备点的情况，其服务用户性质和安装设备的功能不同的情况，电缆和光缆使用管孔数量均不能忽略而应分别计算和考虑后根据实际情况调整表 6-8 数值，而对于上述综合接入设备点的管孔数量，则一般可在 6～12 孔范围考虑。

出局管孔容量参考值 **表 6-8**

局所位置	局所类别	终局容量(万门)						
		≥5.5	5	4	3	2	1	0.5
市中心区	端局	50	44～48	36～48	28～40			
	模块局					32～42	22～16	8～12
市区边缘县城镇	端局	45～50	44～48	36～48	28～40	16～28	12～16	
县郊	模块局							16～24

注：表中郊县城镇 2 万门以下端局按 15%～30%用户需电缆(其他用户用光纤接入网)，县郊农村模块局按 100%使用电缆考虑。

6.3 主干管道与配线管道综合规划

6.3.1 主干管道综合规划内容与规划程序

(1) 规划内容

主干管道规划内容应主要包括：

1) 相关局所与交换节点及综合分布。

2) 局前管道规划。

3）主干管道综合布局与路由。

4）主干管道综合管孔数计算及确定。

5）管道敷设。

（2）规划设计图纸要求

对于设计图：

1）规划设计改扩建与新建管道应标明管道断面、孔数管质及人孔位置。

2）局前管道、过桥管道，过河隧道应附图说明。

3）特殊管道与非标准人孔应作说明。

4）郊区半埋式管道人孔、手孔应有标石相关说明。

5）管道跨越障碍物，应有管道保护及说明。

图纸比例同相应规划设计图比例。

对于规划图：主要是管道系统分布、路由和容量。

（3）规划程序

图 6-2 所示为主干管道规划程序。

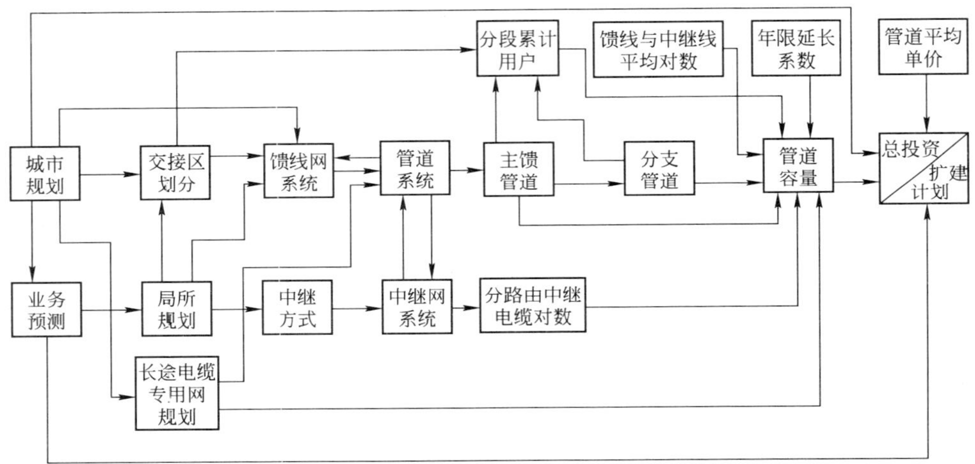

图 6-2　主干管道规划程序

6.3.2　主干管道的结构与综合路由规划

（1）管道结构

主干管道一般采用局向用户辐射或环状结构与建设方式。

主干管道敷设有铜缆与光缆，前者一般采用树形结构和管孔逐渐递减的方式；后者一般采用环状结构。

（2）综合路由规划

综合管道网是以用户馈线电缆为主规划的，结构与馈线电缆、光缆结构基本相同，局间中继和贯穿电信网的其他电缆、光缆起补充修正作用充分考虑多业务综合管道共路由因素。主干管道如同上述结构，在交换区域内呈分路幅射状，在交换局之间呈网状。

综合管道路由要考虑以下方面：

1）结构模式

① 以话局为中心，按直角相交的四个方向出线，每个方向的主轴管道与分支管道之间呈张口型分路系统，距局近分支短，距局远分支长。

② 每隔一条道路布设一趟分支管道，馈线分向两侧引入街坊有利街坊配线。

2）以用户馈线为主确定的管道路线遍布交换区各个方向。以局间中继线为主的各种跨越交换区域电缆与光缆，应当最大限度地利用这些路由采取合用管道；用户馈线与局间中继线，为避免管群容量太大和人孔内电缆过多，应尽量避免共用主轴管道；局间中继线有在中间局分段和组合要求，因而越靠近市中心的局所中继电缆，占用的管孔越多。为通信线路安全和合理分配话务，路由规划应考虑局间中继线的多路由要求；同方向长途和郊区线路没有进过路局要求，在不影响传输和经济情况下可分散在不同路由的管道内。

3）跨越交换区域的线路都有选择捷径的要求，可视相关路网的实际情况选择捷径道路的路由。

4）在不违背成网原则下，尽量选取交通不甚繁忙的干道作为管道路由，而且尽可能选在人行道上。

6.3.3 局前管道规划设计

（1）主要出局管道类型

1）城市 2 万门以下局所，一般应采用两端（方向）和单路由出局，如图 6-3 所示。

2）3 万～6 万门局所，一般采用两端（方向）和双路由出局，如图 6-4 所示。

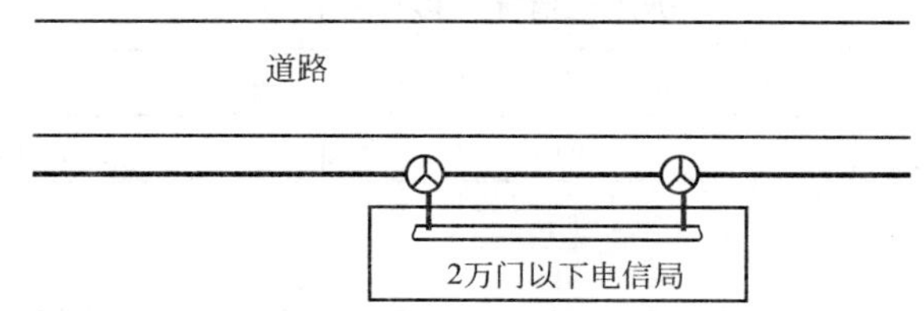

图 6-3 两方向与单路由出局

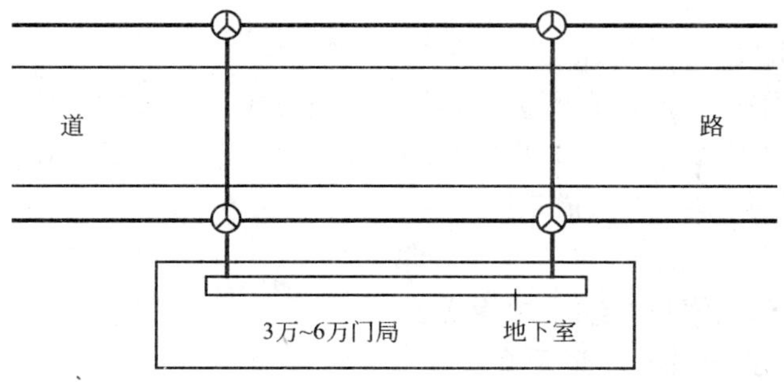

图 6-4 两方向与双路由出局

3）8 万门以上局所应采用 3 个以上方向多路由出局，包括楼前、楼后、楼左、楼右，以降低每路出局孔数，保障路由安全，局所应尽量在十字路口与丁字路口布置，如图 6-5 所示。

终局容量 4 万门及以上的局所应考虑局前道路两侧分设出局管道。

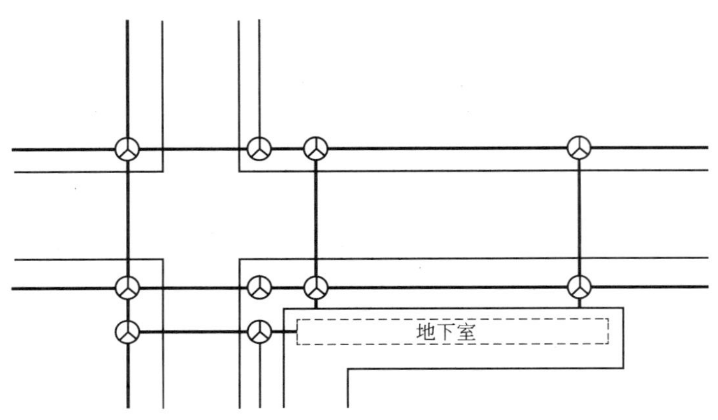

图 6-5　3 个以上方向及多路由出局

（2）近局管道管孔数

主干管道管孔数的计算与分配应考虑局所终局容量、出局分支路由数量、道路两侧相关用户分布和用户业务预测、局所分布与相关局间联系。远期预留光缆比例等多种因素而确定。

用户电缆对数是按树枝形递减的，每到 1 个交叉路口递减 1 次。离局越远电缆平均对数越小，表 6-9 所示为近局管道理论计算的管孔需要数的基础上，综合考虑光缆发展等因素的规划实用推荐值。

近局管道远期规划管孔数　　**表 6-9**

规划局所终局规模（万门）	距局 500m 以内分支路由管孔数	距局 500～1200m 以内的分支路由管孔数
1～2	8～16	4～8
5～6	12～18	8～12
8～15	8～16	6～10

6.3.4　配线管道组成与管质及孔径选择

（1）配线管道组成

有些电信发达国家由于发展了地下配线，已经形成了庞大的配线管道网络。配线管道的孔公里数量虽比主干管道少，但其沟公里长度远大于主干管道，遍及整个都市的各个角落。与主干管道一起组成一个管道网。

配线管道由以下部分组成：

1）各种孔径的单孔塑料管组成的管道。

2）有 1～3 个手孔盖的长条形手孔。

（2）配线管质与孔径选择

常用经济低廉的管质有塑料管与混凝土管两种，塑料管中又可分为聚氯乙烯管、高压聚乙烯管及丙烯管。聚氯乙烯管管质较硬，不易变形，价格较便宜，但比重较大。耐寒性与防老化性能差，聚乙烯管道绝缘性能与抗潮性能好，但质地太软，容易变形，有的厂家把它制成波纹管，可以装盘连续布放，安装方便，中间不需接续，保证管道中间不发生漏水。有的厂家采用树脂为主塑料管，管壁较薄，有弹性，机械强度与耐寒性均较好。

为了能够穿放大对数全塑电缆，我国有些城市采用内径100mm以上的塑料管，为使一个管孔内能放设多条电缆，在新设管道时就预先穿进一条尼龙绳，放电缆时用尼龙绳带进钢丝绳曳拉电缆；在放电缆的同时又带进另一根尼龙绳，为下一次在这个孔内再放电缆之用。放进管孔内的电缆不考虑再拆除。

对于已有配线缆的管孔，允许再放入管孔内的电缆的最大外径可按以下公式计算。

$$d<[\text{管孔内径}-(D_1+D_2+\cdots)\times 0.7]$$

式中，$D_1D_2\cdots$为已放入管孔内的电缆外径；d为允许再放入该管孔内电缆的最大外径。

配线管道除采用孔径60mm、36mm不同规格的塑料管外，可采用孔径60mm的多孔水泥管，更经济。孔径60mm的9孔管块，其管孔截局相当于孔径为90mm的4孔管块。

12孔孔径为60mm的孔管的截面相当于6孔孔径为90mm的孔管，常常与内径为90mm的管块合并建设。在靠近局所时，大孔径的管块比例要大一点，而远离局所或支线时小孔径的管块比例要大一点，可以降低每孔的造价，提高截面的利用率。大孔径用于穿放主干电缆、中继电缆，小口径用以穿放配线电缆、专线电缆或光缆。

6.3.5 配线管道的建筑方式

配线管道延伸到城市各个角落，需要适应各种不同地形的管道敷设条件，采用塑料管能满足不同地形的敷设要求，并且可以减少管道槽宽和深度，便于跨越障碍物，减少赔补费、运输与施工费，还可加大人孔间距，减少接头费用，是一种更有推广价值的配线管道建筑方式。

大多数的配线管道均在6孔以下，对于这种小型管道通常只采用手孔。因为全塑电缆接头较长，外护套可塑性较好，这样就在条件把全塑电缆拿到手孔井口处接续，因此原有手孔形式已不能满足这一新的要求，需要做相应的改革。改建的手孔可以做成长条形的砖砌或预制混凝土结构。其手孔盖是方形的，根据管道数不同而采用不同数量的孔盖，其中1孔与2孔管道为一孔盖，3～4孔为两孔盖，5～6孔及再生中继器手孔为3～4孔盖。再生中继手孔一般建于人孔的旁边，用于放置用于脉码调制(P、C、M)再生中继器用。

6.3.6 配线管道综合规划设计

1）配线管道主要敷设接入点到用户的配线电缆、用户光缆，也包括广播电视用户线路。

2）配线管道采用辐射建设方式。

3）配线管道一般采用12孔以下塑料管。

4）配线管道规划应与局所(含模块局)、OLT和大型ONU规划相一致。

5）在主干管道的上面建设配线管道，如图6-6所示。一般主干管道埋深大于800mm，因而在其上方建设配线管道有足够的余地，这种方法扩建配线管道不必破坏主干管道和新建人孔，因而节省投资，方便施工，减少接头。

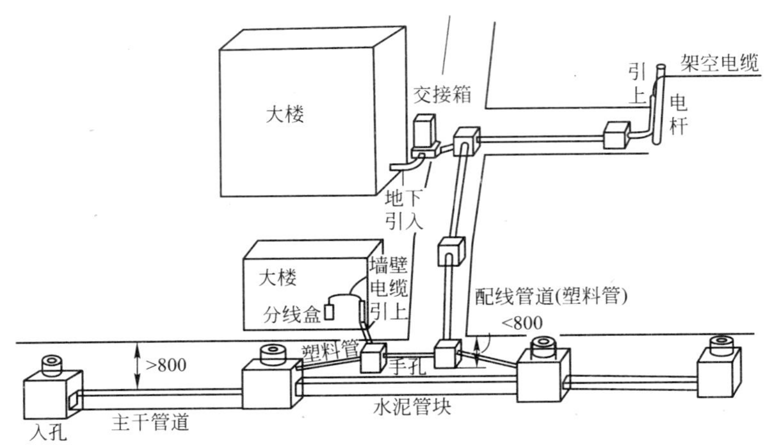

图 6-6　主干管道与配线管道建设方式示意图

6.4　信息通信管道网综合规划案例分析

6.4.1　B 市管道网发展综合规划

（1）规划内容

1）管道网现状分析。

2）管道网需求分析。

3）发展规划及优化。

4）近期规划方案。

（2）管道网络存在问题分析

1）部分管道存在断点，影响整个管道网络的完善性。由于断点管道未能贯通，线路敷设迂回、投资增高，安全性低，而且不利于管道网络自身环愈。

2）局部管孔占用率高，未能及时扩容造成管孔紧缺，形成管道管孔的瓶颈。

3）单路由管道不能达到管网自身环愈的要求。单路由主要存在于个别区域与其他区域之间只有一条管道路由和部分局所出局管道的单条路由，这两种情况都限制通信网络发展。

4）旧技术规范的弊病。旧水泥管缺点除强度低、摩擦系数大外，还因管孔只有单一90mm 型号，不适于各种不同直径的电缆特别是不同直径光缆的敷设，而造成管孔容量的浪费。

管道规范制定较早，而早期交换局容量与现在交换局容量相差很大，原人孔、手孔已远远满足不了现在大容量、多业务电缆光缆的需求。

（3）管道网需求分析

B 市通信已经拥有非常丰富的管道资源，而且相当一部分占用率并不是很高，但从覆盖率的角度考虑，B 市通信对管道仍有很大的需求。

1）网络优化对管道的需求

B 市通信管道网络在总体上已基本能够适应 B 市地区通信业务的需求，但在某些局部还需要加以改进和完善。针对目前B市通信管道网的现状，对管道网的优化还需以下工作：连通存在断点或目前尚未连通的部分管道，对高占用率的管道进行改造扩容，整改前期施工遗留问题，加快单路由管道的环愈建设等。对管道网络的优化是一项应当持之以恒的工作，科学而又合理的优化不仅可以完善管道网络结构，同时能够提高管孔使用率，有效降低线路敷设成本。

2）新局所对管道的需求

在建立通信局所的同时会相应带动周边地区的管道建设，局所与管道两者的分布有着密切的联系，在通信局所周围，通信管道呈现由内向外辐射发散的状态，管孔密度逐渐降低。

3）新发展区域对管道的需求

城市新发展区包括新开发不同规模的住宅小区、商业区等应准确测算新发展区域新用户规模及其对管道的需求。

4）边缘集团地区对管道的需求

B市位于市区与郊县之间的边缘集团地区，虽然由于所处地理位置和经济条件不同，发展有较大差别，但总体发展潜力都较大，对通信业务有很大潜在需求，其对管道需求应纳入整个规划之中。

5）重点区域对管道的需求

重点区域对通信往往有很高的要求，应作为一个点的特例测算其对管道的特殊需求。

6）郊区对管道的需求

各郊区县之间的管道存在着距离长、结构松散、起步晚等特点，各郊区县内的管道网络发展也不是十分完善，存在多处未连通或未环愈的地段。为了改善这种局面，郊区局加大了投资力度，促使郊区通信管道网络建设的步伐进一步加快。同时伴随着B市对卫星城建设力度的加大以及郊区经济的增长，B市各郊区县的通信管道需求正逐年增加。

（4）管道网规划布局

1）中心区主干管道规划布局

中心区管道网的主框架是以三个环线为基本环路，完善其间均匀分布的纵横线管道，逐步形成以“7横7纵”为主结构的管道网格状布局。

三个环线与“7横7纵”管线，将整个中心区贯通起来，加上分布在其他主要道路的管道，构成中心区管道网的骨架。

图6-7所示为中心区主干管道规划布局示意图。

2）发展(新)区主干管道规划布局

郊县发展(新)区用户具有局部密集的特征，其管道的主框架是从中心区依附道路网向各方向辐射的主线，同时配以环线连接各局部区域。在局部范围内以局所为中心，建立树状或环状结构管道网络。

3）主干管道网络结构与规划主要管孔数

B市主干管道网络结构是与道路网结构相对应的典型的棋盘式网络结构。中心区主干管道(二侧或一侧布置)一般24～48孔，四环与五环间少数为36孔，主要为24孔。

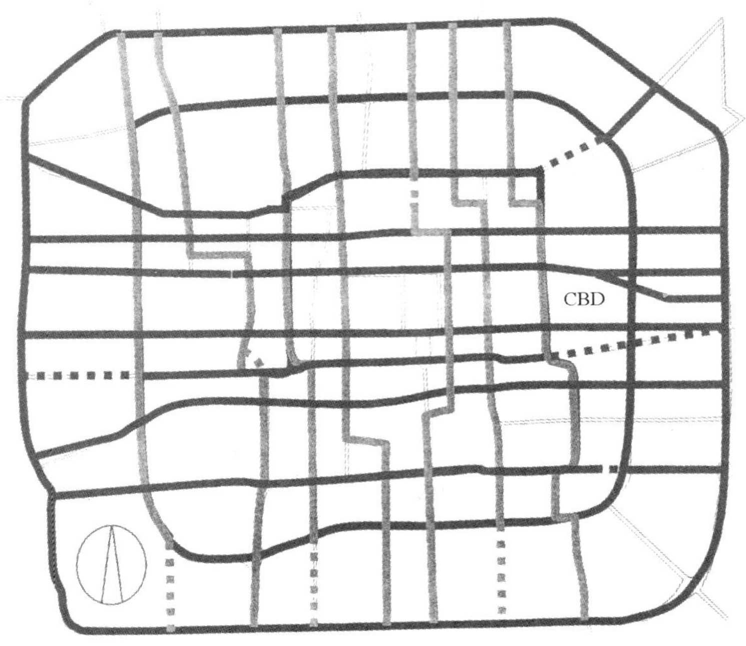

图 6-7　中心区主干管道规划布局示意图

(5) 管道网远景规划

B 市管道网络远景规划目标为中心区管道网以三个环线为基本环路，完善其间均匀分布的纵横线管道，逐步形成以“7 横 7 纵”为主结构的网格状布局；发展区内管道沿道路辐射至各边缘集团，其间通过环路贯通，再进一步延伸与郊区管道有机结合。B 市通信管道网远景规划紧密结合城市整体布局、地理区域、道路分布，进一步完善管道网主干结构，达到全市信息通信服务区域的整体网络覆盖，对全市信息化整个传送网的建设具有战略性的意义。

6.4.2　肇庆市中心城区综合管道网与光缆管道网规划

综合管道网规划基于多业务整体规划的统筹光缆网规划和窄带通信向宽带通信过渡的铜缆网规划，综合管道规划包括这两部分管道的综合规划，同时也重点突出多业务整体规划与多家运营商业务需求的管道综合规划。

(1) 规划原则

1) 光缆管道网作为城市通信管道的组成部分，应与窄带通信向宽带通信过渡时期的铜缆管道统一规划建设。

2) 光缆管道规划和建设应满足市政工程管线综合和协调的要求，有利于城市地下空间资源的合理开发利用，并依据光缆网络的统筹规划，统一规划和建设并集中维护。

3) 核心主干网层(骨干层)管道应满足网络公司的业务发展需要并留有发展余地，实行资源有偿共享。

4) 接入网层，考虑街区、小区用户业务一般是几家网络公司经营，宜在本街区规划

一般管道容量的基础上，同时增加考虑可能在本街区竞争业务的几家的管道容量，并留发展余地。

5）光缆网管道与电信网配线管道可同一路由，但配线管道宜与主干管道分开。

（2）光缆管道网与综合管道网规划

光缆管道规划依据的光缆网统筹规划主要是中期规划，并考虑远期、远期后发展的一定余地，同时也考虑满足各网络公司业务发展和竞争经营体制需要的规划、建设、运行维护和管理的备用灵活余地，并为电力、公安、交通监控等其他专网需要留有备用余地。

规划光缆网管道采用 ϕ114、ϕ36PVC 管或水泥管块、ϕ100 管孔和 ϕ36PVC 管，上述内径 ϕ100 管孔，每管孔可放 ϕ36(内径 31mm)PVC 管 4 根，每根子管可敷轻铠型带状 144 光缆(外径 20.2mm)1 根。4 根子管使用为 3 主 1 备(实用可 4 根 ϕ36PVC 管组合相当一根 ϕ114PVC 大管敷缆；水泥管道则在 ϕ100 管孔中敷 4 根 ϕ36PVC 管束)。核心主干(骨干)层管道，光缆中国电信 4 孔(每孔子管 4 孔，实际 16 孔)，其他网络公司平均每家 2 孔(实际 8 孔)，加上备用，其光缆管孔一般为 24～30 孔。

有线电视中心及其分前端、移动通信交换局等其他网络公司中心节点接入上述基本核心主干网(骨干)环形网的一段路由的管孔数按实际需求计算，并计入备用数。

核心主干(骨干)网层管道规划需要铜缆管孔 24 孔，过渡期缆管孔按 50%考虑，基本考虑是中国电信 4 孔，其他网络公司 8 孔，备用：局前、局附近 7～11 孔，其他位置 0～6 孔。由于铜缆是从局所向环的两个方向敷设，环上实际占规划管孔是 12 孔(铜缆管孔容量，考虑每孔平均在 2400 对线左右，大局出局线对一般不超过 40000 对，一个方向 20000 对，需 8～10 孔)。各路由管孔按实际需要计算。

接入网(主干)层网，因实际共路由网络公司和主干铜缆较核心层少。一般规划考虑 24 孔，各路由需要并按实际考虑。

非上述主干层管道管孔，一般按支线主干管孔规划，考虑一般管道建设费中的施工费、赔偿费是管道费的 1 倍到几倍，从综合需求和经济考虑，一般不小于 12 孔(边缘等用户少的地方可考虑 6 孔)。

配线管道主要直接为小区或单位用户考虑，并要从主干分开，本规划仅考虑必要的相关部分。

统筹规划的光缆网管道宜采取在城市规划主管部门协调下的股份联合建设，其建设管理、运行维护，以及联合建设各方的义务与权益，一并在制订的管道规划实施细则条款中规定。

图 6-8 所示为肇庆市中心城区综合管道网规划。图 6-9 所示为肇庆市中心城区光缆管道网规划。

7 城镇其他信息基础设施建设

7.1 城镇数据基础设施建设与管理

数据资源是信息资源的基础，没有数据或没有准确的数据，信息城市建设就缺乏最基本的前提条件。

城市数据基础设施包括数据库群和数据中心，数据库群包括城市基础数据库、专题数据库和综合数据库三大类别。

7.1.1 不同类数据库内容与建设权责部门

表 7-1、表 7-2、表 7-3 所示分别为三大类别数据库的内容与建设权责部门。

城市基础数据库名称、内容及建设权责部门 **表 7-1**

数据库名称	内　　容	建设部门
人口基础数据库	以身份证号码为基础，全面记录针对衡量全市人口整体状况的各项基本指标，特别是人口年龄结构、人口素质、人口动态变化、个人身份识别、个人信用档案、户籍、基本生理指标和职业流动等	市公安局和市计划生育委员会
自然资源和空间地理基础数据库	主要对城市规划、土地利用、地形地貌、城市布局、城市基础设施、城市灾害、城市环境、城市生态和地产价格、土地级差地租及城市档案等	市国土资源局和市规划局
法人单位基础数据库	以组织机构代码为基础，内容包括企业基本情况、产品基本情况、工商注册登记、税务、年检、产品质量、经营状况、企业资信等级和企业劳动工资情况等	市工商局、市国税局和市地税局
宏观经济数据库	包括城市国民经济及社会发展状况、经济社会发展规划、经济预测与分析、环境与资源状况、重点工程项目，以及国家宏观经济数据等	市发展计划委员会

城市专题数据库名称、内容及建设权责部门 **表 7-2**

数据库名称	内　　容	建设部门
统计数据库	近 10 年来国民经济和社会发展年度完成情况统计数据以及周边地区及全国重点城市统计数据	市统计局
政策法规数据库	市委、市人大、市政府、市政协部门职能、办事程序；国家法规、本省法规、市地方性法规、市行政规章、行业政策法规和各地政策追踪	市法制办公室
公检法司数据库	公民个人基本信息、社区人口管理、交通车辆管理、消防管理和刑事案件分析等	市公安局、市人民法院、市检察院和市司法局
财税数据库	包括金融机构资产风险监管历史数据、会计业务数据、企业经济档案、账户管理数据、金融法规、财政管户的基础信息及动态信息、税务登记、税款征收和发票稽核及有关政策法规等	市财政局

续表

数据库名称	内　容	建设部门
教育数据库	包括学校、教师等教育事业统计数据，图书文献、教育科研、教育法规、校办产业、招生、各类课件、教案和教学大纲等	市教育局
科技数据库	包括科技项目、技术产品、技术引进、科技成果推广及转让、专利申请、科研文献、科技人才与机构、科技动态和民营企业管理等	市科学技术局和质量技术监督局
国土资源数据库	包括土地资源、道路、绿化、重点建筑物和土地规划等	市国土资源局
规划建设数据库	包括城市规划、城市建设、房地产和建筑材料等方面的数据	市规划局和市建设委员会
环保数据库	包括排污监测情况、噪声监测数据、河流水库水质和大气污染指数等	市环境保护局
交通数据库	包括全市公路、水运交通设施、客货运量、交通安全和交通管理等	市交通局
招商引资数据库	包括投资指南(投资环境、投资政策、招商项目、投资方法和现有三资企业情况)和办事指南等	市发展计划委员会和市政府办公室
劳动和社会保障数据库	包括就业失业、职业技能培训、劳动监察、劳动仲裁、劳动工资，养老、医疗、失业、工伤和生育保险等	市劳动和社会保障局
人事数据库	包括人力资源、人才供求和人才流动等方面的数据	市人事局、市人才交流中心和市劳动服务中心
农业数据库	包括农业生产信息、农业市场信息和农业资源信息三类，具体包括种植信息、养殖信息、农副产品加工信息、生产资料供应信息、市场动态信息、乡村企业信息、农产品价格行情、农作物与农产品数据、农技成果推广与农业专家人才情况，以及土壤与病虫害情况等	市农业局
旅游数据库	旅游景点、旅游线路、市区地图、本市特产、宾馆酒店和旅游常识等	市旅游局
……	……	……

城市综合数据库名称、内容及建设权责部门　　表 7-3

数据库名称	内　容	建设部门
光盘数据库	城市历史沿革、经济发展、工农商金、科教文卫、旅游风情、环境资源、名优新特产品、投资环境和招商引资优惠政策	市政府办公室
市场与价格数据库	包括国内、省内、本市及各县(市)主要商业销售机构的商品与物资流通行情，市内农副产品、工业产品和生产资料市场的基本情况和商品价格，教育和卫生等行政事业性收费，以及邮电、民用燃料、自来水、城市公交、旅游、餐饮、娱乐和中介等经营性服务价格信息等	市工商局
生活服务数据库	包括天气预报、广电节目、机场航班、列车时刻、公交线路、长途区号、邮政编码、特急查询电话、文体娱乐、商业网点和家庭生活等方面的数据	市气象局、市文化局和市体育局等
……	……	……

7.1.2　城镇数据库建设例析

城镇数据至少有 80％是与空间有关的，空间数据在信息城市中占有十分重要的地位。

7.1.2.1 基础地理数据库及其管理系统建设

城镇地理数据库与城镇建设、城镇防灾与城镇安全有十分密切的关系。

城市地理数据的主要表达形式有：数字矢量线划数据(DLG)、数字正射影像数据(DOM)、数字高程模型数据(DEM)、数字网格线划数据(DRG)，还有用符号和文字表达的属性数据。城市地理数据基础设施主要两部分组成：城市地理数据库建设和城市地理数据管理系统建设。

(1) 城市地理数据库建设

1) 遥感测绘数据库

数据的内容主要包括以下方面：

① 大地测量控制点和现代的空间定位系统(如 GPS)控制网，是城市设施精确定位的依据，是空间信息的基础。

② 地形图和数字高程模型(DEM)对于城市来说，它们的比例尺需要 1∶2000，1∶5000 和 1∶10000，才能满足城市规划的建筑设计的要求。

③ 遥感正射影像图：包括黑白和彩色的。有航空的和卫星的两大类，一般比例尺要求和 1∶5000，1∶10000，1∶25000。IKONOS 卫星遥感影像基本上可以满足要求。

④ 行政界线及权属图：行政界线指东、西城区的界线，权属图指房地产归哪个单位或个人所有。比例尺至少 1∶5000，最好是 1∶2000。

⑤ 土地利用现状图：这是我国测绘局要求的，比例尺为 1∶10000。

⑥ 地理编码数据库。

2) 地质地貌数据库

根据城市所处的地质、地貌条件，内容可以有所不同，主要有以下如下方面：

① 地质条件信息：包括地层、岩性、构造、地震强度、活动构造、软弱地层(煤系地层、黏土等)、放射性矿物、有害气体(氡气等)、岩溶(地上、地下)等。比例尺为 1∶5000，1∶10000，1∶25000。

② 地貌与第四纪地质信息：地貌类型、第四纪沉积物主要类型及沉积厚度、古河道、滑坡、泥石流、山崩的分布、河道的变迁等。比例尺为 1∶25000 和 1∶5000。

③ 水文地质信息：地下水的类型、埋藏深度、地下水贮存量、地下水质量、地下水开采状况、地下水漏斗、地下水开采中存在的问题。需要平面分布信息和立体分布信息。平面信息的比例尺为 1∶10000 和 1∶50000。

3) 气象水文数据库：包括最高气温、最低气温、年平均气温、最大降水量、最少降水量、平均降水量、最大湿度、最小湿度、最大暴雨、最大风速、冰雹、雷击、紫外线、沙尘暴等灾害天气状况，河流的最大充量、最小流量、最高水位、最低水位，及百年、千年一遇的洪水达到的空间分布范围，地面水的最大年流量、供应量、水质及其他情况，如其他流域河流供水的可能性及可供量等。水资源将成为十分重要的数据。

4) 地理基础数据库

① 自然地理、经济地理及人文地理概况信息，比例尺为 1∶10000，1∶25000，1∶50000。

② 有害动植物的性质分布，地方病的种类、分布，有害气体的性质及分布的信息，其比例尺为 1∶25C00，1∶50000。

③ 历史地理信息：城市有历史记录以来的变化信息，包括城市的范围、街道、河流、湖泊、水塘的变迁信息，比例尺为 1：25000，1：50000。

（2）城市地理数据管理系统建设

城市地理数据库的管理系统要能满足基于 Web 的数据共享目的，同时要兼顾空间信息管理与维护的需要。要以直观的图形、图像数据为搜索引擎，让用户可以在虚拟的城市环境中对空间数据进行管理、检索、查询、分析和应用，以及提供可视化的多媒体和多元的(多数据源、多尺度、多分辨率、多时相、多形式表达)空间信息服务的平台。

城市地理数据管理系统建设应遵循国际标准与国家标准的原则；为各种应用系统提供动态数据支持和进行数据交换及更新的开放性原则；运用遥感、数据库、网络及 GIS 最新技术的原则，以及实用性、安全性、稳定性原则。

7.1.2.2 基础设施数据库建设

城镇基础设施数据库包括交通设施、能源设施给水排水设施、市政管网设施、防灾设施、生态与环境保护设施以及建筑设施等数据库。

（1）交通设施数据库

1）设施数据库

包括不同等级公路、铁路以及轨道交通的站点、隧道等空间分布与状况；空运、河运与海运的航空港、河运港(码头)、海运港(码头)的属性(规模、级别等)的空间分布及状况。

2）信息服务数据库

指交通运行、营运、管理及服务相关信息。包括动态交通信息、静态交通信息、交通运行信息以及与交通相关的旅游、购物、娱乐、气象等信息。

（2）交通数据库及管理系统

交通数据库功能包括输入、编辑、存储、制图、查询、统计和输出。交通空间数据一般采用 1：1000 以上的大比例交通图，能提供道路信息，交通附属设施和位置和状况信息、道路等设施进出路线引导信息、交通运行的信息查询，还包括城镇正射影像图、桥梁、水文、街区及建筑物等数据。

城镇交通数据库及管理系统具有统一性、开放性和安全性的特点。

（3）能源设施数据库

1）设施数据库

包括城镇电力、热力、燃气设施数据库。

电力设施：包括地下和地面及高架的电厂、电力网（线路、变压器、开关等）空间分布数据。

热力设施：包括热电厂、集中供热锅炉房、热源与热力网(热力站、热力管网、闸门等)热力设施的空间分布数据。

燃气设施：包括天然气的门站、高压输气管道及天然气、液化石油气、储气站、调压站、管网、闸门等的空间分布数据。

2）数据库管理系统

要求确保系统运行稳定与安全，网络实用、合理与高效、系统应用软件开发符合标准要求。

(4) 给水排水设施数据库

城镇供水、排水设施数据库包括以下方面数据：

1) 水源保护地及保护范围数据。

2) 取水口及水厂空间分布数据。

3) 清洁食用水的供水管道的空间分布数据。

4) 工业用水供水管道的空间分布数据。

5) 灌溉(城市植物用)供水管道的空间分布数据。

6) 城市排水管道的空间分布数据。

7) 城市污水处理场的空间分布数据。

8) 雨水渗透(向地下补给地下水)设施(渗透井、池)的空间分布。

(5) 市政管网数据库

市政管网包括给水排水、电力、通信、燃气、供热等管网，其数据库包括上述能源设施数据库和给水排水设施数据库中的管网分布数据外，还包括：

1) 通信管道、线路的空间分布数据；

2) 市政管网综合规划与实际敷设数据(含管网交叉等相关重要数据)。

(6) 历史灾害与防灾设施数据库

1) 历史灾害数据与信息；

2) 防灾基础设施如消防站、水库、防洪堤、人防指挥部、生命线工程等空间分布数据。

(7) 生态环境保护设施数据库

1) 生态环境数据

城镇绿化与环境改善设施如公园、城市、森林、山林、草地、花坛、行道树、花园式单位与小区空间分布数据。

广场、体育场、休闲地的空间分布数据。

湖泊、河流及池塘等城镇水系空间分布。

2) 环保设施数据。

大气污染、水质污染、垃圾污染的监测与处理设施空间分布数据。

噪声污染、视觉污染的监测设施空间分布数据。

(8) 建筑设施数据库

1) 住宅包括普通住宅、高级住宅、别墅等空间分布数据。

2) 公共建筑设施空间分布数据。

3) 商业建筑如大型商场、金融机构、商贸办公机构、普通商场、市场及货站仓库空间分布数据。

4) 工业、交通建筑设施、厂房仓库、车站、港口、码头、机场空间分布数据。

7.1.3 城镇数据基础设施管理

城镇数据基础设施采取集中与分级管理相结合。

城镇数据中心是城镇数据资源开发利用的管理机构和数据服务机构，负责协调和监督政府各部门和各企事业单位的数据资源开发利用；并负责向政府、企事业单位及公众用户提供可用的有关数据。

按照“统一组织，统一规划，统一应用平台，能够方便检索”的原则，由城镇数据中心建立三级结构的分布式数据库群。其一级数据库是基础数据库，由数据中心统一负责维护，二级数据库是专题数据库，由各建设部门、单位自行维护更新并定期上传至中心库；三级数据库是公益性数据库，由数据中心负责维护。

城镇数据交换中心是对不同范围和领域的数据及其他数据进行有效管理，提供数据目录信息等的计算机联网管理系统。目的实现城镇信息的网络共享，为此，应建立信息共享服务器与用户访问客户端及其相应的网络体系结构，提供信息共享必须的硬件平台，同时采用元数据管理软件或其他共享软件实现信息共享。

7.2 城镇数据存储基础设施建设与管理

7.2.1 数据存储基础设施建设管理基本要求

数据存储基础设施要求存储系统的管理处于集中控制之下，同时允许分布于不同地理位置的主机能访问集中管理的数据，用户不必考虑存储设备的布局方式、采用何种存储系统以及存储资源如何配置。存储基础设施应支持存储协议的自由转换，实现从异构主机到异构存储系统的透明访问。支持高性能数据访问；只允许有访问权限的用户才能访问相应的数据；支持数据保护、恢复和可视化管理；由于系统故障或存储系统重新配置所进行的数据迁移不改变用户访问数据的方式，当用户请求新的存储需求或要求访问权限调整时，不会中断其他用户的数据访问。

7.2.2 虚拟存储

采用虚拟存储技术，用户可以将存储设备分割成一些“虚拟磁盘”，在需要存储容量时，可将这些虚拟磁盘分配给服务器，当用户在用完之后，再将它们返还给存储池；在多机种服务器环境中实现集中化存储，装有不同操作系统的不同服务器可以与一个庞大的集中化存储池连接，同时共享该存储池；简化存储空间的扩充过程，在系统运行中迅速扩充虚拟磁盘。

虚拟存储主要采用以下方法：

1）基于主机的虚拟存储

基于主机的虚拟存储依赖于代理或管理软件，安装在一个或多个主机上，实现存储虚拟化的控制与管理。

这种方法由于不需要任何附加硬件而容易实行成本低，但可扩充性、保护性等性能较差。

2）基于存储设备的虚拟存储

这种方法容易和某一特定存储供应商的设备相协调，容易管理在存储系统中也较易实现，但对于包含多个厂商存储设备的存储系统这种方法运行效果不是很好。

3）基于网络的虚拟存储

这种方法是在网络设备之间实现虚拟存储功能，包括基于互联设备、基于交换机和基于路由器三种方式。

7.2.3 存储局域网与网络附存

(1) 存储局域网

存储局域网(SAN)是为满足容量、性能、可用性、数据安全、数据共享和数据整合等的数据存储要求，而采用的网络化存储体系。

在存储局域网络中，服务器不必关心后端的物理设备，也不会因为物理设备发生的任何变化而受影响，管理者可以通过图形用户界面或类似界面让很多服务器共享后端的存储池，提高系统管理的工作效率；并可以将多种设备上比较小的存储容量集合起来，形成一个大的虚拟磁盘，提高存储资源的使用率。

SAN 由许多服务器和存储子系统组成，通过高速集线器或交换机互连。具有超高性能、可扩充性、可管理性以及灵活性等明显优势。

(2) 网络附存

网络附属存储(NAS)是一种将分布、独立的数据整合为大型、集中化管理的数据中心，以便对不同主机和应用服务器进行访问的技术方法。NAS 适合资金和技术实力有限的中小企业和政府部门对存储设备的需求，并具有适应未来发展需求的足够扩展空间。

NAS 设备包括存储器件(如磁盘阵列、CD/DVD 驱动器、磁带驱动器或可移动的存储介质)，以及集成在一起的简易服务器，可用于实现涉及文件存取及管理的所有功能。

8 信息通信设施与信息网络安全

8.1 信息通信工程与设备的安全监督

近年，汶川地震等灾害造成的通信中断许多与工程安全监督有关。通信安全与通信工程与设备安全监督有密切关系。通信工程安全监督也即通信工程实体监督不但检查通信工程主体的质量行为，而且检查实体质量。对建设工程的重点，关键部位以及可能影响通信质量、人身及设备安全和使用寿命的环节随机进行检查。由检查质量发现的问题追究到责任主体的质量行为和质量保证体系是否健全，使其加强内部管理、健全机制、健全质量保证体系确保工程质量。

通信工程实体监督是通信工程设备安全运行的重要保证。

8.1.1 信息通信线路工程安全监督

（1）安装质量监督

1）路由和埋深：是否是经过批准的合法路由；路由安全距离是否符合有关规定；线路各种标石的埋设是否符合相关要求；和设计图纸是否一致；敷设深度是否达到国家强制性标准和设计要求。

2）特殊地段：在通信线路通过特殊地段施工时，极容易给线路留下隐患，必须重点进行监督。特殊地段包括：线路爬坡(坡度大于 20°时)；过大提；穿越冲刷较大的山涧溪流、穿越通航的河流、桥梁、公路、铁路；穿越坚硬石质地段；公路路肩地段；架空线路的长杆档和飞线地段。

3）线路保护措施：沟砍护坡的保护、接头盒的密闭、线路过桥时两端的处理和保护、标石的设置、短段架空时两端的处理和保护、及引上段落的保护、杆路的坚固程度、防鼠措施、防雷防强电措施、接地电阻、石质沟的封沟保护、充气缆的气闭情况；

4）管道光缆电缆重点监督子管的处理、管口的封堵、人孔内光电缆的走向(不得直通)和预留、接头盒和标志牌的安装等。

5）光电缆入局段落，重点检查进线室的预留、盘放、光缆终端的保护、接地及尾纤的盘放等。

（2）功能重要质量指标检查

1）中继段光纤平均接头损耗。

2）中继段光纤线路衰减。

3）后向散射信号曲线。

4）偏振模色散。

5）直埋光电缆金属护套对地绝缘。

（3）工程资料检查

工程中形成的技术资料是工程的重要组成部分。质量监督过程中，要重视各种技术资料的检查。

8.1.2 信息通信管道工程安全监督

（1）路由与位置隔距及施工安全监督

1）通信管道不应该建筑在规划没有确定、土地尚未沉实的道路、流沙等地段。在监督实践中，应该作为重点监督。

2）通信管道建设，应该远离电腐蚀和化学腐蚀的地段。

3）管道建设，应该达到国家强制性标准规定的隔距要求。在监督过程中，应该重点监督将来可能对通信形成危害的其他管线的隔距，如燃气管、电力电缆、污水和给水管等。

4）从施工安全的角度，在监督过程中，要对挖掘沟(坑)的有关作业进行监督。

（2）重点监督的施工工序

1）挖槽和地基基础阶段：重点检查地基密实度、地基基础处理是否符合《通信管道工程施工及验收技术规范》和设计文件要求。

2）管道敷设阶段：应重点检查铺设工艺是否符合《通信管道工程施工及验收技术规范》和设计文件要求。如断面排列；垫层砂浆标号；管竖缝、管顶缝、边缝和管底八字使用的砂浆标号和充填饱满程度以及施工工艺；管块外的连接质量；钢管、铸铁管、塑料管的铺设方法和连接质量；管孔试通等。

3）回填和掩埋阶段：是否符合《通信管道工程施工及验收技术规范》和设计文件要求。重点检查回填和掩埋的密实程度。

4）人(手)孔、通道等部分：重点检查有安全隐患的部位，如人(手)孔、通道上覆、盖板的质量、井口、井圈、井盖的质量、位置高程等。

5）管道工程使用的器材质量的监督：器材包括水泥及水泥制品(管块、上覆等)、钢材、管材、铁件和其他建筑材料(黏土砖、石料、施工用水等)。在监督中，重点对出场证明、合格证、规格程式、标号等进行监督。在使用和安装过程中，应该符合《通信管道工程施工及验收技术规范》和设计文件要求。

8.1.3 通信铁塔与天线工程质量监督

（1）强制性标准内容的质量监督

天线与铁塔(包括公用移动电话、微波站、卫星小型地球站、数字微波接力通信、集群通信、国内卫星通信地球站、移动通信基站、高速无线寻呼、移动数据通信网等工程。)在国家强制性标准中，具有详尽的规定，其要点是：接地、防雷、电磁辐射环境保护以及天线铁塔的结构安全。在对不同类型的铁塔进行质量监督的时候，应该按照相关的规定确定不同的监督要点。

天线铁塔的位置和高度除了要满足技术要求外，有的还要求满足航空部门的有关规定，在塔顶设置航空标志灯。

（2）通信安全和设施功能质量监督

天线铁塔的抗震设防烈度和抗震设计、施工质量是关系铁塔和天线结构安全的重要方面。在质量监督中要作为重点项目给予关注。

天线铁塔设在建筑物基础及既有建筑物屋面时，荷载应符合设计要求。

设计中规定的天线铁塔的建筑材料，在质量监督中要给予重视，以免使用不合格的材料给工程结构安全留下隐患。

8.1.4 信息通信设备安装工程的通用质量监督

通信设备安装工程在施工中的硬件安装部分，主要包括立机架，装电缆走道、槽道，施通信电缆、电源电缆、信号线、地线等，在各专业工程的安装工艺及相关标准基本相同。所列监督要点，适用于各专业工程。

(1) 抗震设防、防雷措施、接地保护等强制性标准内容的质量监督

1) 列架式通信设备

① 列架式通信设备顶部安装应采取由上梁、立柱、连固铁、列间撑铁、旁侧撑铁和斜撑组成的加固连接网。构件之间应按有关规定连接牢固，使之成为一个整体。

② 通信设备顶部应与列架上梁加固。对于高烈度区的抗震设防，必须用抗震夹板或螺栓加固。

③ 通信设备底部应与地面加固。对于高烈度区的抗震设防，加固所用的膨胀螺栓或螺栓应加固在垫层下的楼板上。

④ 列架应通过连接固铁及旁侧撑铁与柱进行加固，其加固件应加固在柱上。

⑤ 列间撑铁的数量应视抗震设防烈度及列长而定。撑铁设置的位置及数量应符合设计的要求。

⑥ 在高烈度抗震设防地区安装宽主槽道时，列槽道之间的距离应有特殊要求：超出要求的距离时应增加吊挂装置。

2) 自立式通信设备

在有抗震设防要求时，自立式设备底部应与地面加固。

3) 通信设备的保护接地

① 机房内通信设备及其供电设备正常不带电的金属部分，进局电缆的保安装置接地端，以及电缆的金属护套均应做保护接地。

② 模拟通信设备的机架保护接地，可直接与引入机房内的直流电源地接通；

数字通信设备的机架保护接地，应从接地总汇集线或机房内的分接地汇集线上引入，并应防止通过布线引入机架的随机接地；

数字通信设备和模拟通信设备共存的机房，两种设备的保护地线应分开，并防止通过走线架或钢梁在电气上连通。

(2) 设备与通信安全监督要求

① 机架、列架、配线架(DDF、ODF)的安装：端正牢固，所有紧固件必须拧紧，抗震加固符合规范及设计要求。

② 电缆主槽道及槽道的安装：安装位置及抗震加固应满足规范和设计要求，吊挂应整齐牢固。

③ 缆线布放：不同性质的电缆，包括通信电缆、信号线、中继电缆、交直流电源的馈电电缆等应分开布放，并保持一定距离，电缆外皮无损伤。

④ 电源线敷设：必须是整条线料，严禁电缆中间有接头。安装好的电源线，必须用胶带等绝缘物封头，电缆封头必须用胶带和护套封扎。电源线与通信电缆线交叉时电源线

应采取保护措施。系统用的交流电源线必须有接地保护线。

⑤ 地线布放：通信设备的工作接地、保护接地及通信电源的接地线布放应符合规范、设计和设备接地线端子的要求。

8.1.5 程控交换设备安装工程质量监督

(1) 强制性标准内容的质量监督

交换设备是电话网的中枢，在网络结构、网络组织及数字电话网的同步安排上，都应考虑经济、合理、可靠的组网要求，必须执行国家规定的强制性标准。

1) 对外设置国际电话。地区性出入口局或边境出入口局至其他国家或地区的电话业务应经相关国际出入口局疏通。

2) 专用电话网接入公用电话网，即由机关、企业、事业单位或专业部门投资建设供自己内部使用的专用电话网(简称专用网)接入公用电话网(简称公用网)应符合相关规定。

3) 数字电话网的同步：

① 数字电话网各级交换系统必须按同步路由规划建立同步。交换设备时钟应通过输入同步定时链路直接或间接跟踪于全国数字同步网统一规划设置的一级时钟 PRC 或区域基准时钟 LPR。

② 各本地电话网应有同步网规划安排的同步路由实施同步连接。严禁从低级局(或可能会形成定时环回的同级局)来的数字链路上获取定时信号作为本局时钟的同步定时信号。

(2) 安全与功能质量监督

1) 程控交换设备硬件部分主要检查的项目参照 8.1.4 节的相关内容。

2) 交换系统应检查的主要项目有：系统的建立功能；系统的交换功能(其中，长途程控交换设备安装工程应检查国内、国际长途呼叫，市—长，长—市局间中继电路呼叫及计费、智能网和 ISDN 功能)；系统的维护管理功能；系统的信号方式及网络支撑等。其中监督检查的重点应是：

① 可靠性指标；

② 接通率(局内、局间)；

③ 市话计费准确率及长途计费性能等。

重要指标对使用效果和服务质量的影响较大，要详细查阅测试记录，对照规范要求，达不到要求不能移交，应重新进行系统调测。

3) 在试运行期间，如果发生人工再装入或最高级的人工再启动，必须查清原因。

8.1.6 数字传输设备安装工程安全质量监督

(1) 安装工程安全质量检查

除按 8.1.4 节相关内容要求外，重点检查以下内容：

1) 在设备安装方面：机架对地加固及架顶的加固方式应符合施工图的设计要求；子架与机架的加固应符合设备装配要求；子架安装应牢固；ODF 架上法兰盘的安装位置应正确、牢固。

2) 在电缆布放及成端方面：光纤连接线在槽道内应加套管或线槽保护；屏蔽线的端头处理应与同轴接线端子的外导体接触良好。

（2）使用功能质量主要指标监督

1）SDH 光缆传输设备

① 系统性能：主要检查系统误码性能指标是否符合设计规定；系统抖动性能（SDH、PDH）指标是否符合规范所规定的数值范围的要求；光通道衰减指标是否符合设计要求。

② 系统功能：主要进行公务系统操作检查；激光器保护功能检查；选择和切换定时的功能检查；光缆线路系统的保护倒换准则检查。

③ 网元级管理功能：主要检查安全管理、故障管理、性能管理、配置管理、保护措施等功能是否符合规范所规定的相关内容。

2）数字微波传输设备

① 在数字微波设备的收发信机、调制解调机各项指标调测完毕后，要重点检查微波通信数字传输系统是否满足规范和设计要求，要对数字微波通信电路中的数字段和电路全程两项性能进行检查。这两项性能的主通道指标都包括误码性能和抖动性能。在检查时可查阅测试记录，对各项指标的测试过程及内容进行检查。

② 波道倒换性能：对人工和自动倒换性能试验应可靠顺畅。

③ 监控系统功能：要能实现遥信、遥控、告警及检索统计功能。

3）卫星地球站设备

① 验证测试

凡是有上行线设备的新建地球站或在原有地球站内扩建、改建天线馈源系统的工程，都必须在投入运行前进行验证测试。验证测试的项目由相关方面根据本站具体条件确定，测试指标可查阅测试记录，应符合规范要求。

② 连通测试

通过调阅施工测试记录，检查测试项目及指标是否符合规范要求。

③ 卫星电视传输系统测试

卫星电视传输系统测试分为站内模拟测试和上星对测。站内模拟测试是将站内设备系统连通，由射频环回，进行站内设备自环测试，检查调整测试站内设备连通后在射频、中频、视频和伴音范围内的性能指标。这部分应调阅测试记录，检查各种特性指标是否符合规范要求（卫星测试记录由监测站提供）。

8.1.7 移动通信设备安装工程安全质量监督

（1）设备与系统安全质量监督

设备安装除按 8.1.4 节要求外，主要检查以下方面：

1）安装移动交换子系统设备

机房应采取防静电措施；设备安装在有活动地板的机房内，设备应加固在钢质底座上，底座与楼板应加固牢靠。

2）线缆布放

电缆、信号线、控制线的布放，射频同轴电缆与电缆头的连接，设备电源引入线的布放，移动通信机房接地线敷设是否符合规范和设计要求。

（2）系统性能与使用功能主要质量指标检查

1）基站（BS）子系统设备

基站发射机、接收机的主要性能；基站控制器(BSC)的主要功能；基站设备的主要功能等各项指标应满足规范、设计要求。

2）移动交换子系统设备

① 交换系统功能，主要包括系统建立功能、系统信号方式、基本业务处理、补充业务功能、短消息及语音信箱、移动性管理功能(位置更新、切换功能)、计费功能、系统网络管理等。

② 系统设备性能，主要包括接通率(局内和局间、移动局和本地局)指标、局间中继呼叫性能、同步功能。

8.1.8 数字数据网(DDN)与分组交换数据网设备安装工程安全质量监督

(1) 网络节点设备主要性能指标检查

1）节点对外接口应具有相关规定要求的不同速率的数据接口。

2）节点的时分复用能实现 TDM 和帧中继复用。

3）节点应具有对本节点的管理、告警指示等功能。

4）节点应能与网管中心之间发送、接收网络控制信息。

5）节点应具有故障诊断、冗余部件切换功能。

(2) 分组交换网重点检查以下方面：

1）网络业务功能(基本业务、可选业务)；

2）虚电路可靠性测试，验证有冗余功能的网路元件故障不会影响两个用户终端之间的虚电路(VC)的建立和交换。

3）中继负载性能测试，保证中继电路和网路链路能够处理大的信息负荷。

4）路由功能测试，验证分组网路上路由选择系统的功能。

5）数据收集测试，检验配置的模块上本地数据收集系统和远地数据收集系统(包括告警、统计、计费和记录数据)的功能。

6）网络服务功能测试，保证各种服务功能是按照各种服务数据的不同要求和机盘布置分别安装的。

7）网管功能测试，为了保证网络控制系统和网管系统上指令控制窗口的功能。

8.1.9 信息通信电源设备安装工程安全质量监督

主要适用于电信枢纽、综合通信局、市话局、卫星通信地球站、移动通信局(站)、微波站、光(电)缆站等的新建和扩建通信电源设备安装工程。

(1) 系统要求

1）交流供电系统

由市电和自备发电机组电源组成的交流供电系统宜采用集中供电方式供电。低压交流供电系统应采用三相五线和单相三线供电。

2）直流供电系统

① 直流供电系统应采用在线充电方式以全浮充制运行。

② ～48V 基础电源的电压变动范围和杂声电压应符合规范要求。

③ 电源设备安装于通信机房内时，必须单用高频开关型整流器、阀控式密封铅酸蓄

电池组。

（2）设备安装要求

通信电源设备安装，总体工艺要求应平、直、齐、牢固，并且满足抗震要求的相应措施抗震加固符合设计要求，各种地线安装符合设计要求。

1）配电屏及换流设备

交、直流配电屏、整流器（含开关型整流器）和油机电源转换屏逆变器等设备，与地面加固用的膨胀螺栓数量及规格应符合规范和设计要求，机架与部件接地线要可靠。

2）蓄电池组

① 高烈度抗震设防时，蓄电池组（含阀控电池）必须用钢抗震框架或柜架安装。

② 安装蓄电池组的钢抗震框架、柜架或塑料、木材等其他材料柜架的结构强度，须满足设备安装地点的抗震设防要求。

③ 组装电池铁架的螺栓、螺母，电池连接条应经过防腐处理。

3）柴油发电机组

① 直接安装在基础上的柴油发电机组，机组底盘应用“二次灌浆”地脚螺栓固定。

② 安装在减震器上的机组底盘，其基础应采用防滑铁件定位措施。

4）母线—汇流条

① 在抗震设防地区汇流条与蓄电池组的输出端应采用“母线软连接”连接。

② 汇流条在走线架上安装时，要通过绝缘物使汇流条与走线架或走线架垂吊拉杆固定。

③ 汇流条在上线井中安装时，要通过绝缘物使汇流条与上线井支架固定。

④ 穿过同层房屋抗震缝的汇流条两端，必须采用“软连接”连接“软连接”两侧的汇流条应与对应的墙壁用绝缘物固定。

⑤ 穿过墙洞两侧的汇流条，应分别与墙的两侧加固或者一侧与墙固定，另一侧与屏上支架加固。

5）电源线和信号线

电源线、信号线及接线端子螺栓、螺母的规格、型号必须符合施工图设计的规定。

（3）接地装置要求

1）新建局（站）应采用联合接地装置。

2）出、入局（站）交流电力线的接地与防雷

选用具有金属铠装层的电力电缆出、入局（站）时应将电缆线埋入地下，其金属护套两端应就近接地。当局（站）设有阴极保护装置时，其电缆金属护套通过放电器接地。缆内两端的芯线应加装避雷器件。

当高压或380V交流电入局（站）时，电力电缆长度应满足设计要求。

3）出、入局（站）通信电缆的接地与防雷

通信电缆应采取由地下出、入局（站）的方式，采用的电缆金属护套应在进线室作保护接地，缆内芯线应在引入处分别对地加装保安装置。由楼顶引入机房的电缆应选用具有金属护套的电缆，并应在采取了相应的防雷措施后方可进入机房。

4）电力变压器的高、低压侧相线应分别对地加装避雷器件，其接地端与变压器机壳以及低压侧中性点汇集就近接地。

5）直流电源工作地应从接地汇集线上引入。

6）所有交、直流配电设备的机壳应从接地汇集线上引入保护接地线。交流配电屏中的中性线汇集排应与机架绝缘。严禁采用中性线作交流保护地线。

7）各类局(站)联合接地装置的接地电阻值应根据适用范围执行强制标准。

(4) 设备电气特性与系统指标检查

1）交、直流配电屏及开关电源、变换设备等通电检验的项目和要求应符合产品技术说明书要求或规范的规定。

2）蓄电池应按产品说明书或规范规定的方法进行充电和放电试验。查阅充、放电记录确认是否符合相关规定和要求。

3）柴油发电机组可按厂家说明书的规定分别进行空载及负荷试验。空载试验时应运转平稳、均匀，无异常现象，各种仪表指示应正常。在进行负荷试验时，应对下列主要项目进行检查：

① 自动电压调节或调速性能；

② 连续运转下的油机水温、油压；

③ 输出三相电压的平衡程度；

④ 转速及发电频率。

4）安装完毕的馈电母线，电源线的电压降值应符合设计要求，其单线对地及线间绝缘电阻应符合规范要求。

8.2 信息安全与安全管理及保障体系建设

8.2.1 信息与信息网络安全

信息网络最重要的资源是向用户提供的服务及所拥有的信息。信息与信息网络安全十分重要。信息安全是指保障计算机及其相关的和配套的设备和设施(网络)的安全，运行环境的安全。保障信息安全，保障计算机功能的正常发挥以维护计算机信息系统的安全。网络信息安全通常是指网络信息的机密性、完整性、可用性及真实性。

1）网络信息的机密性：指网络信息的内容不会被未授权的第三方非法获知。

2）网络信息的完整性：指信息在存储或传输中不被修改、破坏，也不出现信息包的丢失、乱序等，即不能为未授权的第三方修改。

3）网络信息的可用性：包括对静态信息的可得到性和可操作性，以及对动态信息内容的可见性。

4）网络信息的真实性：指信息的可信度，主要指信息的完整性、准确性和对信息所有者或发送者的身份确认。

美国计算机网络安全专家后来又在上述基础上，增加实用性和占有性，补充说明网络信息安全。网络信息的实用性指信息加密密钥不可丢失，丢失密钥也即丢失信息实用性；信息占有权指对存储信息的节点或磁盘等信息载体的占有，若被盗用，则会导致信息占有权的丧失。

信息安全包括安全法规、安全管理和安全技术三个方面。其中安全技术是信息安全的基础，安全管理是信息安全的关键，安全法规是信息安全的保证。

8.2.2 网络安全目标

（1）网络信息系统安全目标

网络信息系统安全目标包括以下方面：

1）有效管理系统及其安全功能，只有授权管理员才能访问该功能。

2）系统提供一种途径，允许一个主体使用资源或服务，而不会泄露该用户的标志给其他实体。

3）系统提供任何与安全相关事件的手段，以帮助管理员检测潜在的攻击或系统安全特征的错误配置。

4）系统提供当涉密信息在两个端系统间的网络传输时保护其机密性的方法。

5）限制用户基于时间和设备场所的登录。

6）系统能唯一标识用户，并在允许用户访问系统的设备前鉴别用户身份。

7）系统提供检测信息完整性丧失和保证信息完整性的方法。

8）在存储和处理信息时，系统必须存储和保护其完整性输出数据的敏感标志。

9）通过对信息个体权限或授权与信息敏感标志的比较，保护管理信息的机密性。

10）系统提供信息源发者发送信息和信息接受者接收信息的证据。

11）系统能保护其免遭非信任主体的外部干扰或篡改或其安全功能被非信任主体旁路。

12）系统提供主体使用资源或服务，而不泄露其身份的方法。

13）防止没有明确授权用户资源访问的权利。

14）系统提供为其用户和主体控制资源使用的方法，防止未授权服务。

15）系统提供仅允许一个实体多次使用资源或服务而其他实体不能连接的方法。

16）系统提供允许授权用户使用资源或服务，其他实体不能察看的方法。

（2）环境安全目标

环境安全目标包括以下方面：

1）系统管理员能有效使用和管理审计记录设备，确保连续的审计记录。

2）系统责任人保证每一系统用户账户的鉴别数据的安全性。

3）系统责任人保证不为可削弱 IT 安全的外部系统或用户提供连接。

4）系统责任人保证系统是在一种可保持 IT 安全的方式下进行分发、安装、管理和运行。

5）系统责任人保证系统对安全策略重要部分的保护。

6）系统责任人保证有代替的程序或机制，以在发生系统失败或中断时能在不危及 IT 安全下恢复处理。

7）系统责任人保证系统与互联网的隔离。

8.2.3 信息安全等级与安全评价标准

信息安全评价标准及技术是各种计算机系统安全技术的基础，它是用于指导 IT 产品安全设计，以及衡量一个 IT 产品和系统的安全性的准绳。

（1）国际安全标准

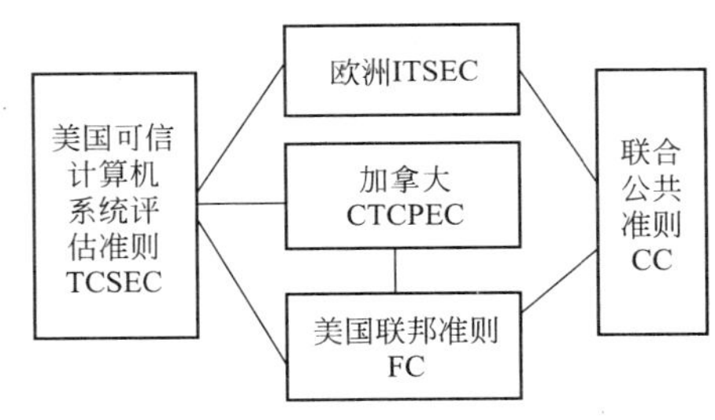

图 8-1　几个重要国际安全标准的关系

图 8-1 所示为几个重要国际安全标准的关系。

1）TCSEC 标注

美国国防部开发的计算机安全标准——可信计算机系统评价准则（TCSEC，Trusted Computer System Evaluation Criteria），即橙皮书。橙皮书中使用了可信计算基础（TCB，Trusted Computing Base）这一概念，即计算机硬件与支持不可信应用及不可信用户的操作系统的组合体。橙皮书是一个比较成功的计算机安全标准，它在较长的一段时间得到了广泛的应用，并且也成为其他国家和国际组织制定计算机安全标准的基础和参照。

TCSEC 把安全划分为四个方面（安全政策、可说明性、安全保障和文档）和七个安全级别（从低到高依次为 D、C1、C2、B1、B2、B3 和 A 级）。

不满足任何较高级别安全可信性条件的系统划入 D 类。

C 类为自主型保护，由两个级别组成：C1 和 C2。

C1 级：具有一定的自主型存取控制机制，像 UNIX 的 owner/group/other 存取控制；

C2 级：具有更细粒度（到每一个单独用户）的自主型存取控制机制，而且引入了审计机制。

B 类为强制型保护，由三个级别组成：B1、B2 和 B3。

B1 级：满足 C2 级所有的要求，而且必须具有所用安全策略模型的非形式化描述，实施了强制型存取控制。

B2 级：系统的 TCB 基于明确定义的形式化模型，并对系统中所有的主体和客体实施了自主型存取控制和强制型存取控制。另外，它具有可信通路机制、系统结构化设计、最小特权管理，以及对隐通道的分析和处理等。

B3 级：系统的 TCB 设计要满足能对系统中所有的主体对客体的访问进行控制的要求，TCB 不会被非法篡改，而且 TCB 设计要非常的小巧和结构化，以便于分析和测试其正确性。支持安全管理者（the Security Administrator）的实现，审计机制能实时报告系统的安全性事件，支持系统恢复。

A 类为验证型保护，由两个级别组成：A1 和 A1 级以上。

A1 级：从实现的功能上看，它等同于 B3 级。它的特色在于形式化的顶层设计规格（FTDS，Formal Top level Design Specification）、形式化验证 FTDS 与形式化模型的一致性和由此带来的更高的可信度。

A1 级以上：比 A1 级可信度更高的系统归入该级。

2）欧洲 ITSEC

欧洲 ITSEC 提出了信息技术安全评估标准（ITSEC）。ITSEC（又称欧洲白皮书）除了吸收 TCSEC 的成功经验外，首次提出了信息安全的保密性、完整性和可用性的概念，把可信计算机的概念提高到可信信息技术的高度上来认识。它定义了从 E0 级（不满足品质）到 E6 级（形式化验证）的 7 个安全等级和 10 种安全功能，其中前 5 种安全功能与橙皮书中的 C1～B3 级非常相似。

3）加拿大 CTCPEC

加拿大 CTCPEC 综合了 TCSEC 和欧洲 ITSEC 两个准则。

4）美国联邦准则 FC

美国联邦准则 FC 将安全需求分为四个层次：机密性、完整性、可靠性和可说明性。其目的是提供 TCSEC 的升级版本，同时保护其已有投资。

5）联合公共准则

信息技术安全评价通用准则(CC for ITSEC)分为以下部分：

①《简介和一般模型》，介绍了 CC 中的有关术语、基本概念和一般模型，以及与评估有关的一些框架，附录部分主要介绍“保护轮廓”和“安全目标”的基本内容；

②《安全功能要求》，按“类—子类—组件”的方式提出安全功能要求，每一个类除正文以外，还有对应的提示性附录做进一步解释；

③《安全保证要求》，定义了评估保证级别，介绍了“保护轮廓”和“安全目标”的评估，并按“类—子类—组件”的方式提出安全保证要求。

CC 是目前系统安全认证方面最权威的标准。

（2）国内安全等级与标准

在充分借鉴国际标准的前提下，制定本国标准。我国《计算机信息系统安全保护等级划分准则》(以下简称准则)是我国计算机信息系统安全保护等级工作的基础。

《准则》将计算机安全保护划分为以下五个级别：

第一级：用户自主保护级。它的安全保护机制使用户具备自主安全保护的能力，保护用户的信息免受非法的读写破坏。

第二级：系统审计保护级。除具备第一级所有的安全保护功能外，要求创建和维护访问的审计跟踪记录，是所有的用户对自己行为的合法性负责。

第三级：安全标记保护级。除继承前一个级别的安全功能外，还要求以访问对象标记的安全级别限制访问者的访问权限，以实现对访问对象的强制访问。

第四级：结构化保护级。在继承前面安全级别安全功能的基础上，将安全保护机制划分为关键部分和非关键部分，对于关键部分，直接控制访问者对访问对象的存取，从而加强系统的抗渗透能力。

第五级：访问验证保护级。这一个级别特别增设了访问验证功能，负责仲裁访问者对访问对象的所有访问活动。

《准则》的配套标准分两类：一是《计算机信息系统安全保护等级划分准则应用指南》，它包括技术指南、建设指南和管理指南；二是《计算机信息系统安全保护等级评估准则》，它包括安全操作系统、安全数据库、网关、防火墙、路由器和身份认证管理等。

8.2.4 信息网络安全体系

国际网络安全界广泛认同和支持的五层网络安全体系主要包括以下方面：

1）网络层的安全性

网络层的安全性问题即对网络的控制，对进入网络的用户的地址进行检查和控制。每一个用户都会通过一个独立的 IP 地址对网络进行访问，这一 IP 地址能够大致表明用户的所在地和来源系统。目标网站通过对来源 IP 进行分析，便能够初步判断来自这一 IP 的数据是否安全。

用于解决网络层安全性问题的产品主要有防火墙产品和 VPN。

2）操作系统的安全性

在操作系统安全性问题中，主要考虑的问题有两个：一是病毒对于网络的威胁；二是黑客对于网络的破坏和侵入。

采用专门的系统风险评估工具可找出不应该安装的指令和缩小用户使用权的指令，以在一定程度上保障操作系统的自身安全性。

3）用户的安全性

对于用户的安全性问题，需要考虑的是用户的合法性。认证和密码就是用于这个问题的。

通常根据不同的安全等级对用户进行分组管理。不同等级的用户只能访问与其等级相对应的系统资源和数据，然后采用强有力的身份认证，并确保密码难以被他人猜测到。

4）应用程序的安全性

应用程序的安全性是指只有合法的用户才能对特定的数据进行合法的操作，包括应用程序对数据的合法权限和应用程序对用户的合法权限。

5）数据的安全性

数据的安全性是指用加密的方法保护机密数据。在数据的保存过程中，机密的数据即使处于安全的空间，也要对其进行加密处理，以保证数据万一失窃，他人也读不懂其中的内容。这是一种比较被动的安全手段，但往往能够收到最好的效果。

8.2.5 信息与网络安全技术

（1）防火墙技术

防火墙是位于两个(或多个)网络间实施网间访问控制的一组组件的集合。

1）主要功能

① 隔离不同网络，限制安全问题扩散。它将未授权的用户隔离在被保护的网络之外，禁止潜在的易受攻击的服务进入或离开网络，并且对不同类型的 IP 欺骗和选路攻击提供保护。作为一个中心“遏制点”，它将局域网的安全管理集中起来，简化了安全管理。

② 有效地记录网络上的活动，可以实现审计和报警。

③ 提供了一些附加功能，比如网络地址翻译(NAT)等。

④ 还可以作为 VPN 的平台。

2）主要类型

① 分组过滤路由器

分组过滤路由器也称包过滤防火墙，又叫网络级防火墙，因为它工作在网络层。

它一般是通过检查单个包的地址、协议和端口等信息来决定是否允许此数据包通过。路由器便是一个“传统”的网络级防火墙。

网络级防火墙简洁、速度快、费用低，并且对用户透明，但是对网络的保护很有限，因为它只检查地址和端口，而对网络更高协议层的信息无理解能力。

② 应用级网关

应用级网关主要工作在应用层，往往又称为应用级防火墙。

应用级网关检查进出的数据包，通过自身(网关)复制传递数据，防止在受信主机与非受信主机间直接建立联系。应用级网关能够理解应用层上的协议，能够做复杂一些的访问控制，并做精细的注册和审核。

应用级网关有较好的访问控制，是目前较安全的防火墙技术，但实现麻烦，而且有的缺乏“透明度”。

③ 电路级网关

电路级网关是防火墙的第 3 种类型，它不允许端到端的 TCP 连接。相反，网关建立了两个 TCP 连接，一个是在网关本身和内部主机上的一个 TCP 用户之间，一个是在网关和外部主机上的一个 TCP 用户之间。一旦两个连接都建立了起来，网关一般只是从一个连接向另一个连接转发 TCP 报文段，而不检查其内容。安全功能体现在决定哪些连接是允许的。电路级网关的典型应用场合是系统管理员信任内部用户的情况。网关可以配置成在进入连接上支持应用级或代理服务，在输出连接上支持电路级功能。在这种配置中，网关可能为了禁止功能而导致检查进入的应用数据的处理开支，但不会导致输出数据上的处理开支。

3）体系结构

防火墙主要有三种常见的体系结构：双宿/多宿(dual-homed/multi-homed)主机模式、屏蔽主机(screened host)模式和屏蔽子网(screened subnet)模式。

双宿主机模式最简单。双宿主主机结构是围绕着至少具有两个网络接口的双宿主主机(即堡垒主机)而构成的。双宿主主机内外的网络均可与双宿主主机实施通信，但内外网络之间不可直接通信，它们的 IP 数据流被双宿主主机完全切断。双宿主主机可以通过代理或让用户直接注册到其上来提供很高程度的网络控制。

屏蔽主机模式中的过滤路由器为保护堡垒主机的安全建立了一道屏障。典型的屏蔽主机模式如图 8-2 所示。

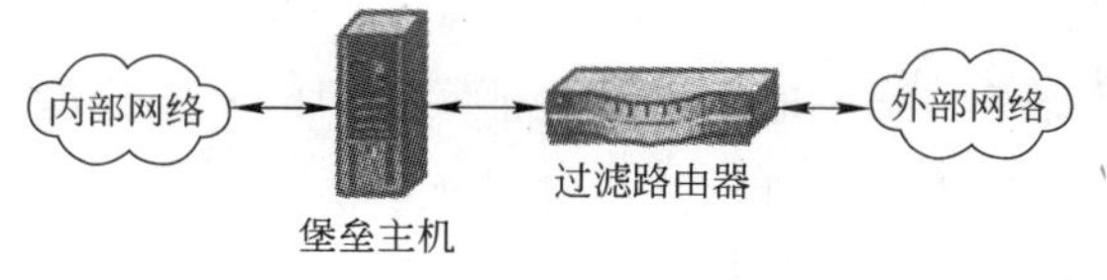

图 8-2 屏蔽主机模式

屏蔽子网模式增加了一个把内部网络与因特网隔离的非军事区(DMZ)，从而进一步实现屏蔽主机的安全性，通过使用 DMZ 隔离堡垒主机的方法能够削弱外部网络对堡垒主机的攻击。典型的屏蔽子网模式如图 8-3 所示。

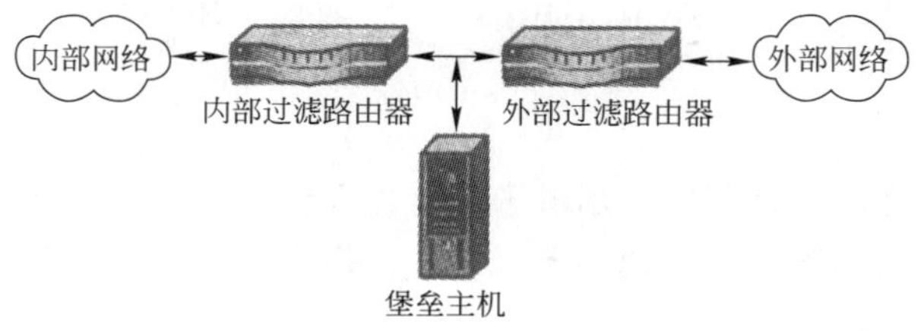

图 8-3 屏蔽子网模式

4）附加功能

如审计和报警机制、NAT、VPN、路由安全管理、远程管理、流量控制(带宽管理)

和统计分析、流量计费、URL 级信息过滤和扫毒等等。

(2) 虚拟专网技术

虚拟专用网技术(VPN)是一种在公用网络——互联网中实现专用网络功能的技术。

1) 应用领域

VPN 有三个应用领域：传统的远程访问网络、企业内部各分支机构 Intranet 的互联，以及企业网和相关合作伙伴的企业网所构成的 Extranet 互联。与此相应有三种解决方案，分别是远程访问虚拟网(AccessVPN)、企业内部虚拟网(IntranetVPN)和企业扩展虚拟网(ExtranetVPN)。

2) 关键安全技术

分别是隧道(Tunneling)技术、加/解密(Encryption & Decryption)技术、密钥管理(Key Management)技术、使用者与设备身份认证(Authentication)技术和访问控制(Access Control)技术。

隧道技术是 VPN 的基本技术，类似于点到点连接技术。它是在公共网建立一条数据通道(隧道)，让数据包通过这条隧道进行传输。通过将待传输的原始信息经过加密和协议封装处理后再嵌套装入另一种协议的数据包送入网络中，像普通数据包一样进行传输。经过这样的处理，只有源端和目标端的用户才能对隧道中的嵌套信息进行解释和处理。

加/解密技术是数据通信中一项较成熟的技术，VPN 可直接利用现有技术。

密钥管理技术的主要任务是如何在公用数据网上安全地传递密钥，而不被窃取。

在正式的隧道连接开始之前，需要确认用户的身份，以便系统进一步实施资源访问控制或用户授权。

由 VPN 服务的提供者与最终网络信息资源的提供者共同协商确定特定用户对特定资源的访问权限，以此实现基于用户的访问控制，以实现对信息资源的最大限度的保护。

(3) 身份认证技术

身份认证是安全系统中的第一道关卡，是证实客户的真实身份与其声称身份是否相符的过程。用户在访问安全系统前，首先经过身份认证系统识别身份，以此来限制非法用户的访问。

(4) 信息加密技术

1) 加密传输技术

密码技术是信息安全的核心，密码技术是确信通信双方在传递信息过程中，为防止第三方窥听或破坏信息而提供的一种保安措施。密码技术通过加密过程来实现。加密分私钥密码和公钥密码，前者收发信方使用相同密钥，后者每个用户都有两个密钥，一个加密，一个解密。

2) 数字签名技术

在 Internet-web 环境中，可以采用电子数字签名作为报文发送查证依据的手工签名的替代品，电子数字签名是无法伪造的一段数字串，作为相应文件和信息真实性的证明。

3) 电子数字信封技术

电子数字信封是为解决每次更换密钥的问题，结合对称加密技术和公开密钥技术的优点，提出的一种信息加密新概念。

电子数字信封通过发送者自动生成对称密钥，用它加密原文，将生成的密文连同密钥一起再用公开密钥手段传递出去，收信者在解密以后，同时得到了对称密钥和用它加密的密文。

（5）TCP/IP 网络安全协议

TCP/IP 网络安全协议针对 TCP/IP 本身存在的不少漏洞，按 TCP/IP 不同层次设计的不同安全协议，以提高各层的安全性。

1）网络层安全协议

IPSec 即 IP 安全协议，是主要的网络层安全协议。它不是一个单独的协议，而是一组开放协议的总称。它给出了应用于 IP 层上的网络数据安全的一整套体系结构。图 8-4 显示了 IPSec 的体系结构、组件及各组件间的相互关系。

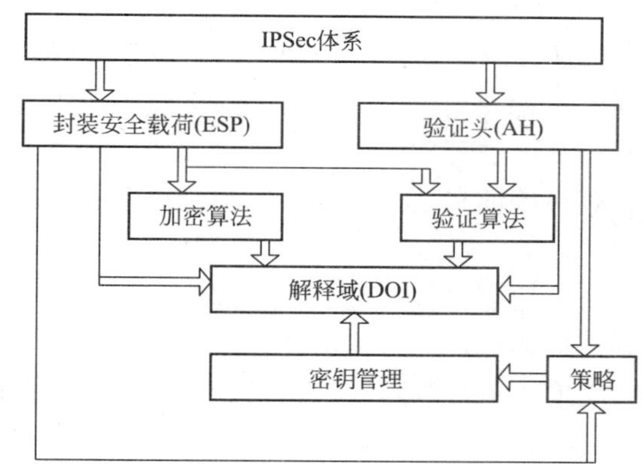

图 8-4　IPSec 体系结构、组件及各组件间的相互关系

IPSec 规定了如何在对等层之间选择安全协议、确定安全算法和密钥交换，向上提供了访问控制、数据源验证和数据加密等网络安全服务。IPSec 提供的网络安全服务具有机密性、完整性、真实性和抗重放等特点。

2）传输层的安全协议

传输层的安全协议有安全外壳（SSH，Secure Shell）协议、安全套接字层（SSL，Secure Socket Layer）、套接字安全性（SOCKS，Socket Security）等。

① SSH 协议

SSH 协议是一种在不安全的网络上用于安全过程登录和其他安全网络服务的安全协议，包括传输层协议、用户认证协议层和连接协议层，以运行在不同层上的安全协议共同实现 SSH 协议的安全保密机制。

② SSL 协议

SSL 协议是一种在可持有证书的浏览器软件和 WWW 服务器之间构造的安全通道中传输数据的协议。它为 TCP/IP 连接提供数据加密，服务器认证，消息完整性，以及可选的客户机认证。

③ SOCKS 协议

SOCKS 是一种基于传输层的网络代理协议。它用于在 TCP 和 UDP 领域为 Client/Server 应用程序提供一个框架，以方便、安全使用网络防火墙服务。

3）应用层的安全协议

① SHTTP

安全超文本传输协议（SHTTP，Secure HTTP）是对 HTTP 扩充了安全特性、增加了报文的安全性，它是基于 SSL 技术的。该协议向 WWW 的应用提供了完整性、鉴别、不可抵赖性及机密性等安全措施。

② S/MIME

安全/多用途互联网邮件扩展（S/MIME，Secure/Multipurpose Internet Mail Extensions)是安全电子邮件的一种规范，它在原有的MIME邮件规范的基础上新增了许多强有力的安全功能。

③ SET

安全电子交易(SET，Secure Electronic Transaction)目前已经是国际上公认的在互联网电子商业交易中的安全标准。

(6) PKI/PMI技术

PKI是利用公共密钥理论和技术建立起来的提供安全服务的基础设施。是一种遵循标准的密钥管理平台，能为所有网络应用透明地提供采用加密和数字签名等密码服务所必需的密钥和证书管理。PKI由认证机关、证书库、密钥备份及恢复系统、证书作废处理系统、客户端证书处理系统、应用接口系统组成。

(7) 安全扫描技术

安全扫描也称为脆弱性评估(Vulnerability Assessment)，其基本原理是采用模拟墨客攻击的形式，对目标可能存在的已知安全漏洞进行逐项检查，目标可以是工作站、服务器、交换机或数据库应用等各种对象，然后根据扫描结果向系统管理员提供周密可靠的安全性分析报告，为提高网络安全整体水平产生重要依据。显然，安全扫描软件是把双刃剑，黑客可以利用它入侵系统，而系统管理员掌握它以后又可以有效地防范黑客入侵。因此，安全扫描是保证系统和网络安全必不可少的手段，必须仔细研究利用。

在网络安全体系的建设中，安全扫描工具花费低、效果好、见效快、与网络的运行相对独立、安装运行简单，可以大规模减少安全管理人员的手工劳动，有利于保持全网安全政策的统一和稳定。安全扫描技术与防火墙、安全监控系统互相配合能够提高网络的安全性。

(8) 入侵检测与安全审计

1) 入侵检测技术

入侵检测系统(Intrusion Detection System)它从计算机网络系统中的若干关键点收集信息，并分析这些信息，检查网络中是否有违反安全策略的行为和遭到袭击的迹象。入侵检测被认为是防火墙之后的第二道安全闸门。

一个成功的入侵检测系统，不仅可使系统管理员时刻了解网络系统(包括程序、文件和硬件设备等)的任何变更，还能给网络安全策略的制定提供依据。它应该配置简单，管理方便。入侵检测的规模还应根据网络规模、系统构造和安全需求的改变而改变。入侵检测系统在发现入侵后，会及时做出响应，包括切断网络连接、记录事件和报警等。

图8-5所示为DARPA提出的公共入侵检测框架(CIDF模型)。

图8-5将入侵检测系统分为事件产生器、事件分析器、响应单元和事件数据库四个基本组件。事件产生器、事件分析器和响应单元通常以应用程序的形式出现，而事件数据库则往往是文件或数据流的形式。

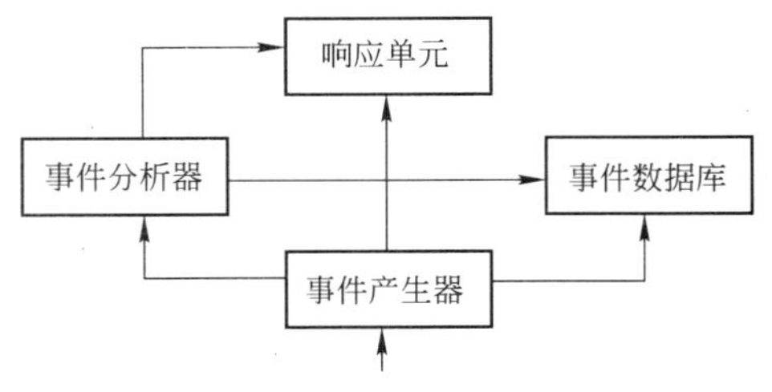

图8-5 公共入侵检测框架

入侵检测系统可分为基于主机的入侵检测系统、基于网络的入侵检测系统和分布式入侵检测系统三类。

2) 安全审计技术

安全审计是一个安全的网络必须支持的功能特性。审计是记录用户使用计算机网络系统进行所有活动的过程，它是提高安全性的重要工具。它不仅能够识别谁访问了系统，还能指出系统正被怎样地使用。对于确定是否有网络攻击的情况，审计信息对于确定问题和攻击源很重要。同时，系统事件的记录能够更迅速和系统地识别问题，并且它是后阶段事故处理的重要依据，为网络犯罪行为及泄密行为提供了取证基础。另外，通过对安全事件的不断收集与积累，并且加以分析，有选择性地对其中的某些站点或用户进行审计跟踪，以便对发现或可能产生的破坏性行为提供有力的证据。

安全审计系统由网络层次的安全审计、系统的安全审计和信息内容的安全审计三个层次组成。

(9) 网络病毒防范

1) 主动防毒技术

主动防毒技术是在系统启动时即加载一个后台运行的实时监控程序，对系统的运行状况进行连续不断的检测，一旦发现病毒侵入，便在其造成危害前予以杀除，在不影响正常工作的前提下最大限度地保护计算机网络系统的安全。

2) 多层次防御体系

一个层层设防的多层次的防御体系，是从每一个环节上对病毒进行拦截，随时发现，随时杀灭，真正做到御“毒”于“国”门之外。

3) 集中控管的高效可靠网络病毒防御体系

集中控管的高效可靠网络病毒防御体系可以使网络管理员能够克服企业网络的复杂性、服务器的设置点和各种平台，轻易地经由单点进行整个企业防毒网络的安装配置、监控与服务器端的维护工作，使得能在最短的时间内建立起最有效的病毒防御平台。

4) 采用不断升级的软件

不断升级的能力和方便快捷的升级途径是衡量一个反病毒软件的技术水平重要标准。反病毒软件的升级包括病毒码的升级和软件引擎的升级。升级途径包括软盘分发和互联网下载等。

(10) 系统增强技术

1) 操作系统增强技术

操作系统是网络系统的基础，操作系统的安全在网络安全中有着举足轻重的位置。

提高操作系统的安全性有两种方法，一是开发一个全新的安全操作系统。另外一种方法是对操作系统进行增强与改进，就是在原有的操作系统基础上，对其内核和应用程序进行面向安全策略的分析，然后加入安全机制。改进后的安全操作系统基本上保持了原来的用户接口界面。

增强操作系统安全特性包括网络安全增强、安全分析与检测、操作系统安全机制增强等。

2) 数据库增强技术

数据库增强技术是指在现有的数据库基础上加以增强，提高其安全性的技术。数据库增强技术包括数据库系统的认证、审计等。

(11) 应急响应和灾难恢复

1) 网页恢复技术

网页恢复技术通常采用三层结构的网页监控与恢复系统（包括控制台、代理和 Web

服务器）。网页监控与恢复系统使用完善的备份机制来控制和修复破坏，将损失降至最低。网页恢复技术不仅能有效保障网页的完整性和真实性，而且具有实际意义和应用价值。

2）备份与恢复技术

备份不仅在网络系统硬件发生故障或人为失误时起到保护作用，同时也在入侵者非授权访问或对网络攻击及破坏数据完整性时起到保护作用，同时亦是系统灾难恢复的前提之一。

根据系统安全需求，可选择的备份机制有：

① 场地内高速度、大容量、自动的数据存储、备份与恢复。

② 场地外的数据存储、备份与恢复。

③ 对系统设备的备份。

（12）不良信息过滤

不良信息过滤方法包括内容阻塞方法和内容定级与自我鉴定方法。

1）内容阻塞

内容阻塞是由 ISP 对他们所发布的和用户所能访问到的所有内容全权负责。在这种情况下，ISP 负责阻塞那些不良的信息。从技术上说，可以有两种方法：在网络层阻塞和在应用层阻塞。

2）内容等级与自我鉴定

互联网内容等级协会（Internet Content Rating Association，ICRA）倡导的互联网的娱乐软件顾问委员会分级服务（Recreational Software Advisory Council on the Internet，RSACi）。它是以斯坦福大学有近 20 年研究媒体效果经验的 Donald F. Roberts 博士的研究成果为基础的，对暴力、裸体、性和语言四个方面分成五个级别，目标是提供一种简单而又行之有效的网站分级系统来保护儿童的合法权益，同时又不危及 WWW 上的言论自由。由于目标的一致性，ICRA 找到了互联网内容选择平台（Platform for Internet Content Selection，PICS），这个标准提供了一个途径，使得浏览器可以读取 ICRA 的分级系统。

8.2.6 信息安全管理与安全保障体系建设

（1）信息安全管理

如同前述信息安全管理是信息安全的关键。信息安全管理主要是建立健全信息安全管理机构，完善安全管理制度，强化依法管理。一是采用先进的安全保密技术手段，依法对重要的信息交换环节进行监控和管理，从监管和威慑两个方面加强信息安全，切实保证信息网络系统的安全性；二是充分利用先进技术和手段，增强对公共信息网络安全控制能力，确保公共信息网络安全，维护网络公共秩序。

另一方面，管理的关键在于人员管理，各种安全措施都要靠管理人员来实施，而也有相当多的安全隐患出自系统管理内部人员，因此，提高安全管理人员的素质，加强对系统内部人员的教育与管理也很重要。

（2）信息安全保障体系

信息安全保障体系是信息安全的重要保证。信息安全保障体系也是信息安全管理的重要组成部分。信息安全保障体系建设内容主要包括以下方面：

1）认真贯彻国家有关信息安全保密的规定，遵照 ISO 关于安全体系结构标准，建立安全保障机制，实行安全管理。

2）在信息系统建设的同时，要进行信息安全的总体设计和信息系统安全工程建设，在系统验收时，必须对信息系统安全进行测评认证。对于已建的信息系统，要完善信息安全的总体设计和信息系统安全工程建设，进行系统安全测评认证。在信息系统建设中，信息安全的投资应占系统投资的一定比例。各级机关和重点单位新建和改建信息系统必须配套建设信息安全子系统，并与主体工程实行同时设计，同时施工，同时投入使用。

3）完善信息安全测评中心及其系统工程实验室，CA 认证中心建设。加强对于信息安全产品、服务高资质和信息系统的安全管理与测评认证，定期对网络进行信息安全检测。

4）建立信息安全应急响应中心，加强信息系统安全研发机构等基础设施建设。

5）建立健全网络的安全管理制度，建立网络信息安全专业岗位及其培训和考核制度。加快信息安全责任体系、信息安全评估体系和信息安全技术支撑体系建设，形成信息安全快速反应机制，提高信息安全防御能力。建立信息安全应急处理预案和第一责任人安全认证等制度。

6）在信息化建设的各个领域和各个技术层面，采用多种信息安全技术，强化信息安全措施。抓好重点领域和部门的安全示范工程。

7）开展信息安全和信息法制教育，提高城镇全民的信息安全意识。将信息网络安全管理工作纳入法制化轨道，加强网络安全知识宣传，开展网络安全与防止网络犯罪的法制教育，提高全民的信息安全意识和信息法制意识。加强网络信息安全监管，提高对网上信息的跟踪管理能力、对专案对象的监控能力和对网络犯罪的防范能力。

8）加强信息安全的组织领导，政府行政主管部门（机构）负责协调本地各有关部门，统筹规划信息安全保障体系，基础设施建设，促进资源的共享，加强信息安全的管理。

9　地方城镇信息化规划建设指引借鉴

以G省城镇信息化规划建设指引为例，G省城镇信息化规划建设指引包括城镇信息化规划建设内容、信息基础设施规划建设、信息系统的建立与建设、信息化设施系统的管理和运行等内容。同时侧重为城镇规划建设服务的信息化系统。上述指引不仅对其他地区城镇信息化规划建设颇有借鉴作用，同时与前面几章内容、要求也都是一致的。就内容前后呼应而言，第3～8章内容可作为本章内容的宏观和微观基础，以及延伸与细化补充；本章作为城镇信息化规划建设指引借鉴，加深对城镇信息化及基础设施规划建设规范化的理解，并对相关要求也较容易领会。从借鉴与理解角度，本章对原指引稿进行了适当改动与删减。

9.1　城镇信息化规划建设的总体内容

9.1.1　城镇信息化内涵

（1）从广义角度看，城镇信息化是综合运用地理信息系统(GIS)、遥感、遥测、网络、多媒体及虚拟仿真等信息处理技术和网络通信技术，将城镇的各种数字信息及各种信息资源加以整合并充分利用，实现智能化、现代化的数字城镇、数字社区和数字家庭，即具有现代数字通信功能的现代化城镇。

（2）从城市规划、建设和管理的狭义角度看，城镇信息化可概括为“43VR”，即“地理数据4D化，地图数据3维化，规划设计VR化”。

1）地理数据4D化，是指城市空间基础地理信息数据库包括数字线划图(DLG)、数字栅格地图(DRG)、数字高程模型(DEM)、数字正射影像地图(DOM)。

2）地图数据3维化，是指地图数据由现在的2维结构转换为3维结构。

3）规划规设VR化，是指规划设计和规划管理在4D数据、3维地图数据支撑下，将现有的2维作业对象和手段升级为3维和VR结合作业对象和手段。

9.1.2　城镇信息化规划建设的内容

（1）城镇信息化的核心内容，是开发和利用覆盖城镇各领域的信息资源。主要包括：

1）城镇基础设施数字化。包括基础地理信息设施、市政基础设施、交通设施、金融服务设施、工业服务设施、文教服务设施、安全应急设施、政府服务设施、规划管理设施、文教卫生设施、安全应急设施等的数字化。

2）城镇信息和交换共享化。包括语言、数据、通信视频、通信三网合一、网上分布式运算、网上分布式数据库、数据仓库、数据中心、数据处理平台、数据共享平台等。

3）城镇生活和管理网络化。包括网上商务、网上金融、网上社会、网上教育、网上医疗、网上政务等。

（2）从城镇规划建设管理角度，城镇信息化主要涉及两方面的内容，即城镇信息基础设施的规划建设以及城镇信息系统的建设管理。

1）城镇信息基础设施是指满足信息传输、交换所建设的物理网络或链路。城镇信息基础设施是对现有城镇电信基础设施的提升。

2）城镇信息系统包括城镇信息资源系统和城镇信息应用系统。城镇信息资源系统是指由城镇信息数据及管理这些数据的数据库软件所组成的城镇基础地理信息数据库；城镇信息应用系统是包含所有与城镇信息以及建设系统业务相关的信息的集成，本指引着重为城镇规划建设服务的专业城镇信息系统。

9.2 城镇信息基础设施的规划与建设

9.2.1 城镇信息基础设施规划建设的任务与原则

（1）城镇信息基础设施

1）城镇信息基础设施是指满足信息传输、交换所建设的物理网络或链路，并包括通信机楼、微波站、卫星地面站、移动基站、地下通信管线、地面通信杆塔、微波通道等设施。

2）城镇信息基础设施是对现有城镇电信基础设施的提升。城镇信息基础设施要求更高速率、更大容量的信息通信平台，要求促进传统的窄带电话通信网加快向宽带信息网的转移，通过引入高速光通信和宽带多媒体交换技术，构建融语音、数据、图像为一体的新一代信息通信网，进一步提高网络技术水平和业务能力。

（2）城镇信息基础设施的构成

1）城镇信息基础设施在实现信息传输方式上，分为有线网络和无线网络；在网络构成上，分传输网和交换网；在网络组织上，采用分层结构。

2）G 省城镇信息基础设施建设的主要内容是“三级网络二级平台一个端口”，即城际干线传输网、城域骨干传输网、城镇用户接入网；省、市二级网络交换平台；省城一个国际端口。

（3）城镇信息基础设施的规划建设目标

1）建立畅通的地下管网、地面卫星接收、空中微波通道系统，为有需求的单位提供租用光纤、纤芯或电路，满足经济社会发展的需要。

2）逐步实现光纤到路边、光纤到小区、光纤到大楼、光纤到政府、光纤到企业，最终实现光纤到户，使用户光纤化比率不断提高；采用有线、无线手段满足包括偏远地区在内的所有用户接入电视、电话和互联网络的需求。

3）采用先进的网络技术(如 IP、ATM、WAP、HFC 等)，建立集语音、数据、图像于一体的数字化、宽带化、综合化、智能化与个人化的通信网络。采用先进的传输技术(如 SDH、WDM 等)，扩大网络容量和提高网络安全，满足各类通信业务特别是高速增长的非话业务对带宽的要求。

（4）城镇信息基础设施的规划建设原则

1）统一标准、统一管理、统筹规划、企业主导、联合共建、适度竞争、资源共享、有偿使用的原则。

2）加快并适度超前建设信息网络设施；信息网络设施应成为各种信息业务的公用设施，所有信息服务运营企业均可公平、合理、有偿使用的设施。

3）采用光纤、微波和卫星传输，有线传输与无线传输协调发展，并以光纤为主、微波和卫星为辅的原则。大力发展接入网，以光纤、双绞线、同轴电缆或微波链技术建设宽带接入网，发展无线宽带接入。

4）充分合理地利用现有城镇通信网络设施，以现代通信技术建设、改造、扩展现有通信网络，促进现有通信网向信息网演变；新建交换局和新增交换机，应按大容量、少局所原则，大量采用远端模块和新型用户接入方式，使光纤尽量靠近用户；条、块结合，逐步形成省、市两级统一的公用通信网络平台和信息交换平台，采用虚拟网络等先进技术构筑专业网、内部网；实现基础电信网、广播电视网、计算机网“三网合一”，避免重复投资、重复建设、交叉采集信息。

5）加强无线电通信管理，建立无线电收发信区，合理规划各类无线电站点，建立良好的电磁波秩序空间，防止电磁辐射污染，保护空域环境，应在规划的收发信区内统一建设主要无线电收发信站点。

6）密切注视通信技术的发展，鼓励先进通信技术与设备的应用，鼓励信息经营企业正当有序的竞争。

9.2.2 城镇信息基础设施的规划建设内容

（1）信息传输网

1）信息传输采用光纤、卫星和微波，长途传输实现光纤和微波双路由。光纤以其通信容量大、传输损耗小、安全、抗干扰等独特优势占据城际干线传输的主导地位；卫星和微波具有传输距离长、无须建设通信线路、可实现无缝覆盖等优势，适宜于连接偏远山区、交通不便的城镇以及通信个人化接入。

2）通信管线

为保护通信线路，方便维护，通信线缆应按有关规范要求，穿保护管直埋于地下；在不具备埋设管道的地段，可以架空敷设。通信线路宜沿道路的西侧、北侧建设；有人行道的，通信管道应埋设于人行道下。通信管道内径一般为 90～100mm，或用改性 PVC 管束。通信管道转角或直线段每隔 150m 应设检修用人手孔；在可预见的需要之处或沿管线间隔一定距离应埋设一组横穿过路的钢管。

3）微波通道和微波站

城际间、城域内、相距较远的城镇间、受自然地形隔离不便建设通信管道的地区间、偏远山区应建立微波通道或通过卫星转接，微波通道保护和微波站建设应符合城市总体规划要求，与城市规划相协调，还影响城镇建设。

（2）城际干线传输网

1）城际干线传输网是采用光纤、卫星和微波等技术与设施，连接以市或一个长途区号为单位的地域间通信端口而构成的高速宽带信息传输链路。

2）在区域交通系统规划建设中，应统筹考虑通信管线。沿连接地区间的国道、省道等干线公路和铁路，敷设光纤通信管道(沟)，并尽可能同步规划建设，以免重复开挖。光缆工程应一步到位。

3）城际干线通信管道，应不少于 6 孔；在公路、铁路分叉点、连接城镇的主要道路口、可预见的需要过路管的地方应埋设不少于一组横穿道路通信钢管，每组钢管不少于 2 根。

（3）城域骨干传输网

1）城域骨干传输网是采用光纤、微波和卫星等设施，在市域或一个长途区号地域范围内，连接交换局、远端模块或新型用户接入设备，而构成的宽带信息传输通道。

2）在城镇总体规划中，市政道路和城镇间的联系道路的西侧、北侧人行道下应设置通信管道(沟)，避免线缆直埋；并预留足够的管(孔)，以满足一定时期内、多种潜在用户的需要；还应预留过街管道沟(包括人孔)，以利管线敷设施工及检修。

3）在全市所有市政道路西侧、北侧人行道下，统一规划建设通信管道，管道孔数应满足市话、长话、非话数据通信、有线电视和其他各类公共信息业的要求。合理分配管孔资源，不同单位或不同用途的通信线路可以不同管孔。

4）城镇道路每间隔 200m 应埋设一组不少于 4 根横过道路的钢管。

（4）城镇用户接入网

1）城镇功能区(如各类工业区、居住区、商业区、办公区)的通信基础设施属于 IP 城域网接入网及用户驻地网的建设范畴。城镇功能区用户接入网承担用户设备与传输网之间的连接和服务，其网络系统由代理服务器、中心路由、中心交换机、楼宇集线器组成，与城镇干网的联系可采用中国电信或中国联通的 DNN 专线。城镇功能区网络系统设计应遵循可扩展性、安全性、稳定性、方便性、规范性的原则。

2）城镇功能区通信基础设施的规划建设以小区综合布线为核心内容。新建小区综合布线系统应与小区其他建筑、设施实行“同时设计、同时施工、同时交付”。

① 综合布线系统为开放式布线系统，它应用高质量的双绞线作为传输媒介，并且采用模块化设计，利用全球通用的 RJ45 标准插座，以及通信系统的标准设备即可传输话音(如电话)、数据(如计算机) 以及监控保安、楼宇自控等各种弱电讯号。

② 综合布线系统由四部分组成：建筑群布线子系统、建筑物主干布线子系统、水平布线子系统、工作区布线子系统。

③ 综合布线系统含有以下七个功能模块：工作区布线、电信插座、水平布线、分配线架区、建筑物主干布线、主配线架区、建筑群布线。

3）接入网及用户驻地网建设可以选用几种模式：

① 对于一些高档酒店、新建密集小区/大厦或愿意做布线改造的旧大厦、消费较高的旧密集小区，采用局域网综合布线系统来实现驻地网络建设。

② 对于条件不成熟做综合布线的小区/大厦，采用 ADSI/HomePNA 接入方式。

③ 对于分散的小区、楼宇，采用 ADSL 或 ADSL＋LAN 方式来实现，最后信息化小区驻地网通过小区/大厦主干交换机以 10Mbit/s/100Mbit/s 接入到电信宽带 IP 城域网，统一由电信认证平台进行认证计费和管理。

a. 在电信局的交换机房或社区内安装具有 ADSL 端口的宽带综合接入设备 ONU，并利用社区内已有的普通双绞线将 ADSLModem 直接拉入住户室内。

b. 小区用户组通过 ADSL＋HUB 接入设备上 IP 骨干网，例如每栋住宅楼配 1 个 ADSL Modem，楼内采用综合布线，为用户提供 Intemet 业务接入。

c. 进行小区(或楼宇)的综合布线，5 类 UTP/超五类线入户，小区信息中心与各楼宇采用光纤相连；建设小区计算机局域网 LAN，主干一般采用千兆快速以太网，10/100Mbit/s 交换到家庭，通过位于小区信息中心的 ONU(如综合接入设备、ATM CPE 或 LAN CPE 等)连接 IP 骨干网。

（5）网络交换平台

1）交换局

① 在城镇建设区内，应根据地域大小、地形情况、建设密集度等因素，在适当位置合理布局通信枢纽楼的建设用地，可选择相对安静、安全、保密，电信线路进出方便、出线半径较短的地点。

② 城镇各类功能区均应考虑通信线路和通信机房的配套建设，一定大小的功能区域应考虑预留通信机房；设于室内的通信设施应避免与其他功能楼层混杂在一起，以免引起安全或环境保护等方面的问题。通信机房应配有通向功能区内各建筑物的通信管沟。通信杆塔的选址必须远离居民住宅。

2）卫星地面站和收发信区

全省建设1～3个卫星地面主站。各个城镇根据需要设立收发信区、建设卫星地面接收站。

（6）国内、国际端口

在省城建设连接国家主干网和国际互联网的端口。

9.3 城镇信息系统的建立与建设

9.3.1 城镇信息系统的构成

（1）城镇信息系统

1）城镇信息是指在规划工作中所需的有关城镇地理条件、社会经济、基础设施、城市规划、社区建筑等方面信息，它包括两种形态：一种是用文字或数字来表示的属性信息（如地区人口、工业总产值、地名等）；另一种是用图形来表示的地理空间信息（如地形、行政区划、交通网络、建筑物的形状等）。

2）城镇信息系统包括城镇信息资源系统和城镇信息应用系统。

3）城镇信息资源系统以城镇基础地理信息为基础，包括规划、房管、城建、建委、水利、环保、消防、国土、园林、公安、电信、电力、交通、运输、邮电、公交、自来水、燃气、急救等建设管理各个方面，同时尚需借助和结合与城镇规划建设关系密切的城镇社会经济管理、城镇科教文卫管理领域的各种信息资源。

4）城镇信息应用系统是城镇各方面信息的集成，包含了所有涉及城镇信息相关及建设系统业务相关的信息应用子系统，如国民经济子系统、公安消防信息子系统、社会管理子系统、政府行政子系统等，本指引侧重其中的城镇信息子系统，这一系统主要内容是为城镇规划建设服务的专业城镇信息，其中的地理空间信息是链接上述各信息子系统的基础。

（2）城镇信息系统的支撑技术

建立城镇信息系统所需的关键技术有遥感(RS)、地理信息系统(GIS)、全球定位系统(GPS)、计算机辅助设计(CAD)、管理信息系统(MIS)等。

1）计算机网络技术为数据的共享、交流、管理提供快速便捷的途径，保障其他计算机信息技术的广泛应用。

2）CAD技术在城镇建设管理和规划的设计和工程方面普遍采用的计算机技术，有着良好的基础，主流产品为 AUTOCAD、MICROSTATION 等，以及在其上开发的各种专业附加软件。

3）GIS 技术以地理空间定位为基础，结合各种属性数据进行综合处理的计算机技术，有机地将空间信息和属性信息结合起来，并且随计算机技术发展，逐步向多维、可视化发展，综合分析提供多种决策支持，是目前在城镇建设管理和规划方面功能最全，应用最广泛的计算机技术，也是城镇信息资源系统的核心技术。

4）遥感技术是通过卫星、飞机等获取地球表面图像的技术，在城镇建设管理和规划范畴，可以获得关于城镇土地利用、交通、绿化、环境等可靠的信息，在总体宏观、综合方面超出常规手段。

（3）城镇信息系统的技术手段

城镇信息系统是利用计算机网络技术、海量数据库管理技术、GIS 技术等，由不同的数据源主管部门成立相关的技术部门，开展对城镇信息进行获取、处理、存储管理、更新等工作，从而建立管理、服务、分析及辅助决策支持的应用系统。它包括两方面的内容：城镇信息资源系统与城镇信息应用系统建设问题。

9.3.2 城镇信息资源系统的建立

（1）城镇信息资源系统的内容

城镇信息资源系统主要依托城镇基础地理信息为基础平台，首先建立由城镇信息数据及管理这些数据的数据库软件组成的城镇基础地理信息数据库，然后在此基础上逐步建立各相关行业的信息子系统，汇总各信息子系统各信息流，综合为包括各相关信息的城镇信息资源系统。因此，城镇信息资源库是支撑城镇的首要信息资源基础设施。

（2）城镇信息资源系统的建立流程

1）城镇基础地理数据库以基础地形为主，包括自然环境与资源、经济社会发展、土地利用、公共设施等。建立城镇基础地形数据库，根据当地的经济水平、历史沿革等条件，选择不同的精度要求，有 1∶500、1∶1000、1∶2000、1∶5000、1∶10000 等比例，一般沿用城镇建设管理的要求，通过测绘手段完成。

2）在城镇基础地理数据库平台上，通过协调规划建设领域下属各相关部门建设各个信息子系统，既要保证各子系统的独立完整和实用性，又要保证各信息系统数据之间相互可以共享。初期阶段主要在政府职能机构特别在城镇规划建设方面，利用城镇规划建设管理上的优势，在规划、国土、房管、城建、建委、水利、环保、消防、电信、电力、邮电、自来水、燃气等方面首先建立信息系统。

3）通过系统建设的各方面宣传，将 GIS 等技术逐步推广到其他部门，促成规划建设领域外的其他部门逐步建立各种信息资源，如人口信息资源系统、经济信息资源系统等。各个部门信息系统建立和完善后，在数据共享基础上，汇集综合为包括各相关信息的城镇综合信息资源系统。

（3）城镇信息资源系统的建立准则

1）城建规划部门是城镇信息资源较集中的部门，是城镇的重点完成单位，应联合相关部门制定好本地区的信息资源系统建设规划，制定数据共享的交换标准。

2）城镇信息资源库是城镇应用系统的基础，而基础地理信息数据库更是信息资源库的数据中心，因此基础地理信息数据库是城镇的首选工程。

3）成立城镇地理信息中心，负责收集、处理、集成各信息资源系统，为规划建设系统服务。

4）在基础地理信息数据库的建设方面，应建立数据共享方案、数据采集和数字化质量标准。

5）保持数据良好的现势性，实现数据的动态更新，应建立动态数据更新维护体系，以保证数据库的延续性和生命力。

6）数据采集应尽量与管理部门的日常办公紧密结合，通过开发完整的数据库录入、维护和更新系统或办公应用系统，来及时更新各部门的专业数据库。达到一定基础，可采用电子报批的方式实时更新数据。

7）数据库的结构设计、共享交换标准等，建议采用国家有关成文规范或制定本地实际和发展需要的规范，以利于提高数据的延续性、可对比性、通用性及实用性。

8）信息数字化的方式宜采用适合计算机存储和信息利用的方式。城镇信息数据包括属性数据和空间数据。空间数据的处理方式有两种：栅格图和矢量图。影像图适合使用栅格图方式存储；一般的线划图适合使用适量图方式存储，如基础地形图现状用地红线图、现状道路红线图、各层面的规划方案、规划路网及各专题规划图等。

9）信息资源系统建设是一个长期的工作，应充分理解，并有计划地安排投入。

9.3.3 城镇信息应用系统的建设

（1）城镇信息应用系统的组成结构

与规划建设相关的城镇信息应用系统组成如图 9-1 所示。

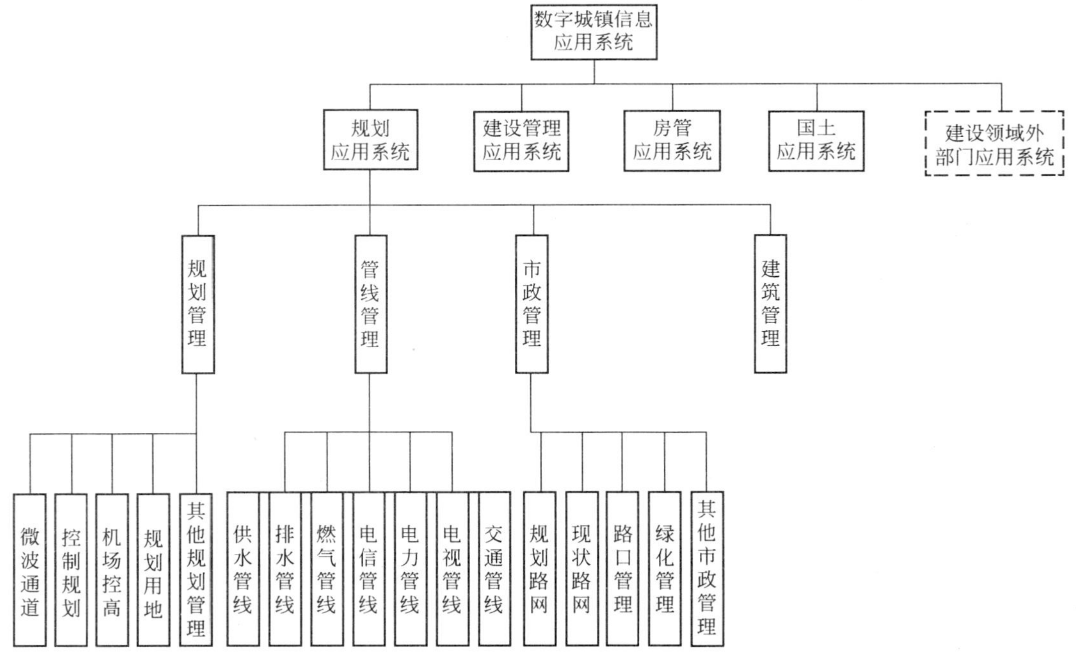

图 9-1 城镇信息应用系统组成

(2) 城镇信息应用系统的首选工程

各城镇应根据自身条件建立适用的城镇信息应用系统。由于城镇信息系统相当庞大，牵涉到城镇的每一个部门、每一个角落、每一个人、每一个行为，建设完成整个系统不是一个单位朝夕之间即可完成的。为达到以最少成本尽快、尽早见效果的目标，根据过往实践，建议在“政府上网”工程基础上，首先建设政府的城镇规划建设管理部门图文办公自动化系统，可根据实际行政机构设置及政府职能分工情况，分为规划管理办公自动化系统、国土房产管理办公自动化系统、房地产管理办公自动化系统等。

(3) 城镇信息应用系统的建设原则

1) 办公自动化的最终实施要求管理部门的办公流程规范化，各地在实施办公自动化的同时应着重建设好符合计算机管理现代化的机构设置和业务流程。

2) 系统功能应以业务需求为导向，切忌盲目追求功能的全面，造成功能的闲置。

3) 特别注意信息资源库的建设和完善，避免出现系统因缺乏数据支持而无法深入应用的情况。

4) 选择合符自身条件具备的开发方式。系统可自行开发，可与软件开发商合作，可购买现成成熟系统，也可以购买具有工具式开发环境的集成系统集成等。

5) 在系统开发的过程，应考虑机构变化、审批制度不断的改善等情况，注重系统的扩展性和灵活性的处理，注重信息元细胞自动机原理的设计。

6) 在办公管理应用系统的建立时，考虑各部门窗口式服务的推广模式，考虑信息资源库的更新维护体系的建立。

7) 系统的建立需有利于三方面的工作：一是城镇政府在政府形象工程的建立和在宏观控制中基础信息的获取与分析决策；二是政府各部门管理流程的理顺与监督机制的确定；三是办事人员办事效率的提高和使用方便实用。

(4) 信息应用系统的建设手段

1) 各专业部门在建立前，必须考虑信息资源数据库的建立，是采用文档形式数据库，还是选择地理信息数据库的模式建立，更有利于决策信息的收集、资料归档和标准的统一。

2) 在各专业部门通过建立信息资源库，规范工作流程，运用海量数据库管理技术、GIS 技术、CAD 技术等，开发出一系列的办公管理应用系统。

3) 在系统集成方面，综合应用了数据库开发软件、GIS 图形编辑查询软件、CAD 软件，可以运用控件技术或 JAVA 技术将以上系统软件合理集成为应用平台或 internet/intranet 平台。

9.4 城镇信息化设施系统的管理与运营

9.4.1 城镇信息基础设施的规划建设管理

(1) 城镇信息基础设施的规划建设管理原则

城镇信息基础设施的规划建设管理应遵循在城市规划行政主管部门协调下“统筹规划、总量控制、资源共享、有偿使用”的原则。在此原则下，各城镇可根据自身的具体情况选择适当的建设与管理模式。

1）“统筹规划、总量控制”——即根据本地国民经济和社会发展中长期规划，以及城镇信息化建设与发展的要求，对信息基础设施（基础电信建设项目）的建设标准、空间布局、进行统一规划，对基础通信管线、站塔、通廊的需求总量进行论证，经市规划管理部门综合平衡后，纳入地方各级人民政府城镇建设总体规划和村镇、集镇建设总体规划。

2）“资源共享、有偿使用”——城镇信息基础设施是各种信息业务的公用设施，是城镇的公共资源，应成为所有信息服务运营企业均可公平、合理、有偿利用的共享资源。

3）各级政府在实施城镇信息基础设施规划时应有适度超前的意识，要有计划、分步骤地控制把握好通信基础设施的建设时机，引导资金投向，逐步建设和完善城镇的通信基础设施。

（2）城镇信息基础设施的建设模式

城镇信息基础设施的建设，应遵循“建设与使用可以分离”的基本原则，依据电信业务的技术需求特征，结合各自城镇的客观条件，选择不同的建设模式。

1）模式一：政府投资，统一建设——地方财政允许或融资渠道畅通的前提下，可由城镇政府统一进行基础干网与接入网的建设与维修管理，统一对已建成设施进行收购或改造。再通过授予特许经营权、招标、外包、参股等方式交给社会和企业运作使用。

在此模式下，城镇政府有关主管部门按照本地基础通信管线的规划，综合平衡各网络运营单位和社会其他方面对基础通信管线的需求，制定基础通信管线建设的年度计划，并与相关的城镇建设年度计划相衔接。

2）模式二：政府与市场分层负责——主干网络建设由政府控制，应用政府资金或通过政府派出机构操作融资运作；接入网络建设向市场开放，通过投标竞争建设权。

在此模式下，各层网络的产权可归建设方，也可归事先约定的政府机构，并通过使用权的拍卖或投标转交给企业进行运营管理。由于我国电信业刚刚完成体制改革，原有的城镇信息基础设施基本上移交给从原行政机构剥离出来的电信公司或电信主管部门，而电信业群雄并起，各自需要寻求新的基础设施支撑，因此大部分城镇的客观条件正适于应用这种模式。

3）模式三：市场运作，分工建设——对各级电信基础设施建设项目，实行专业化、市场化、企业化的运作，授权有资质企业参与筹资、建设、运营和管理。

在此模式下，按统一规划通过招投标等形式组织各具有基础电信业务营业资格的电信公司或有资质的建设公司单独或共同投资，进行协同建设。不以招投标形式进行建设的，可以允许各电信经营企业根据自身发展所需，提出通信设施建设申请，先到先得。但政府应要求该企业根据“统一规划、总量控制、资源共享”的原则，确定通信机楼、通信杆塔和通信管道的建设规模与容量，即除满足自身需要之外，必须考虑提供给其他电信公司使用的预留容量。这是更能发挥市场经济优势的方法。

9.4.2 城镇信息基础设施的运营

（1）无论采用何种建设模式，信息基础设施的运营与管理均应遵循“投资者收益”原则。

（2）对已建成的信息基础设施，可由产权所有者按照市场配置资源的客观规律，平等、合理地租/售给所有有需要的电信企业使用，使用方或收购方向产权所有者支付合理的服务费用。例如：由政府对经营性的电信基础设施项目进行招标，中标的企业获得特许经营权。政府与取得电信基础设施特许经营权的企业签订责权利明确的协议。

(3) 城镇政府应负责制定购买和租赁移动信息基础设施的指导性价格并定期检讨调整，还应负责监管市场运作秩序，监管交易价格是否合理等，以保证信息基础设施资源利用充分，秩序公平。

(4) 城镇信息基础设施的运营，需注意以下关键问题：

1) 城镇政府应成立专职行政主管机构(如信息化工作领导小组、信息化办公室、信息产业局)或责成有关职能部门(如公用事业局、建设局)，专门负责信息公用资源建设规划的编制，负责政府所属信息基础设施资源的经营管理工作，并对本地信息基础设施的建设和运营实施监督管理。

2) 要充分利用本地基础通信管线存量资源。新建、扩建或者改建基础通信管线，应当按照互利互惠的原则，与相关的存量基础通信管线实行互联互通。

3) 对基础性的公共信息设施，如城镇道路规划红线以内通信网络的光(电)缆线所经过的地下管道(包括人井)，以及依附于地铁、隧道、城镇桥梁等公共设施一次性敷设的通信网络光(电)缆线及通信管沟(孔)、城区的主要通信管道网络、小区内的通信管网以及重要位置的通信杆塔通信机楼等，应首先考虑由政府统一建设。

4) 切实贯彻《中华人民共和国电信条例》第四十六条规定："城镇建设和村镇、集镇建设应当配套设置电信设施。建筑物内的电信管线和配线设施以及建设项目用地范围内的电信管道，应当纳入建设项目的设计文件，并随建设项目同时施工与验收。所需经费应当纳入建设项目概算。"

5) 有关单位或者部门规划、建设道路、桥梁、隧道或者地下铁道等，应当事先通知省、市电信管理机构和电信业务经营者，协商预留电信管线等事宜。

9.4.3 城镇信息系统管理

(1) 城镇经济与社会的全面、高度信息化，将削减传统政府部门大部分的收集分析信息职能，导致政府机构扁平化。政府工作职能的重心要相应加强监管社会信息的是否准确、是否及时及是否公平。

(2) 数字城镇政府对城镇信息系统管理的主要内容，包括城镇地理信息资源管理，政府网站群开通与管理，城镇信息资源共享管理，城镇数据信息的规范化、标准化管理等。

(3) 城镇地理信息资源管理

城镇信息资源库是支撑城镇信息化的首要数据基础设施，而城镇地理信息系统是联接所有城镇信息形成信息资源库的基础平台。城镇地理信息资源管理应注意以下环节：

1) 保证数据质量。做好数据监理，如图形精度、坐标定位、属性信息的完整性及专题图的分层设置等。

2) 保持数据良好的现势性。随着城镇的不断更新发展，实现数据的动态更新。

3) 必须以政府行为设定统一的数据口径及标准，建议采用国家有关成文规范(包括行业规范)，以利提高数据的延续性、可比性及实用性。

4) 与城镇信息资源系统的建设同步，建立完善的城镇信息资源系统维护更新机制。例如：数据采集应尽量与管理部门的日常办公结合，建议推广"电子报批"。

（4）政府网站群的开通与管理

政府网站群对数字城镇建设至关重要，首先表现为对社会信息化的示范及引导作用，其次才是网站本身所提供的功能与服务。

1）各级政府和组织均应设立网站或在政府公共网站上设立网页，并遵循成熟的政府业务上网规范提供网上业务服务，以促进网上商务、网上金融、网上教育、网上医疗、网上政务等社会网络化进程。

2）政府网站结构、内容结构以及网站名称等尽可能标准化，以便利市民访问、使用。

（5）数字城镇信息资源共享管理

信息资源依靠有效的共享机制予以动态更新而得以丰富，依靠安全的共享技术平台进行交换而得以应用，因此信息资源共享水平标志着数字城镇的成熟度。

1）各城镇政府必须在现有管理体制和保密制度限制下，自主地建设城镇级基础地理信息系统平台和信息共享交换平台，满足本地城镇规划、建设和管理急需的信息共享需求。

2）各城镇必须建立纵向行业信息资源共享的机制和市级信息交换技术平台，以挖掘和共享其丰富的信息资源，适应数字城镇建设的社会、文化和经济信息的需求。

（6）城镇数据信息的规范化、标准化

实现信息资源共享的前提条件是数据标准化和规范化。其主要内容包括：政府业务管理规范化、企业运作规范化、网络建设标准化、信息交换标准化。

1）基础地理信息数据标准和服务标准应很好地适应信息化、数字化的要求，坚持和国际标准技术接轨，积极采用国际标准和国家标准、行业标准。

2）在关注国际信息化标准化的发展现状与趋势的前提下，适时建立与本地需求相适应的信息标准。

9.4.4 政府在城镇信息基础设施投融资中的作用

（1）以政府投入带动社会投入。信息化建设的投入要和国民经济增长相适应，与财政收入同步增长。发挥城镇各级财政的优势，将信息化建设投入单独列项，纳入国民经济计划和财政预算，以此多方位地加大信息基础设施建设资金的投入力度。

（2）强化政府投资的导向性。设立信息化专项资金，重点支持公益性、基础性重大信息基础设施建设，如城镇基础地理信息系统、城镇信息共享平台的建设。

（3）找准政府投资的重点。在信息基础设施的投入上，要确定政府投资的重点、范围和投资主体，区分和界定好哪些是政府应该投资的，哪些是可以市场化运作融资的。凡是可以市场化运作的都要市场化运作。要通过政府采购、招标等方式，保证项目的公开、透明和有效性。

（4）发挥政府融资优势，争取国家政策性拨款和国际上优惠低息贷款。

（5）制定并实施相关政策，推行“投资者受益”原则，培育市场的投资欲望。

9.4.5 城镇信息化的安全保障体系

（1）应认真贯彻国家有关信息安全保密的规定，遵照 ISO 关于安全体系结构的标准，建立安全保障机制，实行安全管理。

（2）应加强网络安全意识及知识宣传，进行网络安全与防止网络犯罪的法制教育，提高全民的信息安全意识和信息法制意识。加强网络信息安全监管，提高对网上信息的跟踪管理能力、对专案对象的监控能力和对网络犯罪的防范能力。

（3）在信息系统建设的同时，要进行信息安全的总体设计和信息系统安全工程建设，在系统验收时强化对安全保障方案的审查和各项安全保障功能的测评验证。对于已建的信息系统，要完善信息安全的总体设计和信息系统安全工程建设，进行系统安全测评认证。在信息系统建设中信息安全投资应占一定比例。

（4）完善信息安全测评中心及其系统工程实验室、CA认证中心建设，建立信息安全应急响应中心、信息系统安全研发机构等基础设施。

（5）建立健全网络的安全管理制度，建立网络信息安全专业岗位、及其培训和考核制度。定期对网络进行信息安全检测。

（6）在信息化建设的各个领域和各个技术层面，采用多种信息安全技术，强化信息安全措施。抓好重点领域和部门的安全示范工程。

（7）加强信息安全的组织领导，政府行政主管部门（机构）负责协调本地各有关部门，统筹规划信息安全保障体系、基础设施建设，促进资源的共享，加强信息安全的管理。

9.4.6 城镇信息化的法规保障体系

（1）加强法规建设工作，坚持先易后难、先单项后综合的原则，不断完善政策法规体系。初始阶段重点地方法规应包括：《城市信息化建设条例》、《城市信息工程建设管理办法》、《城市信息资源管理办法》、《城市信息安全管理办法》、《城市网络服务业管理办法》、《城市信息化指标体系》以及与之相关配套的管理办法。

（2）有关法规执行机构应包括：政府行政主管部门、监察部门、执法部门、行业自治组织等。应适时建立信息化行政执法队伍，制定并严格执行有关执法程序和行政执法人员培训制度等。

（3）加强行政执法和法规宣传工作，在全社会提高依法建设、依法使用、依法管理意识。

10 附录

10.1 原信息产业部《公用电信网间互联管理规定》主要内容

第一章 总 则

第一条 为了维护国家利益和电信用户的合法权益，保护电信业务经营者之间公平、有效竞争，保障公用电信网间及时、合理地互联，根据《中华人民共和国电信条例》，制定本规定。

第二条 本规定适用于中华人民共和国境内经营基础电信业务的经营者在下列电信网间的互联：

（一）固定本地电话网；

（二）国内长途电话网；

（三）国际电话网；

（四）IP 电话网；

（五）陆地蜂窝移动通信网；

（六）卫星移动通信网；

（七）互联网骨干网；

（八）信息产业部规定的其他电信网。

第三条 电信网之间应当按照技术可行、经济合理、公平公正、相互配合的原则实现互联。

第四条 信息产业部和省、自治区、直辖市通信管理局（以下合称“电信主管部门”）是电信网间互联的主管部门。信息产业部负责本规定在全国范围内的实施工作；省、自治区、直辖市通信管理局负责本规定在本行政区域内的实施工作。

第五条 本规定下列用语的含义是：

（一）互联，是指建立电信网间的有效通信连接，以使一个电信业务经营者的用户能够与另一个电信业务经营者的用户相互通信或者能够使用另一个电信业务经营者的各种电信业务。互联包括两个电信网网间直接相联实现业务互通的方式，以及两个电信网通过第三方的网络转接实现业务互通的方式。

（二）互联点，是指两个电信网网间直接相联时的物理接口点。

（三）主导的电信业务经营者，是指控制必要的基础电信设施，并且所经营的固定本地电话业务占本地网范围内同类业务市场50%以上的市场份额，能够对其他电信业务经营者进入电信业务市场构成实质性影响的经营者。

（四）非主导的电信业务经营者，是指主导的电信业务经营者以外的电信业务经营者。

第二章 电信业务经营者的互联义务

第六条 电信业务经营者应当设立互联工作机构负责互联工作。互联工作机构应当建立正常的工作联系制度，保证电信业务经营者与电信主管部门之间以及电信业务经营者之间工作渠道的畅通。

第七条　主导的电信业务经营者应当根据本规定制定包括网间互联的程序、时限、互联点的数量、用于网间互联的交换机局址、非捆绑网络元素提供或出租的目录及费用等内容的互联规程。互联规程报信息产业部批准后执行。互联规程对主导的电信业务经营者的互联互通活动具有约束力。

第八条　电信业务经营者不得拒绝其他电信业务经营者提出的互联要求，不得违反国家有关规定擅自限制用户选择其他电信业务经营者依法开办的电信业务。

第九条　主导的电信业务经营者有义务向非主导的电信业务经营者提供与互联有关的网络功能(含网络组织、信令方式、计费方式、同步方式等)、设备配置(光端机、交换机等)的信息，以及与互联有关的管道(孔)、杆路、线缆引入口及槽道、光缆(纤)、带宽、电路等通信设施的使用信息。

非主导的电信业务经营者有义务向主导的电信业务经营者提供与互联有关的网络功能、设备配置的计划和规划信息。

双方应当对对方提供的信息保密，并不得利用该信息从事与互联无关的活动。

第十条　非主导的电信业务经营者的电信网与主导的电信业务经营者的电信网网间互联，互联传输线路必须经由主导的电信业务经营者的管道(孔)、杆路、线缆引入口及槽道等通信设施的，主导的电信业务经营者应当予以配合提供使用，并不得附加任何不合理的条件。

两个非主导的电信业务经营者的电信网网间直接相联，互联传输线路必须经由主导的电信业务经营者的楼层院落、管道(孔)、杆路、线缆引入口及槽道等通信设施的，主导的电信业务经营者应当予以配合提供使用，并不得附加任何不合理的条件。

前款主导的电信业务经营者的通信设施经省、自治区、直辖市通信管理局确认无法提供使用的，非主导的电信业务经营者可以通过架空、直埋等其他方式解决互联传输线路问题。

第十一条　主导的电信业务经营者应当在规定的互联时限内提供互联，非主导的电信业务经营者在规定的互联时限内实施互联。双方均不得无故拖延互联时间。

第十二条　电信业务经营者应当执行信息产业部制定的相关网间互联技术规范、技术规定。

网间通信质量应当符合国家有关标准。电信业务经营者应当保证网间通信质量不低于其网络内部同类业务的通信质量。

第十三条　应非主导的电信业务经营者的要求，主导的电信业务经营者应当为对方网的用户提供电话号码查询业务，并经双方协商后，可按查号规则查询到对方网的可查询用户号码。非主导的电信业务经营者应当按查号规则向对方提供对方网的可查询用户号码资料。

应非主导的电信业务经营者的要求，主导的电信业务经营者应当向对方网的用户提供火警、匪警、医疗急救、交通事故报警等紧急特种业务。非主导的电信业务经营者应当每日进行紧急特种业务的拨叫例测。双方应当共同保证紧急特种业务的通信质量。

第十四条 电信业务经营者向本网开放的各种电信业务接入号码(含短号码)其他特种业务号码(含电信业务经营者所用的业务号码、政府公务类业务号码、社会服务类业务号码)、智能业务号码等，应一方的要求，应当及时向对方网开通，并保证通信质量。

第十五条 两个非主导的电信业务经营者的电信网网间直接相联，由双方协商解决。

两个非主导的电信业务经营者的电信网网间未直接相联时，其网间业务应该经第三方的固定本地电话网或信息产业部指定的机构的网络转接实现互通。非主导电信业务经营者选择主导的电信业务经营者的固定本地电话网作为第三方的网络时，主导的电信业务经营者不得拒绝提供转接，并应当保证转接的通信质量。

第三章　互联点的设置及互联费用的分摊与结算

第十六条 非主导的电信业务经营者的电信网与主导的电信业务经营者的电信网网间互联时，互联点应当设置在互联传输线路的一端，即远离非主导的电信业务经营者侧的设备的一端(例如，当互联传输线路为光缆时，互联点设置在主导的电信业务经营者光配线架外侧)。

两个非主导的电信业务经营者的电信网网间直接互联时，互联点的具体位置由双方协商确定。

第十七条 互联点数量应当根据双方业务发展以及网间通信安全的需要协商确定。在一个本地网内各电信网网间互联原则上应当有两个以上(含两个)互联点。

互联点两侧的电信设备可以由各电信网共用，也可以由各电信网分设。当互联点两侧的电信设备由各电信网共用时，如果各电信网网间结算标准不一致，双方又不易采用技术手段进行计费核查的，互联中继电路可以分群设置。

第十八条 非主导的电信业务经营者的电信网与主导的电信业务经营者的电信网网间互联的，互联传输线路及管道由双方各自承担一半。

两个非主导的电信业务经营者的电信网网间直接相联的，互联传输线路的费用分摊由双方协商确定。

第十九条 互联点两侧的电信设备(含各自网内的电信设备，下同)的建设扩容改造的费用(含信令方式、局数据修改、软件版本升级等费用)由双方各自承担。

互联点两侧的电信设备的配套设施(包括机房、空调、电源、测试仪器、计费设备及其他配套设施)的费用由双方各自承担。

第二十条 互联传输线路经由主导的电信业务经营者的管道(孔)、杆路、线缆引入口及槽道等通信设施的，主导的电信业务经营者应当按规定标准收取租用费。暂无规定标准的，相关费用以建设成本为基础由双方协商解决。

第二十一条 电信业务经营者在互联互通中应当执行信息产业部制定的《电信网间通话费结算办法》，不得在规定标准以外加收费用。

电信业务经营者应当按互联协议规定的结算周期进行网间结算，不得无故拖延应向对方结算的费用。

第二十二条 电信业务经营者应当按国家有关规定核算本网与互联有关的收支情况及

互联成本，经相关中介机构审查验证后，于每年 3 月 31 日前将上一年度的数据报信息产业部。

网间结算标准应当以成本为基础核定。在电信业务经营者互联成本尚未确定之前，网间结算标准暂以资费为基础核定。

第四章 互联协议与工程建设

第二十三条 互联协议应当由电信业务经营者省级以上(含省级)机构之间签订(含修订)。电信业务经营者省级以下机构不再另行签订互联协议。互联双方应当本着友好合作和相互配合的原则协商互联协议。

第二十四条 互联协商的主要内容包括：签订协议的依据、互联工程进度时间表、互通的业务、互联技术方案(包括互联点的设置、互联点两侧的设备设置、拨号方式、路由组织、中继容量，以及信令、计费、同步、传输质量等)、与互联有关的网络功能及通信设施的提供、与互联相关的设备配置、互联费用的分摊、互联后的网络管理(包括互联双方维护范围、网间通信质量相互通报制度、网间通信障碍处理制度、网间通信重大障碍报告制度、网间通信应急方案等)、网间结算、违约责任等。

第二十五条 互联双方省级以上机构应当按照《中华人民共和国合同法》及国家有关规定签订互联协议，互联协议不得含有歧视性内容和损害第三方利益的内容。

第二十六条 互联双方省级以上机构应当自协议签订之日起 15 日内将协议发至各自下属机构，并向电信主管部门备案。

第二十七条 互联双方应当在规定的互联时限内，根据商定的互联工程进度、互联技术方案，在各自的建设范围内组织施工建设，并协同组织互联测试，全部工程初验合格后即可开通业务。

第五章 互联时限与互联监管

第二十八条 涉及全国范围(跨省、自治区、直辖市)同步实施的网间互联，非主导的电信业务经营者应当根据本网工程进度情况或网络运行情况，向主导的电信业务经营者当面提交互联的书面要求，并向信息产业部备案，互联工作开始启动。

互联双方应当从互联启动之日起两个月内签订互联协议。

涉及全国范围同步实施的网间互联需要新设互联点的，应当自互联启动之日起七个月内实现业务开通。

涉及全国范围同步实施的网间互联不需新设互联点，只需进行网络扩容改造的，应当自互联启动之日起四个月内实施业务开通。

涉及全国范围同步实施的网间互联只涉及局数据修改的，应当自互联启动之日起两个月内实现业务开通。

必要时，信息产业部对涉及全国范围同步实施的网间互联提出具体的业务开通时间要求。

第二十九条 不涉及全国范围同步实施的网间互联，非主导的电信业务经营者省级以上机构应当根据本网工程进度情况或者网络运行情况，向主导的电信业务经营者省级机构当面提交互联的书面要求，并向省、自治区、直辖市通信管理局备案后，互联工作开始启动。主导的电信业务经营者省级机构不得拒收对方提交的互联书面要求。

互联双方应当在互联工程实施以前签订工程协议，工程协议的签订应当不影响整个互联工程的进度。对方应当在业务开通前签订网间业务互通、互联后的网络管理以及网间结算协议。协议的协商可与工程实施同步进行。

网间互联需新设互联点的，应当自互联启动之日起七个月内实施业务开通。

网间互联不需新设互联点，只需进行网络扩容改造的，应当自互联启动之日起四个月内实现业务开通。

网间互联只涉及局数据修改的，应当自互联启动之日起一个月内实现业务开通。

必要时，省、自治区、直辖市通信管理局对网间互联提出具体的业务开通时间要求。

第三十条 互联实施中，因客观原因致使互联不能在规定的互联时限内完成的，经互联双方认可并向电信主管部门备案后，可以顺延互联时间。

第三十一条 互联双方应当在业务开通后 30 日内，将互联启动日期、业务开通日期及业务开通后 3 日内的网间通信质量情况，以书面形式向电信主管部门报告。电信主管部门根据具体情况以适当方式予以公布。

第三十二条 电信主管部门应当定期或不定期地召开相关电信业务经营者的互联协调会，督促解决互联实施过程中存在的问题。

信息产业部电信管理局应当向省、自治区、直辖市通信管理局及相关电信业务经营者通报互联工作情况。

第六章 互联后的网络管理

第三十三条 在信息产业部确定的用于网间互联的交换机局址上实施的互联，互联点应当保持相对稳定，已设互联点原则上不允许变更。

主导的电信业务经营者对已设互联点单方面提出变更要求的，应当事先向相关电信业务经营者提交拟变更的方案，经与双方协商一致后，方可启动改造工程。改造工程应当在七个月内完成。改造工程的费用原则上由主导的电信业务经营者承担。

第三十四条 互联一方因网内扩容改造，可能影响对方网的用户通信的，应当提前三个月以书面形式向对方通报情况。

互联一方因网内发生路由组织、中继电路、信令方式、局数据、软件版本等的调整，可能影响到对方网的用户通信的，应当提前 15 日以书面形式向对方通报情况。

第三十五条 电信业务经营者对网间路由组织、中继电路、信令方式、局数据、软件版本等的调整应当予以配合，保证网间通信质量符合要求。

第三十六条 电信业务经营者应当明确划分网间运行维护责任，定期协同分析网间通信质量，建立网间通信质量相互通报制度，并定期向电信主管部门报告。电信主管部门根据具体情况组织召开通信质量协调会。

第三十七条 电信业务经营者应当建立网间通信障碍处理制度，互联一方发现网间通信障碍时，应当及时通知对方，对方相互配合共同处理网间通信障碍。网间通信障碍的处理时限与本网处理同类障碍的时限相同。

第三十八条 未经信息产业部批准，电信业务经营者不得擅自中断网间通信。电信业务经营者应当建立网间通信重大障碍报告制度。发生网间通信中断或网间通信严重不畅时，电信业务经营者应当立即采取有效措施恢复通信，并及时向电信主管部门报告。

前款所称网间通信严重不畅，是指网间接通率(应答试呼比)低于20%，以及用户有明显感知的时延、断话、杂音等情况。

10.2 电信局所规划建设参考指标

10.2.1 电信局所规划参考指标

电信规划参考技术指标 表10-1

局所容量	2万门	3万门	4万门	5万门	6万门	8万门	10万门
占地面积(m^2)	2000	2500	3000	3500	4000	4500	5000
机房主楼建筑面积(m^2)	4000	5000	6000	7000	8000	9000	10000
附属建筑面积(m^2)	400	500	600	700	800	1000	1200
服务半径(km)	0.5～1.0	1.0～1.5	1.5～2.0	2.0～2.5	2.0～2.5	2.5～3.0	3.0～3.5
服务人口规模(万人)	2.8～3.1	4.3～4.6	5.7～6.2	7.1～7.7	8.6～9.2	11.4～12.3	14.3～15.4
出局管道孔数	36孔	40孔	48孔	30孔×2	36孔×2	48孔×2	48孔×2
投资总额(万元)	5000	6000	7000	7500	8000	9000	10000

注：1. 10万门以上技术指标在10万门基础上酌情考虑。
2. 出局管道在6个以上多局制下需酌情增加孔数。

10.2.2 电信局所与干扰源的距离要求

电话局所与广播电视、雷达、电力、铁路安全的距离(m) 表10-2

广播电视	雷达	电力架空		电站		铁路		高速公路
		110kV	>220kV	发电站	变电站	电力机车	内燃机车	
300	500	100	300	500	500	500	300	100

10.2.3 典型局所建设主要技术经济指标参考

例1：某电信端局(规划2万门)

该局建于1994年6月，位于某区北部某干道西侧。出局管线方便。管线通过道路地下干线与市内各局(汇接局、长途局)连接，并服务该区300hm² 城建面积，且位于该区负荷中心。周围规划以第三产业和居民区为主，没有较大的振动、噪声、粉尘、有害气体及其他干扰源。

该局以庭院型布局，院内设独立变电所，并布置绿化和停车场，环境优美。邻街为框架结构电信楼，含机房、测量、办公等，楼中部框架装饰，营业大厅相对独立设置，方便出入。

主要技术经济指标：总建筑占地面积1406m²。总建筑面积3205m²。其中机房占地面积 1126m²，建筑面积 2645m²，变电所占地面积 280m²，建筑面积 560m²，详见图 10-1。

例 2：某电信端局(规划 4 万门)

该局位于某区北部某干道东侧。出局管线方便。管线通过道路地下干线与市内各局(汇接局、长途局)连接，并服务该区 500hm² 城建面积，且位于该区负荷中心。周围规划以商住为主，没有较大的振动、噪声、粉尘、有害气体及其他干扰源。

该局以 L 形布局，院内布置绿化和停车场，环境优美。邻街为框架结构电信楼，含机房、测量、办公等，楼中部框架装饰，营业大厅设置在拐角处，方便出入。

主要技术经济指标：总占地面积 6586m²，总建筑占地面积 1715m²，总建筑面积 3675m²。其中机房占地面积 1500m²，建筑面积 3247m²，变电所占地面积 215m²，建筑面积 428m²，详见图 10-2。

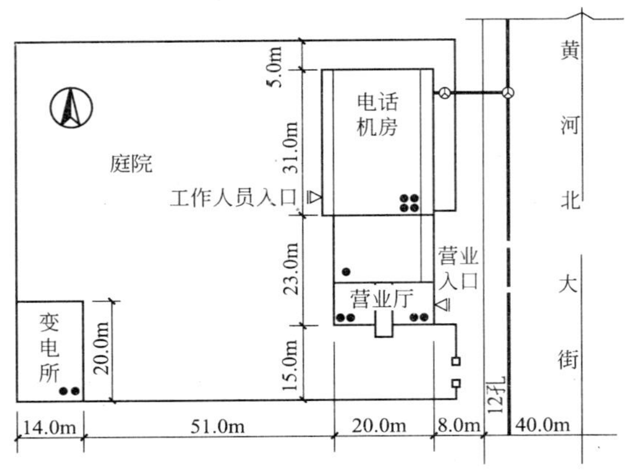

图 10-1　2 万门电信端局

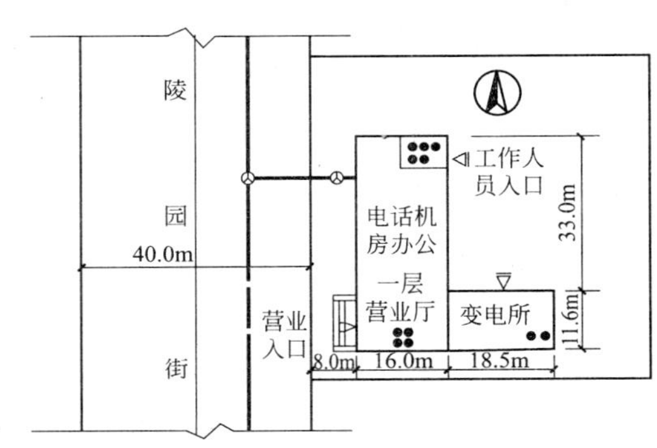

图 10-2　4 万门电信端局

注：4 万门以上局所分两处不同方向出局，图中，仅表示一个出局方向。

例 3：某电信汇接局(规划 6 万门)

该局位于某干道东侧，出局管线方便。管线通过道路地下干线与市内各局(汇接局、长途局)连接，并服务该区 600hm² 城建面积，且位于该区负荷中心。周围规划以居民区为主，没有较大的振动、噪声、粉尘、有害气体及其他干扰源。

该局以庭院型布局，院内设变电所、车库并布置绿化和停车场，环境优美。临街为框架结构电信楼，含机房、测量、办公等，营业大厅相对独立设置，方便出入。变电所为砖混结构二层楼，一层为变电所，二层为配电室。

主要技术经济指标：总占地面积 3028m²，总建筑面积 3822m²。主楼占地面积 1000m²，建筑面积 3340m²。变电所占地面积 188m²，建筑面积 376m²。车库建筑面积 106m²，详见图 10-3。

例 4：某电信汇接局(规划 8 万门)

该局位于某区北部某干道南侧。出局管线方便。管线通过道路地下干线与市内各局(汇接局、长途局)连接，并服务该区 800hm² 城建面积，且位于该区负荷中心。周围规划以商住为主，没有较大的振动、噪声、粉尘、有害气体及其他干扰源。

该局以一字形阶梯式布局，院内布置绿化和停车场，环境优美。邻街为框架结构电信

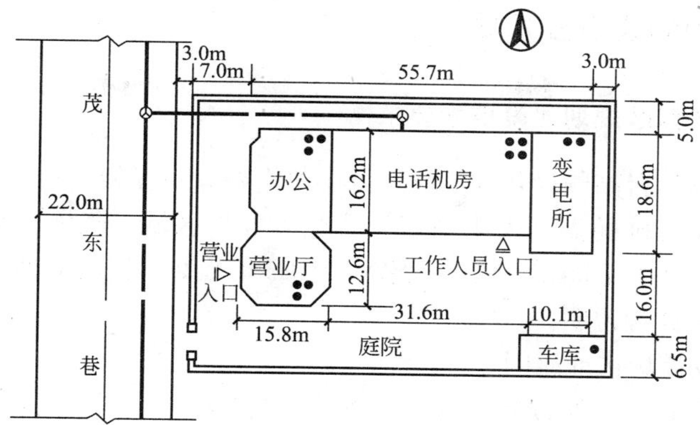

图 10-3　6 万门电信汇接局

楼，一层含营业大厅、测量、办公等，二～四层为机房，营业大厅设置在拐角处，方便出入。变电所为砖混结构二层楼，一层为变电所，二层为配电室。

主要技术经济指标：总占地面积 3220m²，建筑占地面积 1500m²，总建筑面积 4113m²，详见图 10-4。

例 5：某电信汇接局(规划 10 万门)

该局位于某干道东侧。出局管线方便。管线通过道路地下干线与市内各局(汇接局、长途局)连接，并服务该区 900hm² 城建面积，且位于该区负荷中心。周围规划以商住为主，没有较大的振动、噪声、粉尘、有害气体及其他干扰源。

该局以 L 形布局，院内布置绿化和停车场，环境优美。北端安排变电所、车库，楼上为办公室，东端一～四层为机房，其相对独立设置。中部一层营业大厅设置在拐角处，方便出入，二～四层为会议室。

主要技术经济指标：总占地面积 3720m²，建筑占地面积 1500m²，总建筑面积 6500m²，详见图 10-5。

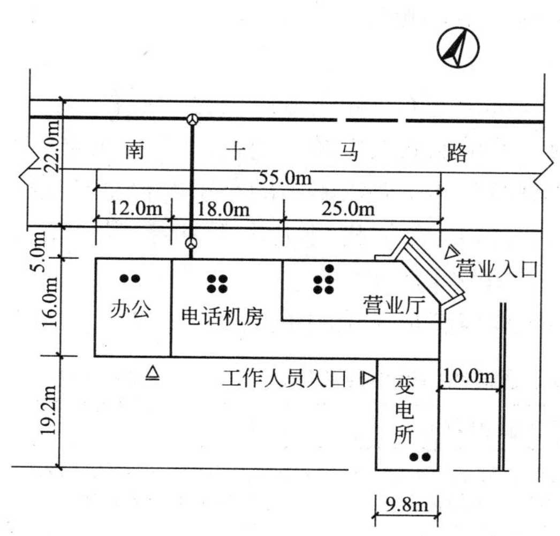

图 10-4　8 万门电信汇接局

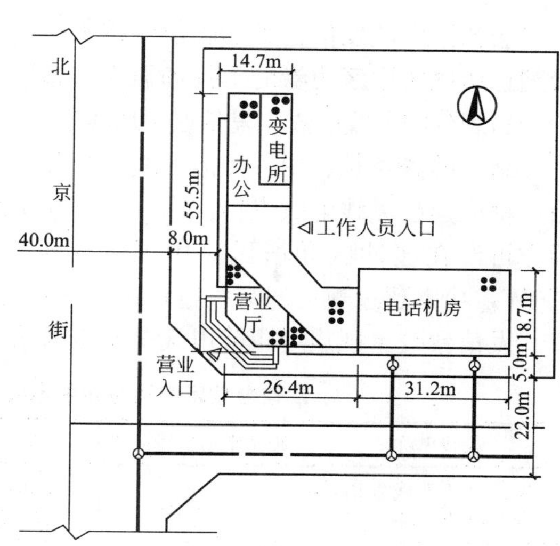

图 10-5　10 万门电信汇接局

10.3 无线通信规划建设技术要求

10.3.1 无线收、发信区规划建设技术要求

为防止无线电发信台高频设备和干扰性的电气设备，对无线电通信和用户收听无线电广播的干扰，并保证正确的划分大中城市无线电收发信区域，经济合理的选定无线电场地，1979 年广电部、邮电部联合制定《划分大中城市无线电收发信区域和选择电台场地暂行规定》中，做了详细说明。

（1）无线收、发信场选址原则

收、发信场宜布置在交通方便、地质较坚实、地形较平坦的台地，周围环境应尽量安静、清洁和无干扰影响。

收、发信场一般选择在大、中城市两侧的远郊区。分别规划收信区和发信区各 1～2 个(假如收信区在东郊，发信区宜在西郊)。

在布置收、发信区时，应注意首先确定通信主向，并使主向避开市区。

（2）其他技术要求

短波发信台技术区边缘距收信台技术区边缘及居民区边缘的距离应满足表 10-3 要求。

短波发信台技术区边缘距收信台技术区边缘及居民区边缘的最小距离(不定向天线)　　**表 10-3**

发信机功率(kW)	距居民区(km)	距收信台(km)
0.1～5	2	4
10	4	8
25	7	14
120	10	20
120 以上	10 以上	20 以上

居长、中波发信台到达收信台技术区的干扰场强不得超过 100mV/m，长、中波发信台到达居民集中区边缘的干扰场强不得超过 200mV/m。

新划分的无线电收、发信区距居民集中区边缘 10km 左右，距工业区边缘 11km 左右。

新建的各类长、中、短波无线电台和散射台、卫星地面站以及其他大、中、型固定台站，都应建在无线电收发信区内。只有功率小和对通信环境要求不高的小型电台，经批准后方可设在缓冲区和居民集中区。设在居民集中区的发信机最大发射功率不得超过 150W，功率超过规定的无线电台站应逐步迁至无线电发信区内。

发信台技术区边缘距输电线、架空通信线的距离应满足表 10-4 的要求。

发信台技术区边缘距输电线、架空通信线的最小距离(m)　　**表 10-4**

天线名称	距架空通信线(m)	距 1kV 以下输电线(m)	距 1kV 以上输电线(m)
长、中波天线发射功率在 150kW 以下	不小于 500	按电业部门规定允许在天线设备进行维护工作的距离	按电业部门规定允许在天线设备进行维护工作的距离
长、中波天线发射功率在 150kW 以上	1000	按电业部门规定允许在天线设备进行维护工作的距离	按电业部门规定允许在天线设备进行维护工作的距离

续表

天线名称	距架空通信线(m)	距 1kV 以下输电线(m)	距 1kV 以上输电线(m)
短波天线的发射主向	不小于 300	按电业部门规定允许在天线设备运行维护工作的距离	不小于 300
短波天线的其他方向	50	按电业部门规定允许在天线设备运行维护工作的距离	50
短波弱向天线	200	按电业部门规定允许在天线设备运行维护工作的距离	200

在场地附近有载波通信线路时，应考虑相互间的有害影响，必要时由专业部门进行测试，计算结果确定距离。

各种干扰源与收信台技术边缘之间的距离应满足表 10-5 要求。

各种干扰源与收信台技术边缘之间的最小距离　　表 10-5

干扰源名称		最小距离(km)
设有感应加热高频设备的工厂	8kW 以上	2.0
	10kW 以上	4.0 以上
设有介质加热高频设备的工厂	1kW	1.0
	2kW 以上	1.5 以上
装有高频设备的医院	电疗器械	1.0
	手术器械	2.0
工业企业、拖拉机站、大型汽车停车场、汽车修理厂、有 X 光设备的医院		2.0～3.0
电气化铁路和电车道		2.0
汽车行驶繁忙的公路		1.0
接收方向的架空通信线		1.0
非接收方向的架空通信线		0.2
高压输电线(在一切方向)35kV 以下		1.0
高压输电线(在一切方向)60kV		1.2
高压输电线(在一切方向)220kV		2.0
高压输电线(在一切方向)500kV		3.0
高压变电站(一次电压 220～500kV)		2.0～3.0

新建 60kV 以上的高压输电线路时，要避免穿越无线电收发信区。

10.3.2　微波通道分级保护

以下微波通道分级保护引自原信息产业部和原建设部立项的相关课题研究成果，附录参考。

我国城市微波通道保护宜分为三个等级保护。

(1) 一级微波通道及保护

1) 根据城市现状条件，并结合城市总体规划用地和空间布局的可能，经城市规划行政主管部门批准以后，其保护范围内通道宽度及建筑限高的保护要求，作为城市规划行政主管部门批准城市详细规划和建筑设计用地的地块控制高度、建筑高度、体量、体型等相关技术指标必须严格控制的相关依据；

2）由城市规划行政主管部门和通道建设部门共同切实做好保护的微波通道。

（2）二级微波通道及保护：

1）其通道保护应满足城市空间规划优化的相关要求；

2）通道保护要求经城市规划行政主管部门批准以后，作为城市规划行政主管部门批准城市详细规划和城市建设涉及的建筑高度等微波通道保护要求相关技术指标给予控制的相关依据；

3）在城市建设不能满足微波通道保护要求的情况下，城市规划行政主管部门应根据实际情况和保护办法及实施细则，负责协调解决阻断通道恢复视通的必要技术条件的微波通道。

（3）三级微波通道及保护：

1）不限制城市规划建设建筑限高；

2）原则上由通道建设部门自我保护；

3）由城市规划行政主管部门帮助协调阻断通道尚需恢复视通技术条件的微波通道。

注：对于特大城市微波通道保护，可采取上述三级保护中的一级和二级微波通道保护。

10.3.3 环境电磁辐射标准及其辐射强度限值

（1）无线站和微波的环境电磁辐射标准应分为居民（公众）标准和职业标准。居民（公众）标准为每天24h连续照射的相关标准；职业标准为每天照射时间不超过8h的相关标准。

（2）微波辐射居民标准（一级标准）为安全区标准。在这个区域中新建、改建或扩建的电台、电视台和雷达站等发射天线，在其居民覆盖区内，必须符合“一级标准”的要求。

（3）符合职业标准的二级标准的区域为中间区，可建造工厂和机关，但不得建造居民住宅、学校、医院和疗养院等。

（4）超过一级标准地区为危险区，对人体可带来有害影响，在此区内可作绿化或种植农作物，但禁止建造居民住宅及人群经常活动的一切公共设施，如机关、工厂、商店和影剧院等。

（5）环境电磁波辐射强度限值应符合表10-6规定。

环境电磁波辐射强度限值 **表10-6**

<table>
<tr><th rowspan="3">频率(MHz)</th><th rowspan="3">单位</th><th colspan="2">居民(公众)</th><th colspan="4">职业</th></tr>
<tr><th rowspan="2">GB 8702</th><th rowspan="2">GB 9175
(一级)</th><th rowspan="2">GB 8702</th><th rowspan="2">GB 9175
(二级)</th><th colspan="2">GB 12638</th></tr>
<tr><th>脉冲波</th><th>连续波</th></tr>
<tr><td>0.1～3</td><td>V/m</td><td>40</td><td rowspan="2">10</td><td>87</td><td rowspan="2">25</td><td>—</td><td>—</td></tr>
<tr><td>3～30</td><td>V/m</td><td>$67/\sqrt{f}$</td><td>$150/\sqrt{f}$</td><td>—</td><td>—</td></tr>
<tr><td>30～300</td><td>V/m</td><td>12</td><td>5</td><td>28</td><td>12</td><td>—</td><td>—</td></tr>
<tr><td>300～3000</td><td>$\mu W/cm^2$</td><td>40</td><td rowspan="3">10</td><td>200</td><td rowspan="3">40</td><td rowspan="3">25</td><td rowspan="3">50</td></tr>
<tr><td>3000～15000</td><td>$\mu W/cm^2$</td><td>$f/75$</td><td>$f/15$</td></tr>
<tr><td>15000～30000</td><td>$\mu W/cm^2$</td><td>200</td><td>1000</td></tr>
</table>

注：表中 f 为频率(MHz)；V/m为电场强度单位；$\mu W/cm^2$ 为功率密度单位。

10.3.4 广播电视设施规划建设要求

(1) 广播电视中心选址要求

1) 广播、电视中心台(站)应有安全的环境。应选择地势平坦，土质坚实的地段，应远离易燃、易爆的建筑物或堆积场附近。不应选择在易受洪水淹灌的地区。

2) 广播、电视中心台(站)应有较好的卫生环境应远离散发有害气体、较多烟雾、粉尘、有害物质的工业企业。

3)广播、电视中心台(站)址距重要军事设施、机场、大型桥梁等的距离不小于5km。无线场地边缘距主干铁路不小于1km。距电力设施见表10-7所示。

架空电力线路、变电所对电视差转台转播台无线电干扰的防护间距标准(m)　表10-7

频段	架空电力线			变电所、站		
	110kV	220～330kV	500kV	110kV	220～330kV	500kV
VHF(I)	300	400	500	1000	1300	1800
VHF(II)	150	250	350	1000	1300	1800

架空电力线路经过电视差转台、转播台附近时，应尽量从电视差转台、转播台非主要接收方向一侧通过。

架空电力线路在局部地段可采用降低导线表面电场强度的措施，在变电所中可采用降低母线及设备引线表面电场强度的措施。

在沿海烟雾较严重的地区，不得减少防护间距。详见国标GB 7495—87《架空电力线路与调幅广播收音台的防护间距》。

(2) 国内外一些特大城市电视塔高度与占地面积

城市电视塔的规划与建设是一个城市的重大项目，是城市建设的标志性建筑物之一，是城市风格的集中体现，是现代化城市的一道靓丽风景线。在满足使用的前提下，发挥其独特的高度优势，集文化娱乐、旅游观光等多功能于一体。

在地势起伏较大的山城，应利用地理环境优势，电视塔规划建设在公园内的山上或旅游景区内的高处。电视塔对多数平原城市，规划建设在公园及旅游景区内也是首选。

表10-8所示为典型城市电视塔高度与占地面积的关系。

典型城市电视塔高度与占地面积的关系　表10-8

城市名称	电视塔名称	高度(m)	占地面积(hm^2)	塔座面积(m^2)	建筑面积(m^2)
沈阳	辽宁彩电塔	305	7.8	7000	4500
上海	东方明珠电视塔	468			
北京	中央广播电视塔	405	15.4	12143	5905
天津	天津广播电视塔	415.2			
汉中	广播电视发射塔	188			
汉城		237			
莫斯科		540			
多伦多		553			

10.4 通信管道设施及敷设技术要求

10.4.1 通信地埋管道敷设的要求

(1) 通信地理管道位置和其他地下管线及建筑物间的距离

通信地埋管道位置应规划在规划道路红线范围内，尽可能敷设在人行道或非机动车道下，且与道路中心线或红线平行。不宜敷设在埋深较大的其他管线附近。与其他地下管线及建筑物间的距离见表 10-9 所示。

管道和其他地下管线及建筑物间的最小净距(m) **表 10-9**

其他地下管线及建筑物名称		平行净距	交叉净距
给水管	$\phi300$	0.5	0.15
	$\phi300 \sim \phi500$	1.0	
	$>\phi500$	1.5	
排水管		1.0①	0.15 注②
热力管		1.0	0.25
燃气管	压力≤300kPa(压力≤3kg/cm^2)	1.0	0.3③
	300kPa<压力≤800kPa(3kg/cm^2<压力≤8kg/cm^2)	2.0	
电力电缆	35kV 以下	0.5	0.5④
	35kV 及以上	2.0	
其他通信电缆		0.75	
绿化	乔木	1.5	
	灌木	1.0	
地上杆柱		0.5～1.0	
马路边石		1.0	
电车路轨外侧		2.0	
房屋建筑红线(或基础)		1.5	

① 主干排水管后敷设时，其施工沟边与管道之间的水平净距不宜小于 1.5m。
② 当管道在排水管下部穿越时，净距不宜小于 0.4m，通信管道应作包封，包封长度自排水管两端各加长 2m。
③ 在交叉处 2m 范围内，燃气管不应做接合装置和附属设备，如上述情况不能避免时，通信管道应作包封 2m。
④ 如电力电缆加保护管时，净距可减至 0.15m。

(2) 通信地埋管道的埋深和坡度

管道埋深(管顶至路面)不宜小于 0.8m，当管道埋深无法满足下表最小深度时，应选用钢管。管道埋深不宜超过 1.2m，管道埋深还应考虑与其他地下管线交叉时的间距、地下水高度与冻土层深度对管道的影响。路面至管顶的最小深度见表 10-10 所示。

路面至管顶的最小深度(m) **表 10-10**

类　别	人行道下	车行道下	与电车轨道交叉(从轨道底部算起)	与铁道交叉(从轨道底部算起)
水泥管、石棉水泥管和塑料管 1	0.5	0.7	1.0	1.5
钢管	0.2	0.4	0.7	1.2

管道敷设应有 3‰～4‰的坡度，不得小于 2.5‰，以利渗入管内的地下水流入人孔，便于排水。

10.4.2 通信管道人孔与手孔技术要求

(1) 人(手)孔井的构造

人(手)孔井是管道的中转或终端建筑。地下光、电缆的接续、分支、引上、加感点以及再生中继器等都设置在人(手)孔井中或从人(手)孔井中接出去。它除了要适应布放光、电缆时的施工操作以及日常维护和对光、电缆检测的要求外，人(手)孔井在结构上还必须承载顶部覆土和可能出现的堆积物的压力，以及承受地面机动车辆高速行驶时产生的冲击力。

人孔井由上复、四壁、基础以及有关的附属配件，如人孔口圈、铁盖、铁架、托板拉环及积水罐等组成。其外形的立体构造如图 10-6 所示。

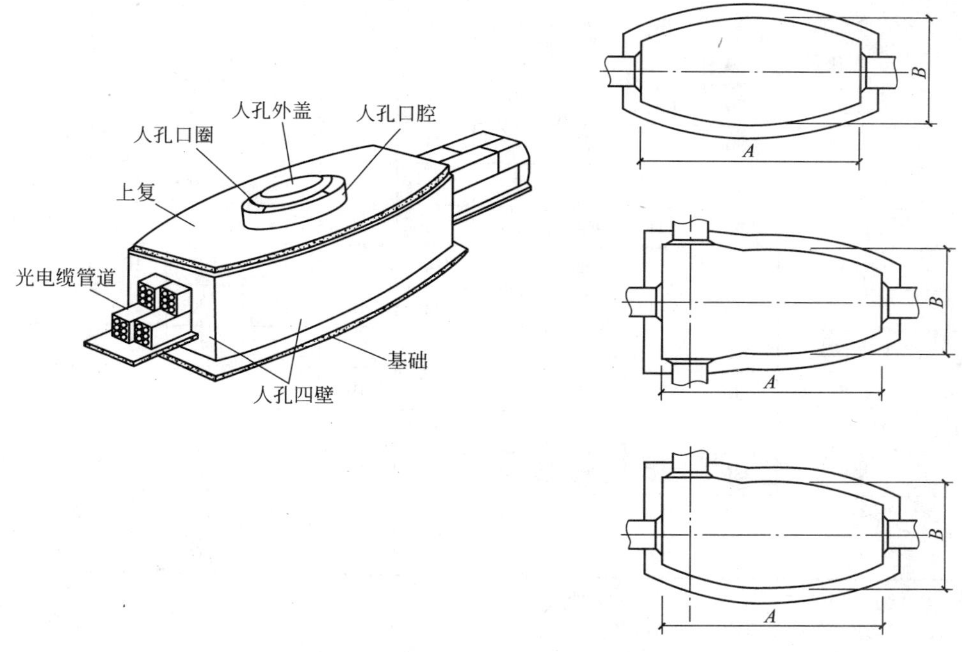

图 10-6 人孔及其与管道的结合

常用的人孔有砖砌人孔、混凝土人孔、装配式人孔三种构造。

砖砌人孔一般用于无地下水，或地下水位很低，而且在冻土层以下。在地下水位很高，冻土层又很深的地区，或土质和地理环境较差的地点，多使用混凝土或钢筋混凝土的人孔。

装配式人孔能在较短的时间内完成现场装配工作，减少施工对道路交通的影响。随着施工机械的改进，结构紧密、重量较轻的树脂混凝土装配式人孔目前已得到广泛应用。

(2) 人(手)孔井的结构尺寸

人(手)孔井的结构尺寸见表 10-11 所示。

各型通用设计人(手)孔结构尺寸(cm)　　表 10-11

人(手)孔型号		内部净空			上复厚	墙壁厚		基础厚	端壁宽			容纳管道最大孔数
		长 A	宽 B	高		砖砌	钢筋混凝土		直通端	拐弯端	进局端	
小号	腰鼓形直通	180	120	175	12	24	10	12	80			12
	腰鼓形拐弯	210	120	175	12	24	10	12	80	60		12
	腰鼓形十字	210	120	180	12	24	10	12	80	60		12
	局前	250	220	180	12	37	12	12	90		80	24
	长方形直通	180	120	175	12	37	10	12	120			12
大号	腰鼓形直通	240	140	175	12	24	10	12	100			24
	腰鼓形拐弯	250	140	175	12	24	10	12	100	80		24
	腰鼓形十字	250	140	180	12	24	10	12	100	80		24
	局前	437	220	180	12	37	12	12	100	100	80	48
	长方形直通	240	140	175	12	37	10	12	140			24
扇形	30°扇形	180	140	175	12	24	10	12	100			24
	45°扇形	180	150	175	12	24	10	12	100			24
	60°扇形	180	160	175	12	24	10	12	100			24
36 孔大型	直通形	250	160	180	20	24	10	15	120			36
	分歧形	360	194	180	20	24	10	15	120	100		36
	十字形	360	194	180	20	24	10	15	120	100		36
	丁字形	310	194	180	20	24	10	15	120	100		36
48 孔特大型	直通形	300	180	200	20	24	10	15	140			48
	分歧形	390	210	200	20	24	10	15	140	110		48
	十字形	390	210	200	20	24	10	15	140	110		48
	丁字形	350	210	200	20	24	10	15	140	110		48
特殊形(长方形缺一角)		220	200	180	12	37	12	12	100	80		24
手孔		120	90	110	12	24		12	90			4

注：1. 腰鼓形人孔内宽系指人孔中间最宽处的尺寸；
2. 扇形人孔的长度是指弯曲边的弦长。

10.4.3 通信管道常用管群组合

表 10-12 所示为通信管道常用管群组合。

通信管道常用管群组合　　表 10-12

管孔数	管孔排列	管群组合尺寸(mm)		管群排列示意
		高度	宽度	
2	2 孔卧铺	140	250	
3	3 孔卧铺	140	360	

续表

管孔数	管孔排列	管群组合尺寸(mm) 高度	宽度	管群排列示意
4	4孔平铺	250	250	
6	6孔立铺	360	250	
6	6孔卧铺	250	360	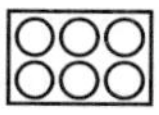
8	8孔立铺	515	250	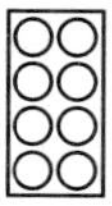
8	8孔并铺	250	515	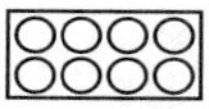
9	9孔立铺	405	360	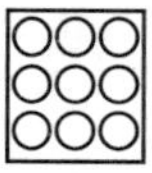
10	10孔立铺	625	250	
12	12孔立铺	735	250	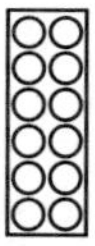
12	12孔卧铺	515	360	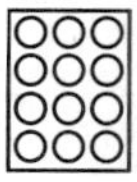
12	12孔并铺	360	515	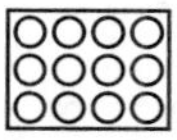
16	16孔叠铺	515	515	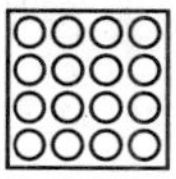
18	18孔叠铺	780	360	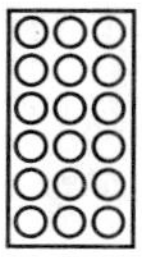
18	18孔并铺	360	780	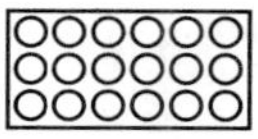

续表

管孔数	管孔排列	管群组合尺寸(mm) 高度	宽度	管群排列示意
20	20孔立铺(甲式)	625	515	
20	20孔卧铺(乙式)	515	625	
24	24孔立铺(甲式)	735	515	
24	24孔卧铺(乙式)	515	735	
30	30孔(乙式)	780	625	
30	30孔(丁式)	670	735	
36	36孔(乙式)	780	735	

10.4.4 小区管道

小区管道是从主干管道或配线管道的特定人孔接出进入用户小区或用户建筑物的通信管道，并在用户小区内建筑群间进行延伸的通信管道。

(1) 一般要求

1) 小区管道分为小区内建有通信局所(含模块局)、小区内未建局所但建有交接间及小区内上述通信设施均未建通信管道等形式。

小区内建有市话端局(含模块局)的干线管道部分按照本规范中的主干管道建设标准执行，其他管道(含配线管道)均按照本章标准执行。

2) 小区管道的规划应与城市主干通信管道和其他地下管线的规划相适应，应纳入城市规划中，宜与小区道路、给排水管、热力管、煤气管、有线电视、电力电缆等市政设施同步建设。

3) 小区管道在进行工程设计时，应根据小区和建筑物的性质、功能、环境条件和用户要求，进行通信管道的设计。

工程设计时必须保证通信管道的质量和安全，满足施工和维护方便的要求，做到技术先进、经济合理。

4）小区内的地下通信配线管道应与城市主干通信管道和各建筑物通信引入管道或引上管相衔接。其位置应选在建筑物和电话用户多的一侧。

（2）管孔容量

1）小区通信管道的管孔数应按终期电缆、光缆条数及备用孔数确定，一般按 4～6 孔考虑。建筑物的通信引入管道，每处管孔数不宜少于 2 孔。

2）根据不同的用户性质确定的主配线比例关系的电缆条数，确定小区管孔的容量。小区不同用户的主配线比见表 10-13。

小区不同用户的主配线比例关系表 **表 10-13**

用户性质	主配线配线比	
	建筑户数/主干	建筑户数/配线
市区小区	1∶1.1	1∶1.2
商住小区	1∶(1.5～1.8)	1∶(1.5～1.8)
郊县小区	1∶1	1∶(1.1～1.2)
高档居住小区	1∶1.1	1∶1.2
别墅小区	1∶1.5(单楼)	1∶1.5(单楼)
小区写字楼		语音为 1∶2，数据为 1 个/40m^2

（3）管道管材选用

目前使用的新型管材包括：格栅管、塑合金复合通信管、硅芯管、PE 实壁管、ABS 塑料管等。

新材料、新技术的应用更符合未来传送网发展的特点，同时可以降低综合成本，其性能及强度已通过检验，规格符合使用标准，可以在今后光进铜退的大环境下逐渐推广。

栅格管等多孔管与普通水泥管块相比，单根公里造价较高，但是使用栅格管等多孔管可整体提高管道截面的利用率，同时省去光缆保护子管，间接节省投资，使综合成本降低。在小区内短距离使用组合硅芯管，同时解决与建筑预留管道的接续问题，可减少人、手孔的建设密度，直接降低成本。10.6 节基于 EPON 网络的新建小区管道建设应以栅格管为主，引入管道宜采用硅芯管为主。

采用传统混凝土管宜以 6 孔（孔径 90mm）管块为基数进行组合；双壁波纹管宜以孔径 90mm 和 50mm 进行组合；格栅管宜以单孔四孔（孔径 50mm）、九孔（孔径 28mm）进行组合。

（4）管道埋深与坡度

1）小区内通信管道的埋深一般不小于 0.8m，宜为 0.8～1.2m。在穿越人行道、车行道、铁道时，最小埋深应符合表 6.7 的规定。

2）小区内通信管道的坡度宜为 3‰～5‰，最小不宜小于 2.5‰；由建筑物向外的预埋管道应向手孔方向降坡，坡度不得小于 4‰。

（5）人（手）孔选用

1）由交接间引出和管道容量达到12孔的应采用人孔。

2）小于11孔的管道应采用手孔。6孔以上应采用1.2m×1.7m手孔，6孔以下应采用1.0m×1.5m手孔。

随着光进铜退及光缆的大量使用，大对数电缆的应用将逐渐减少已是发展趋势，同时小区配线管道建设随着新型(多子孔)管材的逐步引入，可依据新型管材的特点，选用定型人孔(小号人孔及手孔)。

(6) 管道建筑形式

1）小区内通信管道的建筑形式应根据管道的容量采取不同的形式。一般小区管道容量在12孔以上时，应采取6孔混凝土管和格栅管组合形式或双壁波纹管与格栅管组合形式或钢管与格栅管组合形式；容量在6孔以上时，应采取6孔混凝土管和格栅管组合形式或双壁波纹管与格栅管组合形式或钢管与格栅管组合形式；6孔以下时，可采用双壁波纹管不同孔径组合或格栅管不同孔径组合的形式。

2）建筑物引出的管道应根据孔数和孔径的不同分别采取不同形式。一般高层住宅楼引出的管孔数不小于4孔，孔径多为ϕ100mm和ϕ80mm两种；一般多层住宅楼引出的孔径多为ϕ80mm和ϕ50mm两种。对于ϕ100mm的钢管应采用钢管(套管)对接方式，对于ϕ80mm和ϕ50mm两种钢管宜采用钢管(套管)对接方式。

10.5 线路配线网与交接配线

10.5.1 概述

线路配线网也即用户线路配线网，是用户线路网的重要组成部分(见5.1.3.1节)。其主要功能是传送通信信息，通过它把千家万户信息通信联系到一起。相关内容作为附录之一，主要考虑传统用户线路网是新提出用户接入网的基础，接入网可以部分或全部代替用户本地线路网(见5.1.1节)，目前线路配线网及交接配线仍有较多应用，而且由于线路配线网分布很广，数量很大，用户线路的投资在市内电话总投资中占了很大比例。良好的用户线路配线技术，要求充分利用好各种线路设备，使投资最节省，施工效率最高、调动使用及维护方便、充分满足用户需要。线路配线网一般采用现代交接配线方式。了解和协调线路配线网及交接配线与新接入网的关系很重要，以便在充分发挥和利用改造原有网络设施的同时，逐步实施向先进宽带接入网络方向演进。

10.5.1.1 现代线路对配线的要求

现代线路对配线的要求主要在于以下3个方面：

(1) 通融性

配线的目的是把局线送到靠近用户处以满足用户装机需要。但各配线点的用户需要量有很大的随机性，虽有用户预测可以指导配线，但由于受许多客观因素的影响。无论是近期预测数量或是远期预测数量都很难准确。因而在配线时要考虑整个配线系统应有较大的通融性，希望配出的局线能在较大的范围内使用。

显而易见，传统的直接配线只能在一个分线设备内接出，没有通融性；复接配线仅在相邻两个分线设备复接与选用的部分局线，线对选用的通融性为50%～70%，地区选用的通融性很小；补助配线由于设有补助线，可以提供10%的备用线和约50%的正用线在各分线设备间调动使用，线对与地区选用的通融性有很大提高。

但是复接配线与补助配线只能适应用户小量增长的需要，在20世纪50年代电话发展初期，电话增长速度较低的条件下是适用的，20世纪70年代末期改革开放以后，大规模经济建设与城市建设需要电话量较大，增长速率很高，上述两种配线方式都无法满足需要。

全塑全色谱电缆进入市话网后，对号接线及外护套打开与封合都比较容易，因而国外已广泛采用自由配线。从理论上讲，只要配线电缆不递减，所有局线都可在任一配线点接出，实现线对与地区选择百分之百的通融性。

为了把通融性进一步提高，应广泛使用交接配线，使配线电缆任一线对可以选择任一接入交接设备内的主干电缆局线。交接设备对数越大，通融性越大，再用连路线把交接设备连接起来，可以使相邻交接设备的局线相互利用和补充，形成全局配线的通融能力，把通融性进一步提高。

简而言之，自由配线提高了配线电缆的通融性，交接配线提高了主干电缆的通融性。

(2) 适应性

适应性强的含义是电缆配线应能适应各种发展的需要。例如：

1) 分散与零星的新增用户需要，可以从分线设备空间局线或从电缆内直接接出局线。

2) 个别楼房或较小的建筑物，一次需求量为几对到几十对线，可以从交接设备中接出满足用户需要。

3) 大型建筑或成批建筑群，一次需要百余对或几百对，可以从局内或主干电缆的封存线对接口内接出。

为能增大适应性，一般采用加强预测工作，加大满足周期，配线电缆准备足够线对或局线，例如楼内暗线按终期容量配置，配线电缆、分线设备与交接后备容量按满足年限10～15年考虑。其次在发展的可能地区，把足够的局线封存于接口内。

(3) 经济性

经济性是规划与设计的核心，必须把近期与长期相结合，考虑在技术合理的条件下，取得最佳的经济效果。

交接配线可以取得较大的经济效益，也有较大的适应性与通融性。

自由配线有较大通融性，但要求较长满足期，短期投资较大但从长远看还是较经济。

辐射形以地下配线为主的街坊配线，因明显缩短用户配线长度，远期有较大经济效益。

10.5.1.2 电缆配线与线路配线网

市内通信线路是由局所配线架到通信用户为止的线路统称。

增设电缆线路和明线线路有很大不同，电缆线路不可能用一对就增加一对，也不能减一对就拆除一对，因此，电缆对数的选择与分配都必须预先详细考虑，要求既能提高电缆心线的使用率，又有足够的灵活性及适应能力，电缆配线的核心是合理研究电缆心线的分配方法。市内电话电缆的配线可分为主干电缆网的配线和配线电缆网的配线两大部分。线路配线网主要涉及配线电缆网的配线。

10.5.2 交接配线

交接配线方式也交接箱法配线方式，它是一种在主干电缆与用户电缆之间装设交接箱的配线方式。

交接箱的作用和配线架的作用相同，使上述双方电缆的任意线对都可以相互连接，因而是通融性最大的一种配线方式。可以认为交接配线相当于测量室内的用户总配线架(MDF)，即相当于把配线架的功能移到局外的交接箱(间)，可以把大量的装机调配线工作放在局外进行，减轻 MDF 的负荷与工作量。

交接配线不仅用于主干电缆与配线电缆的交接，以提高主干电缆的心线使用率，也同样适用于楼内电缆与配线电缆的相接，提高配线电缆的心线使用率。

10.5.2.1 交接配线区及设施

(1) 小区

交接配线小区是根据城市街道、地形、房屋等不同情况划成的小块建筑和人群聚集区。小区面积不宜过大，一般 100 户以内以 30～50 户为宜，通常一个交接区有十几个小区。

划分小区的目的，是用于进行小区预测时，测算各期需要的线路数，它是配线设计的基础，局所规划也离不开小区预测。

(2) 交接区

一个交接箱或交接间所管辖的配线地区称为交接区。

交接区建立后，要保持相对稳定，一般大约保持 10～20 年，划分新交接区时，一般把原交接区一分为二或一分为三。

交接区内还有多个配线区。每条电缆所管辖的配线地区称为配线区，其容量不一定是 100 对，可以取为 200 对或 50 对，应根据从交接箱连出的配线电缆对数确定。

(3) 模块区、远端用户模块

随着时分程控交换机进入市话网，可以把交换机的用户级放于用户附近，称之为远端用户模块(Remote Subscriber Unit)，简称 RU。其中，有内部交换功能的称为远端交换单元(Remote Switching Unit)，简称 RSU；无内部交换功能的称为数字用户集线器(Digital Subscriber Concentrator)，简称 DSC，有些资料称为远端线路单元(Remote Link Unit)，简称 RLU，而通常总称为 RU。

(4) 交接箱、用户配线架、总配线箱与配线箱

交接设备因容量不同、安装位置不同，而采用不同的建筑方式，大体可分为以下几种：

1) 交接箱

交接箱装于室外，设有箱体，通常装于道路旁边行人道上，我国现在生产的无端子或有端子的交接箱都是这种设备。

当配线电缆有架空电缆时，也可以把交接箱装于电杆上。

2) 用户配线架、交接间

用户配线架是因把配线架放置于用户端而命名的。因其占用专有房间，通常称为交接间。由于其容量大，占地面积小，投资费用少，安全可靠，施工与维护管理均方便，因而在有条件时，尽量使用这种交接设备。该设备最适合装于商业大楼、标准厂房，办公大楼及综合服务大楼等公共建筑场所，借用某一单位或住宅区第一层房间或通风条件较好的地下室，也是较为理想的地点。

3）总配线箱、配线箱

为了增加配线电缆的通融性，减少配线电缆的投资，对新建设的高层楼房应从一处进线；进线后先经过总配线箱交接后再接到各层与各点的配线箱，然后再连接到用户。进楼第一个箱称总配线箱，其他则称为配线箱或分配线箱。总配线箱的功能与用户配线架完全相同，不同点是：从总配线箱接出的配线电缆只供楼内使用，不接到楼外使用。

总配线箱与配线箱都采用无端子接线方式，都起交接功能，不同于原来的组线箱。

10.5.2.2 心线使用率与线程使用率

心线使用率是测量室总配线架的电缆心线实用对数与总对线之比，用公式表示如下：

$$心线使用率=\frac{电缆心线实用线对(总配线架)}{电缆心线总对数(总配线架)}$$

心线使用率的意义：

1）心线使用率越高，表明线路投资取得较好效果。

2）心线使用率较高时，表明局线已不足，装机选线开始困难。在复接配线条件下，当心线使用率达到75%以上时开始出现无线区；但如为交接配线，一般心线使用率可达90%以上。我们应该经常掌握心线使用率的情况，以便及时调整，满足用户发展需要。

3）在工程设计时，心线使用率是衡量工程优劣的重要指标，既不能太高，又不能太低，以后还要详述。

线程使用率是表示电缆心线的实际的使用情况，用公式表明如下：

$$线程使用率=\frac{全部实用中的电缆长度(对公里)}{全部敷设电缆心线长度(对公里)}$$

线程使用率一般小于心线使用率，因为有的局线在某个分线设备引出来以后仍继续向用户方向延伸，其延伸部分实际是毫无用处的，但在计算全部敷设电缆心线总长度时还要计算在内。为了降低线路造价，就要提高线程使用率。其主要途径是电缆应递减时要及时递减，减少无用线对的延伸。

10.5.2.3 机线比、配线比

(1) 机线比

总配线架用户出局线对(有时也可把该局的非电话业务线、中继线、中转中继线都算入出局总线对)与交换机设备容量之比，称为机线比，用公式表示如下：

$$机线比=\frac{配线架用户出局总线对}{交换机设备容量}$$

(2) 配线比

配线比是指交接设备中配线电缆对数与主干电缆对数之比，用公式表示如下：

$$配线比=\frac{交接设备的配线电缆对数}{交接设备的主干电缆对数}$$

10.5.2.4 现代交接配线的特点与优越性

(1) 现代交接配线的特点

1）在交接设备的结构上采用无端子或卡接模块结构代替了接线螺钉，进箱的电缆全部采用全塑电缆。无须灌填绝缘填充剂，体积及重量减少，容量增大电气特性良好，障碍减少。

2）配线方法是在传统交接配线的基础上，采用街坊配线与地下配线相结合的方法，以交接设备为中心，以最短路由采用辐射式地下配线管道为主向周围楼群或建筑布线，以节省配线电缆及铜耗。

3）现代都市建设均以楼房为主，当配线电缆进楼后，再一次用交接设备把配线电缆与楼内布线隔开。

4）在配线方法上采用自由配线，不需要倒顺线序，所有线对不复接，局线不一次全部配出，广泛采用封存措施。

5）除主干电缆外，交接设备，分线设备，配线电缆等都有较长的满足周期，减少工程次数。

（2）交接配线的优越性

1）较大地提高主干电缆心线使用率

采用交接箱(间)后，把用户电缆分成两部分，交接箱到电话局间的用户电缆称为主干电缆，而从交接箱到用户一端电缆称为配线电缆。

根据国外资料介绍，交接箱的最佳位置大约在用户电缆全长 4/5 处，即以心线对公里计算，80％为主干电缆，20％为配线电缆，因而提高主干心线使用率，对节省用户线投资有极为重要的作用。

2）提高了电缆的通融性与适应性

采用交接设备后，任一配线电缆线对可与任一主干电缆的线对相接，提高了电缆通融性，主干电缆的对数越大，其通融性越高，一般来说，进入交接箱的主干电缆以 600 对较为合适，较过去最大为 100 对提高了 6 倍。

配线电缆由于采用自由配线为主，这种配线中在理论上任一分电可接出任一局线，通融性为 100％。

此外，交接配线还可以节省大量调区配线工作的劳力，可以较大的缩短装机时间，提高经济效益，以及减少大量电缆损失。

10.5.2.5 交接配线规划设计

（1）规划设计基本原则

交接箱与楼内总配线箱把用户线分成主干电缆、配线电缆及楼内电缆三部分。各部分线路及相应的成端设备应满足以下期限要求：

1）主干电缆应满足 3～5 年，根据用户发展速度与工程效率确定。在发展快的地区满足期应考虑三年，如果工程效率又很高，还可以进一步压缩，这样可以取得较高的经济效益。在中小城市建设周期较长，用户数量也较少，满足周期应适当放长。如果配线地区基本建成或趋于饱和，满足年限可加长到 5 年或更多。

2）配线电缆应满足 10～15 年，发展较快地区以 10 年满足期较好，如果该地区已基本建成，用户发展较慢，可以增加至 15 年。国外由于需要已接近饱和，一般的满足期规定为 20 年。

3）楼内电缆与楼内布线应按终期容量一次建设，楼内的总配线箱(包括交接间)、配线箱的对数均应按终期容量计算。

4）交接箱与屋外分线设备容量应按 10～15 年考虑，但交接箱位置应保持长期不变，今后在交接区扩建时尽量一分为二或一分为三。

但是分线设备接出局线一般只满足 3 年左右(即近期)需要量，多余线对放于电缆内以便以后再取用。

（2）交接区划分原则

1）交接区是一个配线单元，它比交换区小，又比配线区大，相当于缩小的交换区或放大的配线区，因此，交换区与配线区的划分原则与方法都能适合于交接区。

2）交接区的划分主要以自然地形的山、河、湖泊、农田、绿地、道路为界，在城市中心地区则主要以街道为界，特别是较宽的主干道路是天然的交接区界。因为线路穿越道路较为困难，也增加维修的困难。

3）新划分的交接区在较长时间内(约 15～20 年)保持不变，我国当前预测难于准确，发展较快，可以略为减少。

4）交接区的大小应在接近终期时用户接近 600 户为好，当用户密度较小时交接区过大，将使配线电缆平均长度增加，不能取得较好的经济效益，这时应选用容量较小的交接量。例如取接近终期时用户数为 400 或 200。

5）交接区的形状以正方形为最好，在这种条件下，理论上用户线路是最短的，此外要考虑道路的分布与布线便利，实际上往往是不规则形状。不要把一个单位，一座大楼分为两个交接区。有时候为了考虑到远期再划分的便利。本次虽形状不好，但将来便于一分为二。

6）交接区划分时还应注意到要从楼后引进，以保持街道的整齐美观。

（3）两次与多次交接配线

从理论上讲，每经过一次交接，靠近局方那一段电缆心线的通融性便有较大的提高。交接次数越多，通融性越大，但每增加一次交接，都要增加维护管理的困难。实际上如果能正确理解与使用交接原理，选择最佳交接地点，仅一个交接点就可以取得较大的经济效益，第二个交接点的效能就大大降低了。

以下对理想的交接箱的装设位置分析：

全段电缆长为 L，如果交接箱装于电缆的中部，即 $L/2$ 处，则只有从交接箱到局方一段主干电缆(即只有 $L/2$ 的电缆)可以任意选择，地区通融性较小。

如果交接箱设在靠用户方 $L/5$ 处，则通融性将很大增加。用户密度较高时做到这一点不很困难。

两次交接，是在进行一次交接后再选一点进行交接，它能提高交接后面那一段电缆的通融性。在以下情况下，二次交接配线得到广泛应用：

1）配线进入大楼，因大楼内配线的满足年限是按终期容量计算，为减少进入大楼的配线，必须在建筑物入口处设小型交接箱(总配线箱)作为第二个交接点。

2）原局迁址，新址离原局在 1km 以上时，原局总配线架在拆除了交换机后改为交接间，从该间配出的电缆可按前述方法设交接间实行二次交接，以提高交接箱到交接时间这一段的心线使用率。

3）个别配线电缆离交接设备较远，为提高这段电缆的心线使用率，也可设第二交接点，装设小对数的交接箱。

4）在特大型的楼房内，楼内暗线管过长，为便于施工，应采用三次交接配线。

10.5.3　用户远端模块的应用

数字程控交换机有一个特点是可以把交换机的公用部分包括中央处理机、选择级、测试级及控制级等放于局内，而把全部或部分的用户级放于局外靠近用户处。这种设备称为用户远端模块，其作用原理相当于集线器或用户集中器。

10.5.3.1　用户远端模块的优越性

（1）可以利用母局中央处理机的控制和数据处理能力，在母局提供的集中维护管理功能下，有利于实现遥测监控与无人维护等先进的管理方法。不仅可以节省大量的资金，还可以简化大量的维护操作。

由于远端模块的各种优异性能及合理使用，可以非常经济地扩大用户区域，扩大交换区面积与局所容量，以便于采用大容量、经济的光传输系统。可以作为交换区更新、增容或扩建局所的过渡工具，为局所规划提供极大的灵活性。

（2）由于把数字接口延伸到用户附近，因为集中了话务量和采用了 PCM 复用传输技术，不论自身有无交换能力的远端模块，都能大量地节省主干电缆和管道，节省用户线路投资，节省建设线路的劳力与费用。经初步测算，按当前价格包括安装费与年经费在内，当模块点离局在 3.5km 以上时，大多数情况下是经济的，而这个经济距离将随模块价格的降低而逐渐缩短。

因为从模块点到用户点的距离很短，大大缩短装机时间，节约劳力与费用。

（3）采用用户远端模块后，能把局所到模块点这一段线路数字化，并使这一段线路的传输衰耗为零，一方面能使远离局所的用户很容易达到传输标准值；一方面为全网用户线采用小线径及统一线径创造良好条件。同时模块点不仅是个无人维护带有交换性能的交接箱，还将可以成为光缆的数字交接间，进行光通信交接的连接点，可将光缆最经济地传送到用户端，为发展综合业务数字网创造条件。

（4）极大地节约管孔，为扩大局所容量创造条件。数字程控的进网，不仅用户传输衰耗能得到较好的解决，而且因体积大大缩小，局所容量已从原来 1 万门、2 万门所扩展到几十万门。交换区面积也较大的扩大。

交换区与局所容量的扩大，导致入局电缆线对极大增加。以机线比 1∶2 计算，10 万门中继线加用户线将达 20 万对以上，如果电缆平均对数为 1000 对，出局电缆将达到 200 条，如果电缆平均对数小于 1000 对，出局电缆条数将超过 200 条，设计与施工都很困难。采用远端模块后，可以把 40%以上的用户级放于局外，不仅减少了用户线，还可以大大节约局所附近的管孔。

（5）用户集线器建设周期短。建设费用少，容易取得较好的经济效益。增装用户模块或用户模块增容仅在子局与母局间增加中继线即可，对别的局不增加新的中继线。不像建新局那样动一发而牵动全身，网路改建工作量很大。此外由于模块局面积小，建设容易，中继线采用数字传输与复用，在大多数条件下都有旧有电缆可以利用，即使放设小对数 PCM 电缆，费用也不多、建设容易。当电话在供求紧张，需要提前提供电话，可以得到较好的经济效益。

（6）网络结构简单合理，便于设计、安装与维护。数字程控交换机（包括远端模块）的可靠性较好，故障率极低，国外都采用无人维护。采用遥测掌握模块点情况，虽然增加了模块点，但维护工作量增加不多。

10.5.3.2　用户远端模块设置条件

（1）如果原局容量已满，需要扩建或在附近另建新局时，在扩建或新建未完成前，可在适当地点设置用户远端模块，称为模块局。一旦新局建成，该模块设备可以退回原局或移到他处使用。

(2) 在大多数离局较远的近郊或远郊区的用户集中点，管道与新建线路都比较困难，常常使待装户多年得不到解决，最好的解决方式是串联小容量用户模块。

(3) 电话用户较多和较为集中的单位，不想设小交换机，或其直通话机用户较多时，可以用远端用户模块，这样可减轻用户负担，而且网络也更为合理，双方有利。特别是这个用户的对外业务大大超过内部电话时，更为有利。

(4) 机房已严重不足，而扩建又非常困难的程控交换机房，为扩大该局容量，可以把该局的全部或大部分用户级设备移装到局外适当地点，可以扩大该局装机容量，延长局所的新建改建周期。

10.5.3.3　用户远端模块规划设计

(1) 用户远端模块与交接箱的异同

这里比较的用户远端模块仅指装于本交换区范围的模块点，也指与用户模块相同原理的线路集中器。模块点的用户属于本局范围。这种模块或线路集中器相当于有交换性能的交接箱或交接间，或相当于一个无人值守的电话支局。

用户远端模块与交接箱的相同点有：

1) 有一个与容量相适应的配线区，在该配线区内，用户需要的局线由该模块提供。

2) 有一个相当长的满足期，例如交接箱满足期约为10～15年，交接间的满足期约为交接箱的一倍，而用户远端模块机房容量的满足期应与交接间相似或更长。

3) 从模块点出去的电缆应以配线电缆为主，满足期也为10～15年，只在个别条件下增装交接箱。

不同点有：

1) 交接箱(间)到局方的主干电缆被模块的中继线代替。从传送模拟信号改为传送数字信号(集线器除外)，线路可以采取复用方式，因而从模块点到局方的线对可以极大减少，机线比可以大大降低，配线比也将很大增加。

2) 由于设置模块点较为困难(需要机房、电源、入局管线)，投资也较大，因而通常一个局设置大型远端模块不要太多。比交接箱的数量要少，模块区的面积也较交接区为大。初步测算，城市中心地区最经济的模块面积约在50hm^{2}左右，模块区内用户线平均长度为350～400m。郊区模块多的面积应大些。

程控交换机的种类不同，其所带的模块的容量与数量不同；例如1240程控交换机有一种串联型模块，采用2套30路PCM中继电路接通128(当用户出入话务量为0.2爱尔兰时)或256个用户(当用户出入话务量为0.1爱尔兰时)，这些用户可分散到8个点分别引出；AXE10及E10B程控交换机有一种小容量模块，容量分别为256个用户(依话务量决定)。

串联型模块与256对以下的小型模块一般只用于远郊区或农村，相当于小型交接区。

3) 由于较先进的远端用户模块本身都常有交换性因而可以代替小交换机。于是模块点可能逐步代替小交换机用户，小交换机用户装上小型模块设备后，不仅能为该用户提供分机，也能为附近用户解决电话需要，为今后改造小交换机提供重要手段。例如邻近地区是一个大型工业区，如果取消分散的小交换机而集中设置小模块点，他们之间的大量联系话务量便可以集中在模块点交换。而不必再接到局内。能节省大量中继线，也大大疏通了局内话务量，提高接通率。

（2）模块布局

模块点的布局有以下三种方式：

1）如果城市中心地区用户密度较大，只在城市边缘设模块。

2）如果城市中心地区用户密度较小，或在两个繁华地区中间隔着河流或其他障碍物时，在两个局中间地区也可设置模块。

3）如果原交换区内已有一个局所，但位置较偏，再设一个局所又不值得，为充分发挥这个局的功能，往往在离局较远的地区设多个模块，一方面节约局所面积，尽量扩大容量；另一方面节约用户线路，模块点布局。

4）城市边缘或郊区、小镇及用户集中点适宜布置串联型模块。

5）用户很分散且用户数较少的郊区，通常可采用以模块带模块的方式。

（3）最经济模块容量

模块点的服务区不宜太大，以免增加用户线投资；也不宜太小，因此而增加房屋、电源等附加费用及增加维护的困难。其最经济容量由用户密度确定，用户密度越大，服务区应越小，容量相对要大一些。

表 10-14 最经济模块容量与模块区服务面积及用户密度关系。因分析条件不同，仅作参考。

用户远端模块的最佳容量和服务区面积表 　　表 10-14

情况＼用户密度		户（hm^2）	1	3	5	10	20	40	80	120	200
近期	最佳用户模块容量	户	692	998	1183	1491	1879	2368	2982	3369	4187
	最佳模块区面积	hm^2	692	330	240	150	96	50	36	30	20
远期15年	最佳用户模块容量	户			838	1056	1331	1677	2112	2386	2966
	最佳模块区面积	hm^2			170	110	70	40	26	22	15

注：远期最佳模块容量减少是由于模块费用逐年降低，线路费用逐年增大。

10.5.4 配线电缆设计与建设

10.5.4.1 管道配线电缆设计与建设

管道配线电缆设计应符合以下原则：

1）电缆对数的满足周期要取高限数，例如 15～20 年，以减少工程次数。

2）从交接箱(间)配出的电缆，应按各方向满足周期内需要的对数独立配出，可以减少接头和分歧与其所需要的接续费用，并可减少故障，便于测试与查找。

3）采用便于重新打开，重新封合的电缆分歧接续方式。

例某交接区配线设计，共有 4 条交接箱配线电缆分 4 个方向引出。200 对向东，到 7 号手孔从密封筒分出 4 条电缆，分引至各楼，到十字路口 12 号手孔再装设电缆密封筒一个，4 条出筒电缆，其中有进大楼，有沿街配线；往南出箱电缆为 200 对，十字路口装密封筒一个分 6 条电缆配线。全部接至楼内总配线箱及沿街配线。

10.5.4.2 直埋配线电缆设计与建设

直埋电缆配线系统是地下配线系统中的重要组成部分。主要用于城市郊区的用户配线。通常郊区主干线路以采用直埋电缆配线方式为主，支线及配线对数较小可架空配线，但为安全、美观，也采用直埋方式。

（1）直埋配线电缆的建设原则

1）直埋配线电缆对数满足年限较长一般取 15～20 年。

2）全塑填充型电缆有两种建设方式，其一是采用单孔大内径塑料管(孔内可放多条电缆)，这样可选用无铠装单护套的全塑电缆(路边有人行道时采用这种方式)，另一种是把电缆直埋地下，这时应选用双护套带一层或双层铠装的全塑电缆。无论哪一种建设方式，在接续点处均设手孔或地下接线盒，或把电缆引到地面上接续，地面上设小矮杆。

3）由于经常需要从电缆内配出局线电缆接头应选用便于打开及封合的套管。

（2）直埋配线电缆建设结构

1）采用简易管道方式

所有直埋电缆都应沿道路埋设，对于比较稳定的道路(如高级道路，或两侧已是永久性建筑)，应采用简易管道方式，管质采用内径不小于 10cm 的单孔塑料管，管沟深度为 40～60cm。不需要管道基础，沟宽可以较窄，由于节省挖土方与劳力，增加造价不多，但对保护电缆安全，今后增设电缆(一个管孔可穿放多条)和维修管理带来较大便利。

所有的电缆分歧点，配线点及直线上海隔 250m 应设手孔。

2）采用直埋方式

如果道路为土路，或道路未定型，地下埋设物很少，可以采用直埋式配线，应选用双护套并带有单层或双层铠装。埋设时通常使用边挖沟、边放电缆、边回土的高效敷设方法。

为了便于接续、维护与扩容，所有电缆接续处都应装设手孔或电缆盒。近来国外广泛采用矮杆，把接头放于装在矮杆上的电缆接线盒内。前述的电缆密封接续筒也是理想的接线方法，电缆经引上管接到箱内，接续非常方便。这样密封箱更适合于进行用户配线。为了提高配线电缆心线使用率，箱内进行交接配线，从箱内接出的电缆对数比局线大得多(即采用不同满足期)，对于没有用户的线对不与配线电缆连接。

10.5.4.3 楼内配线电缆设计与建设

（1）楼内配线构成

楼内配线电缆包括以下部件或配件：

1）交接间、总配线箱及相关配线设备；

2）暗管、明槽及供线路穿放的通道；

3）电话等插座；

4）电缆与室内线。

（2）楼内配线设计基本要求

1）线对预留

以下预留线对指标可供参考：

高级住宅　每户 3～4 线；

一般住宅　每户 1～2 线；

小商店($50m^2$ 以下)　1～2 线；

中等规模商店($50～200m^2$)　2～3 线；

大型商场、机关、工厂按实际需要设计。

2）交接间与总配线箱的设置基本要求

① 进入大楼的局线在 300 对以上时，在该楼设置一个独立的交接间，主要为该楼服务。也可与附近用户组成一个交接区，这时交接区的总用户数不受终局容量 600 对的限制；

② 进入大楼的局线不超过 300 对，又无设置交接间条件时，可设置总配线箱，这时其配线应是主要为大楼服务，不把配线电缆伸延到楼处；

③ 一幢楼房原则上由一处进线，进线位置靠近楼房的中心；

④ 交接间、总配线箱、配线箱的位置应设于公共通道处，例如走廊，电梯上下处，楼梯口；

⑤ 各单元门及各层都应设分配线箱，各配线箱间及到总配线箱间的距离不应超过 30m，如超过时应增设配线箱，便于施工时在暗管内穿放塑料线；

⑥ 交接间的房屋条件要求不高，只要有一定的通风条件即可，一般选择在一层，条件较好的地下室有时也可使用。用户总线数在 1200 线及其以下的应安装墙式用户配线架。面积需要 8～12m^2，用户总线数超过 1200 线的需要面积为 12～18m^2，装立架式的用户配线架。

3）交接间与楼内的管线设计

用于一个地区配线的交接间，其用户是整个交接区的，因而要求楼房内交接间的位置靠近配线管道，以缩短进出电缆的长度，在楼内楼外之间设置足够的管孔。如主要用于该楼配线的交接间，除应把交接间放置于楼内用户中心外，要考虑各层及全楼配线合理。

① 大型商业楼或办公楼，各层使用电话均超过 100 对、而且楼层也较高时，应设有专用的引上通道，使电缆的增减、维修比较方便，各层应设有进入通道进行操作的门口，通道底部为交接间或靠近交接间，用电缆走道把电缆引到用户配线架上。

② 各层用户线总数较小或楼层较矮，可以把多根塑料管绑扎在一起装于墙内代替通道，如果各层用户线更少一点，可以设施 2～3 根大孔径塑料管，每孔可装 4～7 条小对数电缆，通到各层的配线箱。

多条小对数电缆垂直放置时，在一束电缆之间要用钢丝绳或尼龙绳作为加强心，且每隔 2～4m 用尼龙带紧扎，并每 2～3 层分段加以固定，以防止电缆因自身重量过大而损坏。

③ 在需要较多电话（例如 1000 对以上）的大型大楼内，应充分利用地下室作横向布线，设有多点向上引线点，要结合房屋同步设计与施工。

4）楼内电缆的选用

楼内电缆使用数量较大，只要满足终期容量，不宜再多留富裕量。常用对数的品种有 2 对、3 对、5 对、7 对、10 对、13 对、15 对、20 对、25 对、30 对、40 对、50 对、80 对、100 对、150 对、200 对、300 对等，其中以 30 对以下的使用量最多。

为了防止楼房失火因电缆而加重灾害，应选择聚氯乙烯绝缘、聚氯乙烯护套电缆。虽然绝缘性能较差，但由于室内干燥，也完全能满足电信通信的要求。

根据国内外建设维护经验，为减少接头，减少故障及便于查修故障，每个配线箱间都用独立的电缆连接。例如，六层的高楼，则分别使用五条电缆捆扎在一起后，同时引上，如楼层太高，可分两段或三段引上。

5）暗管的选用与装设

为了敷设暗管便利，应选用各种不同内径的软聚乙烯管，以便随着建筑物的形状弯曲。

设计与装设塑料管时应注意以下各点：

① 要选择适当内径的塑料管，其中上下主通道要选用粗管径，硬塑氯乙烯管，从配线箱到各室内应选用细软聚乙烯管。

② 塑料管的最大弯曲度不超过 90°，否则要另加配线箱过渡。避免出现 S 弯。

③ 塑料管在墙中不允许有接头，在两端与弯曲处及每隔 2～3m 应加以固定。安装后管内要穿放尼龙绳，供放线之用。

10.6　社区 EPON 综合接入网

本节简要介绍发达地区开始逐步实施的基于以太网技术的无源光网络相关基本要求，作为社区信息化规划建设的借鉴和宽带社区网规划方法的补充参考。

10.6.1　概述

基于以太网技术的无源光网络（Ethernet over Passive Optical Network，EPON）综合接入网是一种构建于无源光分配网络（ODN）之上的宽带接入网络，它将以太网技术和高速光传输技术结合起来，实现语音、数据、视频多业务的综合接入。

EPON 综合接入网是与铜线接入网并存的接入网类型。

图 10-7 所示为 EPON 综合接入网网络定位。

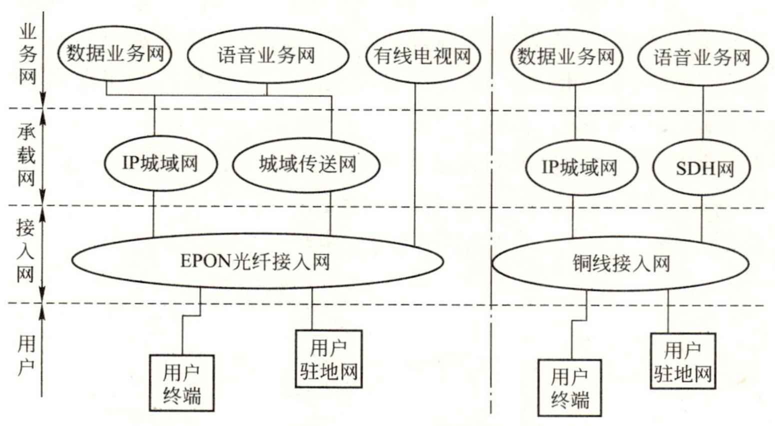

图 10-7　EPON 综合接入网网络定位

10.6.2　EPON 网络结构

图 10-8 显示了 EPON 系统可以实现的网络结构，包括光纤到户（FTTO/FTTH）、光纤到大楼/路边（FTTB/C）和光纤到交接箱（FTTCab）等。

FTTH 指光纤进入到每个用户家中或者每一个办公室，将光网络终端（ONT）安装在家庭用户或企业用户处。FTTH 的显著技术特点是不但提供更大的带宽，而且增强了网络对数据格式、速率、波长和协议的透明性，由于用户端设备体积小，家庭环境很容易满足 ONT 的安装要求，简化了维护和安装；它采用无源网络，从局端到用户，中间可以做

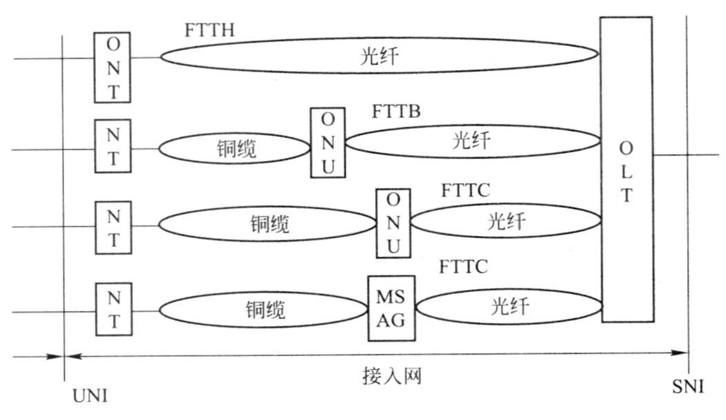

图 10-8 EPON 网络结构

到完全的无源；每用户可分配高达 30Mbit/s 甚至更高的独享带宽。

FTTB 指光纤到大楼，将光网络单元(ONU)安装在楼道配线间，结合 UTP 实现才我 LAN(FTTB＋LAN)接入或铜线实现 DSL 接入(FTTB＋DSL)。FTTB 的解决方案使 EPON 的光网络终结于楼道配线间。由 ONU 出线和楼宇的综合布线系统配合，采用五类线或铜线入户的方式实现用户的接入。该模式可以配合家庭网关设备为客户提供语音、宽带数据服务等多种业务的综合接入。

FTTB 接入模式可以利用原有铜线资源解决一般小区综合业务高带宽接入的改造，但是由于该模式下楼道配线间需要安装有源设备，所以对安装环境和供电有一定要求，因此 FTTB 模式不能真正实现无源接入。综合考虑接入网运营成本，建议在新建驻地网接入方式的选择过程中首选 FTTH 接入模式。

FTTC 指光纤到路边，将光网络单元(ONU)或 MSAG 安装在路边建筑物或交接箱，常用于解决已有铜缆资源，且用户密度不高的地区的通信需求。

EPON 光分配网络(ODN)的典型拓扑结构是树型，如图 10-9。

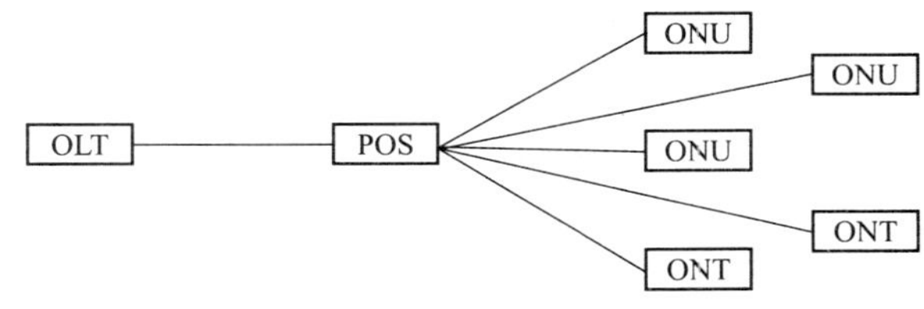

图 10-9 ODN 树型拓扑

如图 10-10 采用多级分光的树型分支结构时，应采用不大于二级分光的结构。

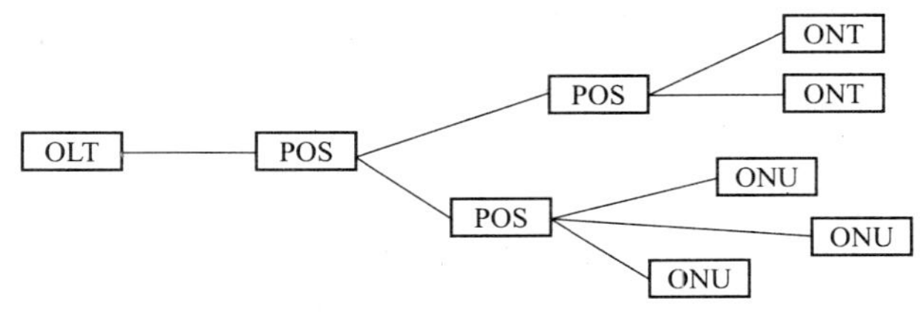

图 10-10 ODN 多级联树型拓扑

10.6.3 EPON 网络组成与参考配置

（1）网络组成

EPON 系统由局端设备（光线路终端，简称 OLT：Optical Line Terminal）、无源光分配网络（简称 ODN：Optical Distribute Network）和用户端设备（包括光网络单元（简称 ONU：Optical Network Unit）、光网络终端（简称 ONT：Optical Network terminal）组成。

OLT 提供语音、数据、视频业务网络的互联接口，并实现网络管理的主要功能。

ONU/ONT 负责向终端用户提供所需的业务接口。

ODN 负责连通 OLT 与所属的 ONU。ODN 为 OLT 与 ONU 之间提供光传输手段，其主要功能是完成光信号功率的分配。

ODN 由用户光缆、无源光分路器、光交接设备、光分纤设备和光缆接头及用户终端盒组成。

用户光缆按用途分为：主干光缆、配线光缆、室外用户引入光缆、室内用户引入光缆。

主干光缆：OLT 到光交接设备之间的光缆。

配线光缆：从光交接设备到各光分纤设备之间的光缆。

用户引入光缆：从光分纤设备到用户终端盒的光缆。

无源光分路器：从一根光纤中分出若干条光路的设备。

光交接设备：用于光缆间交接配线设备。

光分纤设备：用于光缆分纤的设备。

光缆用户终端盒：用于用户引入光缆终端的设备。

图 10-11 所示为 EPON 网络组成模型。

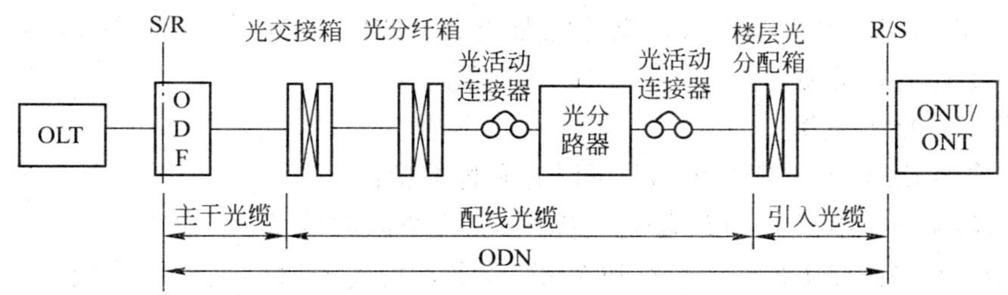

图 10-11 EPON 网络组成模型

ODN 内两个光传输方向分别定义如下：

下行方向定义为：光信号从 OLT 至 ONU（1～N）；

上行方向定义为：光信号从 ONU（1～N）至 OLT。

（2）参考配置

图 10-12 所示为 EPON 系统参考配置。

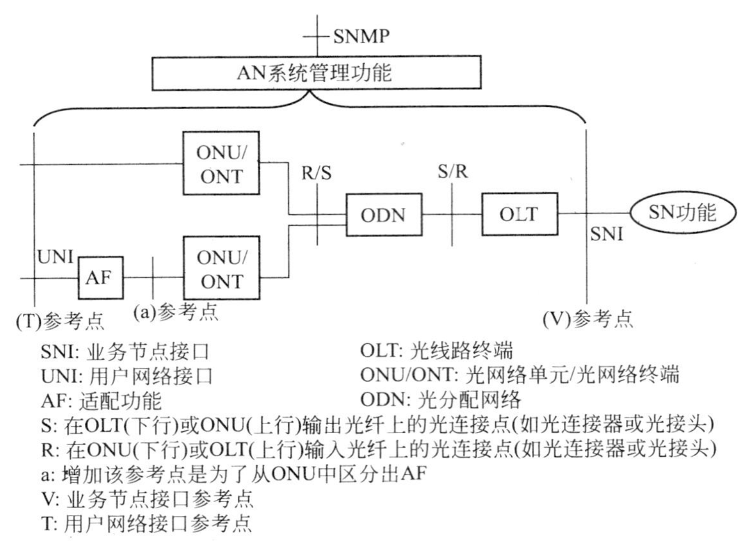

图 10-12　EPON 系统参考配置

10.6.4　主要设施类型与规划建设要求

（1）OLT 类型

按照业务提供能力，OLT 可分以下两种类型：

类型 1：盒式 OLT 设备，提供少于等于 8 个 PON 接口。应支持以太网/IP 业务和 VoIP 业务，提供以太网上联接口；支持电路仿真方式的 TDM 业务等多种业务，并提供相应的 TDM 等类型的上联接口。

类型 2：机架式 OLT 设备，提供大于等于 16 个 PON 接口。支持以太网/IP 业务和 VoIP 业务，提供以太网上联接口；支持电路仿真方式的 TDM 等多种业务，并提供相应的 TDM 等类型的上联接口。

（2）ONU/ONT 类型

按照业务提供能力，ONU/ONT 可以有多种类型：

类型 1(ONT)：用于 FTTH 场合，提供 2～4 个以太网接口，提供 2～4 个 POTS 接口(内置 IAD)，提供以太网/IP 业务和 VoIP 业务，可与家庭网关配合使用，以提供更强的业务能力。

类型 2(ONU)：用于 FTTB/FTTO 场合，提供 8 个、16 个或 24 个以太网接口，提供 8 个、16 个或 24 个及以上数量 POTS 接口(内置 IAD)，支持选配 1～4 个 E1 接口。支持提供以太网/IP 业务，支持选配 VoIP 业务和 E1 TDM 数据专线业务，可与家庭网关配合使用，以提供更强的业务能力。

类型 3(ONU)：用于 FTTB 场合，提供 8 个、16 个或 24 及更多的 ADSL2+/VDSL/VDSL2 接口，支持选配 8 个、16 个或 24 个 POTS 接口及更多(内置 IAD)和 1～4 个 E1 接口，支持提供以太网/IP 业务，支持选配 VoIP 业务和 E1 TDM 数据专线业务，可与家庭网关配合使用，以提供更强的业务能力。

上述 OCT 和 ONU/ONT 类型按照安装环境，均可分为室内、室外两种类型。

(3) 用户端设备的安装电磁环境与面积要求

1) 避免在易燃、易爆、强电磁场干扰和其他影响安全的地点安装设备。

2) 交接间面积不应小于 5m^2，若覆盖的信息点超过 200 个，应适当增加面积。房间净高不低于 2.5m。每交接间至少应配置 1 个 220V 10A 的交流电源插座，电源插座的保护接地与零线应严格分开，保护接地应引自建筑物的联合接地。

3) 安装 ONU 时，不论是新装 ONU 独立机架还是利用现有综合布线机架，该机架应是 19 英寸标准柜，前面的净空不应小于 800mm，后面的净空不应小于 600mm。壁挂式配线设备底部离地面的高度不宜小于 300mm。

(4) ONU/ONT 的部署原则

1) ONU 设备选取原则

对于具备综合布线的小区，应采用带 LAN 接口和语音接口的 ONU。

对于不具备综合布线的小区，应采用带 DSL 接口和语音接口的 ONU。

对于用户距离光接入位置较远，但具备一定的铜缆资源的地区，且语音业务需求远多于多数据业务需求，可采用 MSAG 设备。MSAG 设备可安装在路边建筑物内或箱体内。

2) ONU/ONT 布置位置

对于 FTTO/FTTH 应用，ONT 布放在住宅中的家庭综合信息箱内或用户楼道箱体内。

对于 FTTB 应用，ONU 布放在楼宇或大厦的设备间或设备箱中。

3) ONU 端口配置

语音与数据的配比视该区域用户需求情况，以及不同厂商、不同制式而定。ONU 设备数据和语音接口一般按照 1∶1 来进行配比，例如常用的有 16∶16 的 ONU 设备，也可以进行非平衡配比。小区用户 POTS 接口的数目可以比数据接口多一些，数据和语音比例按 1∶1.5 和 1∶2 的比例进行配比。

(5) ODN 规划设计要求

1) ODN 规划原则

采用 1000BASE－PX10D 接口时，按不大于 10km 半径进行规划；采用 1000BASE－PX20U 接口时，按 10～20km 半径进行规划。

无源光分路器距离终端用户的平均距离应尽量短，原则上无源光分路器不应与 OLT 同局址放置。

对主干光缆可预留总芯数 5%～8%作为冗余量，配线光缆可分段预留，用户接入光缆不备份。

便于维护管理，易于故障定位。

2) 无源光分路器设计原则

① 无源光分路器(POS)常用的光分路比为：1∶2、1∶4、1∶8、1∶16、1∶32 五种，也可以选用 2∶N 的光分路器。

② 无源光分路器(POS)平面波导型的带宽在 1260～1610nm 范围内，能满足基于 PON 技术的 FTTH 网络中对 3 个波长的应用。

③ ODN 总分光比应根据用户带宽要求、光链路衰减要求等因素确定。光分路器

(POS)的级联不应超过二级。当采用 EPON 时，第一级和第二级光分路器(POS)的分路比乘积不宜大于 32，表 10-15 为光分路器(POS)常用组合：

光分路器(POS)的常用分路器组合表　　表 10-15

连接方式	第一级分路比	第二级分路比	总分路比
一级分光	1∶32	—	32
二级分光	1∶2	1∶16	32
二级分光	1∶4	1∶8	32

④ 必须考虑设备(OLT)每个 PON 口和光分路器(POS)的最大利用率，应根据用户分布密度及分布形式，选择最优化的光分路器组合方式和合适的安装位置。

⑤ 在用户需求不明时，特别对于一级分光结构，可按照覆盖范围内住宅用户的户数 20%～30%配置，设计时应预留光分路器的安装位置，便于今后扩容。

工程配置时，每 POS 应预留 1 个下行端口作为日常测试用端口。

⑥ 对于有明确需求的住宅小区、高层建筑等，如需求达到系统容量的 60%，光分路器可以一次性配足。对于有驻地网的用户(商务楼、办公楼、企业、政府机关、学校)，光缆宜布放到驻地网机房。

⑦ 对于高档宾馆、学生公寓等，应根据用户需求，也可采用光纤到桌面的方式，光分路器一次配足。

3）无源光分路器的部署要求

① 在高密度住宅小区 FTTB 模式应首选集中安装无源光分路器设备。

结合楼宇、户型分布等情况，合理安排无源光分路器位置。

应采用 N∶32 的光分路器，以便于维护管理及节约无源光分路器端口资源。

② 在低密度别墅区，应根据管道资源情况决定无源光分路器安装位置。

若别墅区内管道资源丰富，便于各楼宇光缆由小区中心机房直接布放至各别墅楼，应采用集中安装无源光分路器方式。

若别墅区内管道资源和主干光缆资源有限，无法满足汇聚全部楼宇光缆至中心机房，应采用分散安装无源光分路器方式。此情况应采用二级分光方式，避免分散安装的无源光分路器通过光缆直接上联至局端 OLT 设备的情况发生。以节约中心机房至各端局光缆资源和端局 OLT 设备端口资源。二级分光应采用 1∶4 和 1∶8 的无源光分路器。

(6) 光纤光缆设计与布放

1) EPON 系统部署的 ODN 网络是现有光纤光缆环上结点的延伸，是对现有光缆环的扩展。

2) 在中心机房 OLT 与 ODN 交界处、在用户室内箱和 ONU 交界处采用插接连接的方式，能方便业务的布放及后期业务故障的测试。

3) 在已完成光纤入户的居民小区内，应充分利用原有光配线。

4) 在 2km 范围内，建议每 120～400 个用户(位于一或多个相近楼宇内)共享一根光缆，在一根光缆上的分纤和数量不宜超过 8 个。

5) 光纤入户智能箱位置一般安放在用户起居室，由一根内径不小于 $\phi20$ 的单独服务于通信业务的金属管与楼内弱电竖井或弱电箱相连接，智能箱到用户内各房间分别布放暗管。

10.6.5 综合业务接入

（1）数据业务接入

EPON 综合接入网承载的数据业务包括 Internet 上网业务和 IP 增值业务，其中 IP 增值业务包含视频电话、IPTV 等各种宽带业务。

1）数据业务上联方式

EPON 的局端设备 OLT 网络侧提供 1000M 以太网接口，通过 BRAS、MSTP、接入汇聚网、SR 等上联到 IP 城域网及业务平台。

BRAS 上联方式的网络拓扑如图 10-13 所示。

MSTP＋BRS 组合上联方式的网络拓扑如图 10-14 所示。

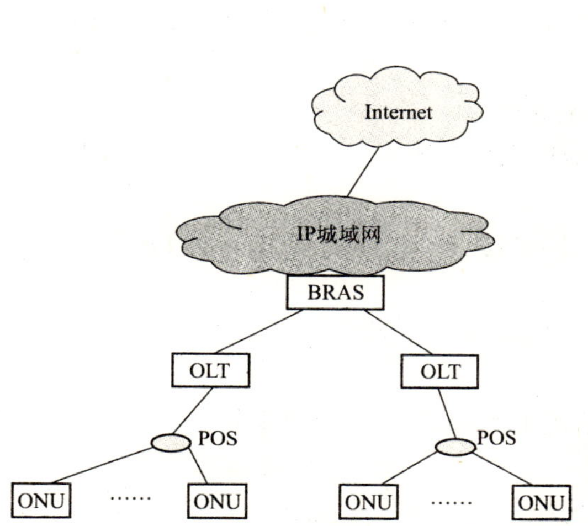

图 10-13 EPON 系统 BRAS 上联方式拓扑图

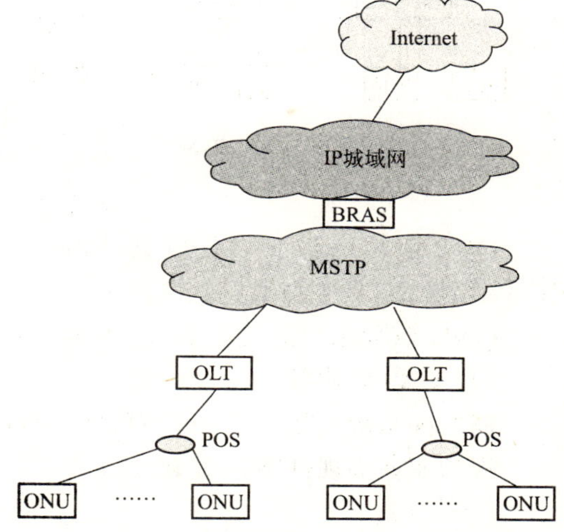

图 10-14 MSTP＋BRAS 上联方式拓扑图

通过接入汇聚网上联方式的网络拓扑如图 10-15 所示。

通过接入汇聚网，可根据优先级、VLAN 将不同的业务上传到不同的网络和设备。

2）数据业务上联路由

现有各种业务的上联路由如下：

普通上网业务通过接入汇聚网上传到 BRAS，经过 PPPoE 认证过程后，上网流量将被发送到 IP 城域网；

IPTV 业务通过接入汇聚网转发到业务路由器(SR)，采用 DHCP 方式分配 IP 地址后，汇聚到 CR 并最终接入到相应业务平台；

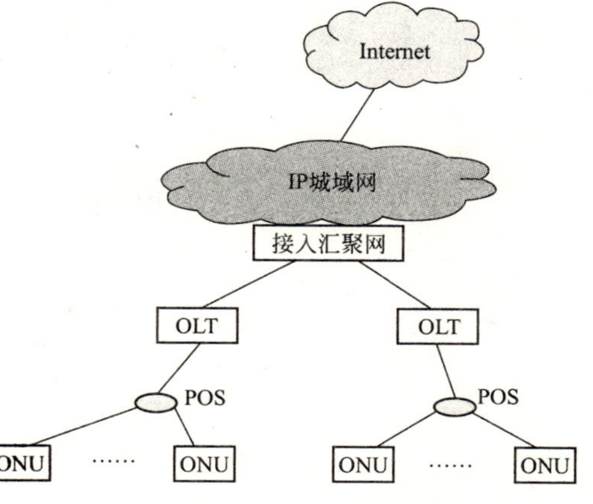

图 10-15 接入汇聚网上联方式拓扑图

点对点视频业务通过接入汇聚网上传至 BRAS，并路由到软交换平台的 SBC，最终接入软交换平台。

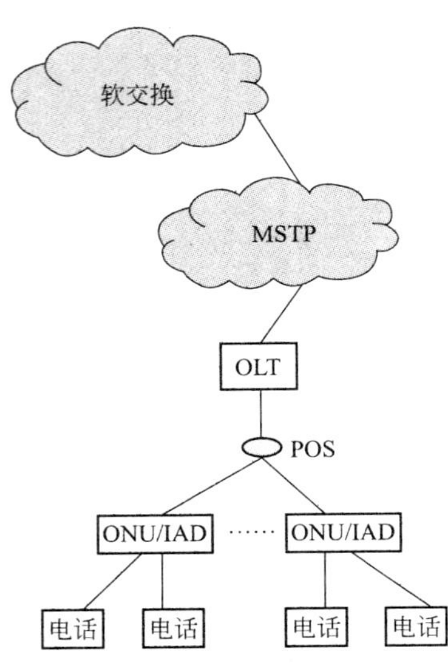

图 10-16　EPON 上联 NGN 网络拓扑示意图

（2）语音业务接入

EPON 系统提供的语音业务接入方式 NGN 接入采用统一平台接入原则。

利用 NGN 的软交换实现 VOIP 的语音解决方案，使用 NGN 上联端口的网络拓扑如图 10-16 所示。

（3）EPON 语音双通道上联方式

EPON 语音上联 NGN 网络应采用双通路方式。

（3）数据专线接入

1）以太网专线接入

以太网专线可提供以太网接口，为商务用户提供专线组网、专线组网入公众网业务。业务接口可提供 2～100Mbit/s 的带宽。OLT 上联至汇聚网或路由器/MSTP 等网络。

2）TDM 业务接入

TDM 可承载租用线业务（2048kbit/s 和 N×64kbit/s 数据业务）。

OLT 侧接口以 STM-1（155Mbit/s）、10/100Mbit/s 上联至 SDH/MSTP 等网络，STM-1 接口可选支持双路上联保护。

ONU 侧为用户提供速率为 $N\times$64kbit/s 和 2048kbit/s 的数字专线业务。

（4）CATV 业务

EPON 系统通过 1550nm 波段的下行广播信道来实现 CATV 视频业务。

视频业务实现框图如图 10-17。

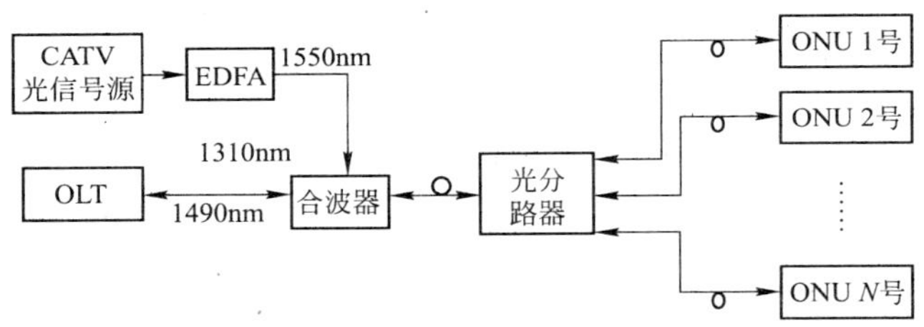

图 10-17　CATV 业务实现框图

参考文献

[1] 华斌. 数字城市建设的理论与策略. 北京：科学出版社，2004. 《数字城市导论》编委会. 数字城市导论. 北京：中国建筑工业出版社，2001.

[2] 赖明. 数字城市的理论与实践. 广州：广东世界图书出版公司，2001.

[3] 承继成，等. 数字城市理论方法与应用. 北京：科学出版社，2003.

[4] 吴良镛. 人民环境科学导论. 北京：中国建筑工业出版社，2001.

[5] 张民. 宽带城域网. 北京：北京邮电大学出版社，2003.

[6] 张福德. 电子商务实用技术. 北京：中国城市出版社.

[7] 李明琪. 宽带接入网络. 北京：科学出版社，2002.

[8] 张智江. 21世纪的信息化社区. 北京：人民出版社，2002.

[9] 王长胜. 中国电子政务发展报告. 北京：社会科学文献出版社，2003.

[10] 曼纽尔·卡斯泰尔著. 信息化城市. 催保国等译. 南京：江苏人民出版社，2001.

[11] 杨学山. 企业信息化建设和管理. 北京：北京出版社，2001.

[12] 梁军. 信息时代的城市规划. 东莞：东莞科技，2002.

[13] 周珲. 多媒体技术与应用基础. 北京：清华大学出版社，2001.

[14] M Tabinamula，Bkhasnabish. 多媒体通信网络—技术与业务. 聂秀英等译. 北京：人民邮电出版社，2001.

[15] 潘懋，金江军，承继成. 城市信息化方法与实践. 北京：电子工业出版社，2006.

[16] 杨家海，等. 网络管理原理与实现技术. 北京：清华大学出版社，2000.

[17] 董华，张吉光，等. 城市公共安全—应急与管理. 北京：化学工业出版社，2006.

[18] 黄锡伟，朱秀昌. 宽带通信网络. 北京：人民邮电出版社，1999.

[19] Black U著. ATM宽带网络. 吕良双，梁进，武岩译. 北京：清华大学出版社，2000.

[20] 雷振明. 异步转送方式. 北京：人民邮电出版社，1995.

[21] TanenbaumA S著. 计算机网络，第3版. 熊桂喜，王小虎等译. 北京：清华大学出版社，1998.

[22] 徐永甫，谭秀华. 现代通信系统和信息网. 北京：电子工业出版社，1996.

[23] 余其炯. 现代电信网. 人民邮电出版社. 北京：1997.

[24] 韦乐平. 光同步数字传输网. 北京：人民邮电出版社，1993.

[25] Cwiningham D G，Lane W G著. 千兆位以太网组网技术. 韩松，等译. 北京：电子工业出版社，2001.

[26] 刘少亭，卢建军，李国民. 现代信息网. 北京：人民邮电出版社，2002.

[27] 上海市通信管理局编. 何守才主编. 电信技术实用大典. 北京：人民邮电出版社，2002.

[28] 中国通信学会主编. 韦乐平编著. 光同步数字传输网. 人民邮电出版社，1993.

[29] 中国通信学会主编. 韦乐平编著. 接入网. 人民邮电出版社，1997.

[30] 纪越峰. 综合业务接入技术. 北京：北京邮电大学出版社，1999.

[31] 赵慧玲. 电信网络的发展趋势. 中国通信信息网站，2001.

[32] 韦乐平. 电信网的发展和演进趋势(上、下). 电信技术，2001(1，2).

[33] 刘溯，李昕，何越. EPON——全新的宽带接入技术. 电信科学，2001(11).

[34] 王静，等. 现代电信技术概要(上册). 北京：北京邮电大学出版社，2000.

[35] 王静，等. 现代电信技术概要(下册). 北京：北京邮电大学出版社，2001.

[36] 韦乐平．下一代电信网的特点、结构和演进．电信科学，2000.

[37] 汤铭潭．城市和小区现代信息网规划设计．专刊《工程建设与设计》，2001.

[38] 唐叔湛，汤铭潭．县域小城镇的环形接入主干光缆网规划探讨——以曹县光接入主干网规划为例．《工程建设与设计》，2001.

[39] 汤铭潭．按建筑面积测算的城镇电信小区预测．《中国科技发展精典文库》Ⅱ卷．北京：中国言实出版社，2003.

[40] 我国接入网规划建设若干问题的研究．邮电部规划研究院，1996，12.

[41] 汤铭潭．城市通信基础设施选址和用地剖析．《城市规划》，2000，5.